2022 房地产经纪专业人员职业资格考试

房地产经纪人考试高频考点与真题解析
房地产经纪业务操作

58安居客培训赋能中心
正房科技考试研究组　联合编写

张　莹　主　编

中国建筑工业出版社
中国城市出版社

图书在版编目（CIP）数据

房地产经纪人考试高频考点与真题解析．房地产经纪业务操作／58安居客培训赋能中心，正房科技考试研究组联合编写；张莹主编．—北京：中国城市出版社，2022.8
2022房地产经纪专业人员职业资格考试
ISBN 978-7-5074-3498-9

Ⅰ.①房… Ⅱ.①5… ②正… ③张… Ⅲ.①房地产业—经纪人—中国—资格考试—自学参考资料　Ⅳ.①F299.233

中国版本图书馆CIP数据核字（2022）第139815号

本书是面向房地产经纪专业人员职业资格考试的复习辅导用书，帮助考生总结提炼考试要点、掌握考试规律。从考生应试需求出发，结合教材的章节编写，内容分为章节导引、章节核心知识点、真题实测、章节小测、模拟卷几部分。本书的主要特点是核心知识点突出、以练带学，能更有针对性、更突出重点地帮助经纪人员理解考点和加深记忆，是考前冲刺重要的复习资料。

责任编辑：毕凤鸣　周方圆
责任校对：李美娜

2022房地产经纪专业人员职业资格考试
房地产经纪人考试高频考点与真题解析
房地产经纪业务操作

58安居客培训赋能中心
正房科技考试研究组 联合编写

张　莹　主　编

*

中国建筑工业出版社、中国城市出版社出版、发行（北京海淀三里河路9号）
各地新华书店、建筑书店经销
北京建筑工业印刷厂制版
北京君升印刷有限公司印刷

*

开本：787毫米×1092毫米　1/16　印张：14¾　字数：354千字
2022年8月第一版　2022年8月第一次印刷
定价：45.00元
ISBN 978-7-5074-3498-9
（904487）

版权所有　翻印必究
如有印装质量问题，可寄本社图书出版中心退换
（邮政编码 100037）

本书编委会

主编单位： 58安居客培训赋能中心

正房科技考试研究组

主　　编： 张　莹

参编人员： 孙亚欣　赵汝霏　金梦蕾　任芳芳

侯蕴藝

前 言

一、为什么要编写这套考试辅导用书

多数房地产经纪从业人员希望通过国家职业资格考试,取得一个官方认证的合法身份。一线经纪人员如果没有相应的资格证书在手,业绩做得再好总少点底气和信心。首先,害怕被业主或者客户问有没有资格证,质疑自己的专业能力;其次,担心政府管理部门检查有没有持证上岗,整天提心吊胆;再有,就是不能在经纪服务合同上签名,做业务名不正言不顺。据统计,全国已经有20多万人取得房地产经纪专业资格证书,还没有通过考试的人压力会越来越大。这些苦恼,迫使经纪从业人员亟需通过职业资格考试取得一个专业身份。

愿望很美好,现实很残酷。一线房地产经纪人员平时工作繁忙,每天怀揣着财富梦努力开发、带看、做单、冲业绩,一周工作6天,常常从早9点忙到晚11点,节假日更是最忙的时候,几乎没有时间看书、复习。经纪人考试四本书,加起来1000多页;协理考试两本书,也有好几百页,怎么办?于是我们组织编写了本套考试辅导用书,旨在帮助经纪人员更好地理解教材内容,事半功倍达到复习效果。

二、这是一本什么样的考试辅导用书

这是一套从考生应试需求出发,总结提炼考试要点、掌握考试规律的复习辅导用书。本书的编写目的,是帮助胸有成竹的考生考出优异的成绩;帮助没有足够时间看书复习的考生提高复习效率;帮助临场没有太大把握的考生提高应试技巧;帮助没有太多时间看书的考生多掌握必备知识点。本书的编写人员拥有多年考试辅导经验,熟读考试用书,精通命题规律,了解历年核心知识点,掌握解题技巧。

本书内容分为【章节导引】【章节核心知识点】【真题实测】【章节小测】【模拟卷】几部分。

【章节导引】用关系图的形式,帮助考生一目了然地掌握知识要点的逻辑关系,概览知识体系。

【章节核心知识点】对经纪人员应知应会内容进行总结和提炼,帮助考生快速掌握考试的要点和命题的重点。

【真题实测】和【章节小测】从应试角度出发,结合历年的真实考题,梳理相关核心知识点,进行章节测试,辅之详细的解析,提高考生的解题能力。

【模拟卷】仿照考试真题,按照真实考试题型题量及分布的要求拟定的考试模拟题,帮助考生模拟考试实战。

综上,本书的主要特点是核心知识点突出、以练带学,能更有针对性、更突出重点地帮助经纪人员理解考点和加深记忆,是考前冲刺重要的复习资料。

三、这套考试辅导用书能解决什么问题

考生的情况千差万别，这套书如何兼顾不同的情况？到底能解决什么问题？编写者动笔之前就明确了本书要解决的问题。

如果考生没有充足的复习备考时间，本书中的"核心知识点"可以让考生提高学习效率，节省复习时间。

如果考生的解题技巧不娴熟，本书的解题分析可以帮助考生了解解题思维，掌握解题技巧，让考生做题时驾轻就熟。

如果考生对考试的形式比较陌生，本书的模拟卷可以让考生提前练兵，考试时面对真题似曾相识，镇定自若。

如果考生到考试了还没看完书，本书可以让考生临阵磨枪，尽可能利用解题技巧多做对题。

如果考生已看过多遍考试用书，本书的模拟试题可以检测考生的复习效果，考查考试用书的掌握情况。

需要说明的是，本书只是概括了核心知识点，并不能囊括教材中的所有知识点，考生也可根据自己对不同章节知识的掌握程度、时间安排等进行自我学习规划。

四、希望更多的考生能够看到这套用书

房地产经纪是一个不靠关系、不求人的公平竞争的行业，很多草根出身的年轻人通过努力做单，实现了人生财富的累积。房地产经纪专业人员职业资格考试，相对于业务竞争更加公平、有序，复习的一分一秒一定会转化为一个对题一个得分。当然，公平不可能是绝对的，业务上同样的努力，因所在区域或商圈不同，工作业绩差异很大；复习上花费同样的时间，如果没有选对考试辅导用书，就可能因几分之差而需继续准备下一年的考试。

最后，希望更多的人看到本套辅导用书，通过高效率的复习，顺利通过考试，成功完成房地产经纪专业人员身份的逆袭。恳请广大读者提出宝贵意见，便于后期修订。

编者
2022 年 4 月

目 录

第一章 房地产营销概述 ·· 1
【章节导引】 ··· 1
【章节核心知识点】 ··· 1
　核心知识点 1：以客户为导向的市场营销 ···································· 1
　核心知识点 2：房地产营销特征 ·· 3
　核心知识点 3：存量房和新建商品房市场营销特点 ························ 4
　核心知识点 4：房地产经纪机构（人）在市场营销活动中的工作 ······· 5
　核心知识点 5：一手数据和二手数据 ·· 5
　核心知识点 6：房地产市场信息搜集途径 ···································· 6
　核心知识点 7：房地产市场宏观调查 ·· 7
　核心知识点 8：房地产市场状况调查 ·· 7
　核心知识点 9：房地产市场调查实施 ·· 9
　核心知识点 10：房地产产品 SWOT 分析定位法 ···························· 11
　核心知识点 11：产品生命周期策略 ·· 13
　核心知识点 12：房地产定价目标 ··· 14
　核心知识点 13：房地产定价方法 ··· 15
　核心知识点 14：房地产分销策略 ··· 16
　核心知识点 15：房地产促销目标 ··· 17
　核心知识点 16：房地产卖点挖掘 ··· 17
　核心知识点 17：房地产促销策略组合 ··· 18
【真题实测】 ··· 19
【真题实测答案】 ··· 22
【章节小测】 ··· 25
【章节小测答案】 ··· 27

第二章 房源信息搜集与管理 ··· 31
【章节导引】 ··· 31

【章节核心知识点】……………………………………………………………… 31
　核心知识点 1：房源和房源信息的内涵 ………………………………………… 31
　核心知识点 2：描述房源信息的指标 …………………………………………… 32
　核心知识点 3：房源信息的获取原则 …………………………………………… 33
　核心知识点 4：房源信息的获取渠道 …………………………………………… 34
　核心知识点 5：房源勘查与完善房源信息 ……………………………………… 35
　核心知识点 6：房源信息的分类 ………………………………………………… 36
　核心知识点 7：房源信息管理制度 ……………………………………………… 37
　核心知识点 8：房源信息更新维护 ……………………………………………… 38
　核心知识点 9：房源营销原则 …………………………………………………… 39
　核心知识点 10：房源营销信息内部推广与外部营销 ………………………… 39
【真题实测】……………………………………………………………………… 41
【真题实测答案】………………………………………………………………… 43
【章节小测】……………………………………………………………………… 45
【章节小测答案】………………………………………………………………… 46

第三章　客源信息搜集与管理 ………………………………………………… 48
【章节导引】……………………………………………………………………… 48
【章节核心知识点】……………………………………………………………… 48
　核心知识点 1：客源和客源信息的内涵 ………………………………………… 48
　核心知识点 2：客源的特征与类别 ……………………………………………… 49
　核心知识点 3：客源信息的开拓渠道 …………………………………………… 50
　核心知识点 4：客源信息的开发策略 …………………………………………… 52
　核心知识点 5：客源信息完善与分析 …………………………………………… 53
　核心知识点 6：客户信息管理的原则和策略 …………………………………… 54
【真题实测】……………………………………………………………………… 56
【真题实测答案】………………………………………………………………… 58
【章节小测】……………………………………………………………………… 61
【章节小测答案】………………………………………………………………… 62

第四章　存量房经纪业务承接 …………………………………………………… 64
【章节导引】……………………………………………………………………… 64
【章节核心知识点】……………………………………………………………… 64
　核心知识点 1：客户接待流程 …………………………………………………… 64

核心知识点 2：业主信息调查 ·· 65

　　核心知识点 3：购房客户信息调查 ·· 67

　　核心知识点 4：房屋承租经纪业务信息调查与告知 ···················· 68

　　核心知识点 5：《民法典》针对中介合同的相关规定 ·················· 68

　　核心知识点 6：正确选用房地产经纪服务合同 ·························· 69

　　核心知识点 7：洽谈签署房地产经纪服务合同 ·························· 70

　　核心知识点 8：签订房地产经纪服务合同 ································· 71

　　核心知识点 9：房地产经纪业务风险防范 ································· 72

　　【真题实测】·· 73

　　【真题实测答案】··· 74

　　【章节小测】·· 76

　　【章节小测答案】··· 77

第五章　存量房交易配对与带客看房 ··· 80

　　【章节导引】·· 80

　　【章节核心知识点】··· 80

　　核心知识点 1：配对原理和方法 ·· 80

　　核心知识点 2：房源推荐的技术要点 ······································· 81

　　核心知识点 3：以卖方代理人身份陪同购房客户看房步骤 ········ 82

　　核心知识点 4：以买方代理人身份陪同购房客户看房步骤 ········ 83

　　核心知识点 5：房屋带看工作中的注意事项 ···························· 84

　　【真题实测】·· 88

　　【真题实测答案】··· 89

　　【章节小测】·· 90

　　【章节小测答案】··· 92

第六章 存量房买卖交易条件协商 ··· 94

　　【章节导引】·· 94

　　【章节核心知识点】··· 94

　　核心知识点 1：交易价格磋商 ·· 94

　　核心知识点 2：撮合签署定金合同 ··· 95

　　核心知识点 3：签订房屋买卖合同的重要意义 ························· 96

　　核心知识点 4：签订存量房买卖合同 ······································· 96

　　核心知识点 5：房款及费用收支 ·· 98

【真题实测】 99
【真题实测答案】 100
【章节小测】 102
【章节小测答案】 103

第七章 存量房租赁经纪业务撮合 106

【章节导引】 106
【章节核心知识点】 106
核心知识点1：存量房租赁经纪业务一般流程 106
核心知识点2：房屋租赁经纪业务关键环节分析 107
核心知识点3：存量房租赁经纪业务撮合操作要点 108
核心知识点4：签订房屋租赁合同的重要意义 108
核心知识点5：房屋租赁合同的主要内容 109
核心知识点6：签订房屋租赁合同应注意的事项 110
核心知识点7：房屋租赁托管业务流程及操作要点 111
核心知识点8：房屋租赁托管业务的优势 112
【真题实测】 113
【真题实测答案】 115
【章节小测】 117
【章节小测答案】 119

第八章 新建商品房租售代理业务操作 121

【章节导引】 121
【章节核心知识点】 121
核心知识点1：营销方案制定需要注意的问题 121
核心知识点2：宣传资料准备 122
核心知识点3：客户拓展实践 123
核心知识点4：商品房销售许可文件公示及文件准备 124
核心知识点5：现场接待 126
核心知识点6：商品房认购与合同签订 126
核心知识点7：住宅客户的类型 127
核心知识点8：住宅项目的销售方式 129
核心知识点9：写字楼定位及物业发展建议 129
核心知识点10：写字楼项目销售策略制定 131

核心知识点 11：写字楼项目的销售执行 …………………………………… 133

核心知识点 12：商业地产的特征 …………………………………………… 135

核心知识点 13：商业综合体的定位 ………………………………………… 135

核心知识点 14：商业地产项目的销售执行 ………………………………… 137

【真题实测】……………………………………………………………………… 138

【真题实测答案】………………………………………………………………… 140

【章节小测】……………………………………………………………………… 142

【章节小测答案】………………………………………………………………… 144

第九章　房屋交验与经纪延伸业务 …………………………………………… 147

【章节导引】……………………………………………………………………… 147

【章节核心知识点】……………………………………………………………… 147

核心知识点 1：新建商品房交付与验收 ……………………………………… 147

核心知识点 2：租赁物业的交付与验收 ……………………………………… 148

核心知识点 3：商业贷款的概念及贷款条件 ………………………………… 149

核心知识点 4：商业贷款的流程及银行抵押贷款存在的风险 ……………… 150

核心知识点 5：住房抵押消费贷款 …………………………………………… 151

核心知识点 6：个人住房抵押消费贷款和企业抵押经营贷款产品的
亮点和区别 …………………………………………………………………… 151

核心知识点 7：新建商品房不动产登记代办 ………………………………… 152

【真题实测】……………………………………………………………………… 153

【真题实测答案】………………………………………………………………… 155

【章节小测】……………………………………………………………………… 157

【章节小测答案】………………………………………………………………… 158

第十章　房地产经纪业务中的沟通与礼仪 …………………………………… 159

【章节导引】……………………………………………………………………… 159

【章节核心知识点】……………………………………………………………… 159

核心知识点 1：沟通基本理论 ………………………………………………… 159

核心知识点 2：倾听技巧 ……………………………………………………… 160

核心知识点 3：问题的类型 …………………………………………………… 161

核心知识点 4：面谈技巧 ……………………………………………………… 162

核心知识点 5：房地产经纪服务的 5S 技巧 ………………………………… 164

核心知识点 6：房地产经纪人的商务礼仪 …………………………………… 164

核心知识点 7：接待客户的技巧 ·· 166

　　核心知识点 8：谈判技巧 ·· 166

　　【真题实测】·· 167

　　【真题实测答案】··· 168

　　【章节小测】·· 169

　　【章节小测答案】··· 170

特殊考点汇总 ·· 171

　　一、关于日期 ··· 171

　　二、关于概念 ··· 171

　　三、关于原则 ··· 171

房地产经纪业务操作模拟卷（一）··· 173

房地产经纪业务操作模拟卷（二）··· 185

房地产经纪业务操作模拟卷（一）答案解析·································· 197

房地产经纪业务操作模拟卷（二）答案解析·································· 210

第一章 房地产营销概述

【章节导引】

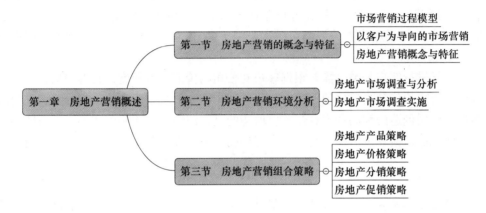

【章节核心知识点】

核心知识点1：以客户为导向的市场营销

1. 以客户为导向的市场营销的核心概念

（1）顾客感知价值

顾客感知价值建立在客户在可能的选择中得到什么和付出什么的比较之上，指的是客户总价值与客户总成本的差额，即获得与付出之间差额。客户总价值包括产品价值、服务价值、人员价值和形象价值；客户总成本包括货币成本、时间成本、体力成本和精力成本。

客户总价值			
产品价值	服务价值	人员价值	形象价值
一套海景房	房地产经纪人经纪服务	房地产经纪人专业能力	房地产经纪人职业形象给客户带来的舒适感
风景优美的海景房	房地产经纪人的热情、耐心、细心的房屋带看服务等	高效准确地提供房地产市场及海景房信息	言谈举止有度、礼貌待客、沟通舒畅的专业形象

（2）客户满意

客户满意是指一个人通过对一个产品的可感知的效果（或结果）与他或她的期望值相比较后，所形成的愉悦或失望的感觉状态。客户的这种期望存在于其过往的购买体验、朋友和伙伴的影响、相关市场信息及商家许诺中。

（3）客户忠诚

客户忠诚具有以下四点特征：

1）重复或大量购买同一企业该品牌的产品或服务；

2）主动向亲朋好友或周围的人推荐该品牌的产品或服务；

3）不会受环境和营销宣传影响转而购买其他品牌的产品或服务；

4）发现该品牌产品或服务缺陷后，能主动向企业反馈讯息，推动解决。

2. 客户关系管理

客户关系管理的四大步骤包括：寻找目标客户：确定潜在客户和当前客户→划分客户类型：依据客户需要和客户对公司的价值划分客户→建立客户关系：与单个客户交流，了解客户需求并与客户建立关系→服务客户需求：针对每一个客户需求精准定制产品或服务。

为了方便进行客户分类，需要根据客户对公司的价值贡献程度，将客户对公司的价值贡献划分为历史价值、当前价值、潜在价值这三个部分：其中历史价值指的是，到目前为止，客户为公司创造的利润现值；当前价值指的是，假设客户购买模式不变，可能为公司创造的利润现值；潜在价值指的是，假设客户购买模式发生改变，可能为公司创造的利润增量现值。

1.（单选题）房地产经纪人服务过程中，注重言谈举止、仪态仪表，有助于提升客户总价值的（　　）。

A. 人员价值　　　　　　　　B. 服务价值

C. 产品价值　　　　　　　　D. 形象价值

【答案】D

【解析】该题目重点区分人员价值和形象价值。形象价值指房地产经纪人职业形象给客户带来的舒适感，如言谈举止有度、礼貌待客、沟通舒畅的专业形象；人员价值指房地产经纪人专业能力产生的价值。

【出处】《房地产经纪业务操作》（第四版）P4

2.（多选题）房地产经纪业务中，客户总成本包括（　　）。

A. 产品成本　　　　　　　　B. 货币成本

C. 时间成本　　　　　　　　D. 体力成本

E. 精力成本

【答案】BCDE

【解析】客户总成本包括货币成本、时间成本、体力成本和精力成本。

【出处】《房地产经纪业务操作》（第四版）P4

3.（单选题）客户在实地查看房屋后的感觉与他的期望值相比较后，所形成的愉悦或失望的感觉状态是（　　）。

A. 客户感知价值　　　　　　B. 客户满意

C. 客户忠诚　　　　　　　　D. 客户关系

【答案】B

【解析】客户满意是指一个人通过对一个产品的可感知的效果（或结果）与他或她的

期望值相比较后，所形成的愉悦或失望的感觉状态。

【出处】《房地产经纪业务操作》（第四版）P5

核心知识点2：房地产营销特征

1. 房地产市场特征
（1）区域性。
（2）交易复杂性。
（3）存在信息不对称和不完全市场竞争现象。
在存量房市场，房地产交易价格及交易信息多为非公开的，造成房地产市场存在信息不对称现象。新房市场，买方的议价能力较弱，造成新房市场存在不完全市场竞争现象。
（4）供给滞后性。
（5）与金融市场关联度高。
（6）受到较多的政府行政干预。
2. 房地产营销特征
（1）市场营销方案受到区域环境影响。
（2）交易周期长。房地产营销者往往需要和潜在消费者经过多次接触沟通，才能成交。
（3）具有动态性。
（4）受消费者心理预期影响较大。
（5）受政策法律影响大。

1.（多选题）房地产市场的特征包括（　　）。
　　A. 区域性　　　　　　　　B. 客观性
　　C. 发展性　　　　　　　　D. 交易复杂性
　　E. 供给滞后性
【答案】ADE
【解析】房地产市场特征包括：区域性；交易复杂性；存在信息不对称和不完全市场竞争现象；供给滞后性；与金融市场关联度高；受到较多的政府行政干预。
【出处】《房地产经纪业务操作》（第四版）P8

2.（单选题）购房者李某经房地产经纪人刘某撮合在2021年2月看中了一套房产，并向卖方交纳了定金10万元，但在2021年4月李某因家庭经济变故而取消了交易，此时体现了房地产营销的特征是（　　）。
　　A. 动态性　　　　　　　　B. 受区域环境影响
　　C. 消耗时间较长　　　　　D. 受政策法律影响大
【答案】A
【解析】房地产营销机构尽管设计了存量房的营销计划，但是购房者的房屋需求有时会因为宏观经济环境、自然环境、政治环境、政府治理、个体因素等条件的变化而变化。
【出处】《房地产经纪业务操作》（第四版）P9

核心知识点 3：存量房和新建商品房市场营销特点

特点	新建商品房市场	存量房市场
物业特征	新建、没有使用过的不动产	已建成并使用过的不动产
定价过程	房地产开发企业主导定价	交易双方协议定价
销售渠道	可以采用直销渠道，也可以采用代理渠道	多采用房地产经纪机构代理出售（出租）或购买（承租）；也有部分存量房由当事人直接进行交易
营销手段	使用广告、公共关系、促销等多种促销手段	使用成本低、受众量大的广告手段

存量房市场营销的特点：
（1）房地产经纪机构需要花费大量的时间成本和精力成本核查待售不动产；
（2）销售对象坐落分散且为现房销售；
（3）市场交易价格浮动空间大；
（4）存量房销售更加侧重体验式服务。

1．（多选题）存量房市场营销的特点包括（　　）。
　　A．标的为已建成并使用过的不动产
　　B．由卖方主导定价
　　C．多采用经纪机构代理销售
　　D．多采用成本低、受众量大的广告
　　E．多使用广告、包装、促销等多种促销手段
【答案】ACD
【解析】存量房市场营销的特点包括：已建成并使用过的不动产；由交易双方协议定价；多采用房地产经纪机构代理出售（出租）或购买（承租）；也有部分存量房由当事人直接进行交易；使用成本低、受众量大的广告手段。
【出处】《房地产经纪业务操作》（第四版）P11

2．（单选题）下列关于存量房市场营销特点的说法，错误的是（　　）。
　　A．更加侧重体验式服务
　　B．销售对象分散且为现房销售
　　C．价格浮动空间较小
　　D．房地产营销中介需要花费大量的时间成本和精力成本核查待售不动产
【答案】C
【解析】存量房市场营销的特点包括：①房地产经纪机构需要花费大量的时间成本和精力成本核查待售不动产；②销售对象坐落分散且为现房销售；③市场交易价格浮动空间大；④存量房销售更加侧重体验式服务。
【出处】《房地产经纪业务操作》（第四版）P12

核心知识点 4：房地产经纪机构（人）在市场营销活动中的工作

1. 房地产经纪机构（人）在新建商品房营销方面的主要工作

（1）在项目筹划与地块研究阶段，房地产经纪人在其中主要起到提供信息的作用。

（2）在产品设计与规划阶段，房地产经纪人员开始全程介入，主要工作是确定项目的市场定位。房地产经纪机构一般不参与工程施工与监理的工作，但可以就施工现场和销售现场的协调提出建议，以保证销售效果。

（3）在项目策划与销售阶段，工作内容包括项目定价、项目市场推广和项目销售，是房地产经纪机构着重参与的阶段。

2. 房地产经纪机构（人）在存量房营销方面的工作

①传递不动产交易信息；②撮合不动产交易当事人实现交易；③提供经纪延伸服务。

1.（单选题）房地产经纪人在新建商品房市场中，营销活动不包括（　　）。

　　A．项目筹划与地块研究　　　B．产品设计与规划
　　C．项目策划与销售　　　　　D．传递不动产交易信息

【答案】D

【解析】房地产经纪机构（人）在新建商品房营销方面的主要工作包括：项目筹划与地块研究阶段；产品设计与规划阶段；项目策划与销售阶段。

【出处】《房地产经纪业务操作》（第四版）P13

2.（多选题）在新建商品房市场营销中，项目策划与销售阶段，房地产经纪机构的主要工作有（　　）。

　　A．项目定价　　　　　　　　B．项目市场推广
　　C．项目销售　　　　　　　　D．地块研究
　　E．投资决策

【答案】ABC

【解析】在项目策划与销售阶段的工作内容包括项目定价、项目市场推广和项目销售，是房地产经纪机构着重参与的阶段。

【出处】《房地产经纪业务操作》（第四版）P13

核心知识点 5：一手数据和二手数据

按照数据和资料来源的初始性，可将数据和资料分为一手数据（资料）和二手数据（资料）。一手数据是研究者首次亲自收集并经过加工处理的数据和资料，包括访谈、直接观察、间接观察、问卷调查获得的。二手数据是指来源于他人（商业机构、政府部门、咨询公司、智库机构）调查和科学实验的数据，包括文件、档案记录、实物证据和数据库。

一手资料的搜集是依据特定目的，遵循完整的研究设计及调查设计，并通过调查执行、资料处理与分析形成的资料。获得一手数据的调研方法有观察法、调查法和实验法等。

二手数据一般分为：① 房地产企业积累的数据和资料。房地产开发企业或经纪机构历年积累的项目方案的执行过程报告或分析报告，如初期的土地购买估价报告、产品定位报告、销售复盘报告、结案报告、存量房交易数据等。这些都是极有参考价值的资料来源。由这些资料可整理出目标客户群体的特征，对项目营销决策提供帮助。② 相关部门发布的数据和资料。如政府部门发布的统计数据、政策公告及政策法规、国土空间规划；智库和科研机构完成的研究报告和学术研究文献。

（多选题）下列资料中，属于二手数据的有（　　）。
A. 经纪机构的客户购买力调查报告
B. 某咨询公司的产品定位报告
C. 政府发布的统计数据
D. 经纪机构的商圈吸引力报告
E. 政策公告及政策法规

【答案】BCE

【解析】二手数据一般分为：① 房地产企业积累的数据和资料。如初期的土地购买估价报告、产品定位报告、销售复盘报告、结案报告、存量房交易数据等。② 相关部门发布的数据和资料。如政府部门发布的统计数据、政策公告及政策法规、国土空间规划；智库和科研机构完成的研究报告和学术研究文献。

【出处】《房地产经纪业务操作》（第四版）P17

核心知识点 6：房地产市场信息搜集途径

（1）房地产交易当事人。
（2）房地产经纪机构和经纪人。
（3）房地产开发企业。
（4）熟悉房地产市场的专业人士。
（5）房地产信息平台上发布的准交易资料。准交易资料是当事人拟出售（购买）房地产的单方面意愿的报价资料，凡处于未促成供求双方一致意愿阶段的资料都称为"准交易资料"。
（6）房地产交易展示会。
（7）政府部门、行业协会、咨询机构和智库等部门。

（多选题）房地产市场信息搜集的途径有（　　）。
A. 交易双方当事人
B. 房地产经纪机构
C. 准交易资料
D. 拜访业主委员会委员
E. 房地产交易展示会上的销售资料

【答案】ABCE

【解析】房地产市场信息搜集途径包括：房地产交易当事人；房地产经纪机构和经纪人；房地产开发企业；熟悉房地产市场的专业人士；房地产信息平台上发布的准交易资料；房地产交易展示会；政府部门、行业协会、咨询机构和智库等部门。

【出处】《房地产经纪业务操作》（第四版）P17

核心知识点 7：房地产市场宏观调查

1. 房地产行业法律法规
2. 人口资料
人口数据是影响项目定位和市场营销的重要参考资料。
3. 经济资料
经济方面的变量非常多，产业结构、货币供应、利率、汇率、对外贸易、居民可支配收入等都是影响房地产市场的关键因素。
其中，下调利率，房地产开发企业资金成本和购房者的购房成本降低，刺激开发企业购买土地进行房地产投资，购房者产生不动产购买欲望，房地产市场呈现繁荣景象。反之，则有可能遏制房地产开发企业投资欲望和购房者不动产需求。
4. 社会文化资料
在社会文化方面，职业预期、成家率、离婚率、生活方式、价值观等指标对房地产市场产生影响。
5. 道路交通资料
道路交通是影响房地产供需和价格的重要因素。交通流量调查时段的选择应注意假日、非假日、上班前、下班后及一日中的特定时段的区分，分别调查取样，才能代表所有时段的交通流量状况。
6. 公共设施资料
公共设施用地的开发与使用对房地产开发有重大影响。例如公园、绿地、学校、广场、儿童游乐场、博物馆等公共设施对房地产都有正面的影响价值，因此上述的公共设施若已建设，则需搜集现状资料，但如果是属于尚未进行的计划，则应深入调查该项公共设施的性质，并尽可能在进行产品定位时，设法结合已建设及未来即将建设的公共设施，使产品更具超前性。
在面对带来负面影响的公共设施时，在规划上应注意其影响及克服的方式。例如噪声，可以通过设计双层窗户或设计时让建筑退缩以减少干扰。

（单选题）在经济方面，不属于影响房地产市场关键因素的是（　　）。
A. 产品定位　　　　　　B. 产业结构
C. 货币供应　　　　　　D. 利率
【答案】A
【解析】经济方面的变量非常多，产业结构、货币供应、利率、汇率、对外贸易、居民可支配收入等都是影响房地产市场的关键因素。
【出处】《房地产经纪业务操作》（第四版）P21

核心知识点 8：房地产市场状况调查

1. 房地产市场需求调查
市场需求由购买者、购买欲望、购买能力组成。
（1）房地产消费者调查

房地产消费市场容量调查，主要是调查房地产消费者的数量及其构成。主要包括：① 消费者对某类房地产的总需求量及其饱和点、房地产市场需求发展趋势；② 调查房地产现实与潜在消费者数量与结构，如地区、年龄、民族特征、性别、文化背景、职业、宗教信仰等；③ 消费者的经济来源和经济收入水平；④ 消费者的实际支付能力；⑤ 消费者对房地产产品质量、价格、服务等方面的要求和意见等。

（2）房地产消费动机调查

主要包括消费者的购买意向、影响消费者购买动机的因素、消费者购买动机的类型等。

（3）房地产消费行为调查

房地产消费行为是房地产消费者在实际房地产消费过程中的具体表现。房地产消费行为的调查就是对房地产消费者购买模式和习惯的调查，主要调查：① 消费者购买房地产商品的数量及种类；② 消费者对房屋设计、价格、质量及位置的要求；③ 消费者对本企业房地产商品的信赖程度和印象；④ 房地产商品购买行为的主要决策者和影响者情况等。

2. 房地产市场供给调查

（1）一般行情调查

（2）市场竞争对手和竞争产品调查

针对房地产市场竞争对手情况，应展开的调查主要包括竞争企业和竞争产品两方面内容。对竞争企业的调查主要包括：① 竞争企业的数量、规模、实力状况；② 竞争企业的生产能力、技术装备水平和社会信誉；③ 竞争企业所采用的市场营销策略以及新产品的开发情况；④ 对房地产企业未来市场竞争情况的分析、预测等。

对竞争产品的调查主要包括：① 竞争产品的设计、结构、质量、服务状况；② 竞争产品的市场定价及反应状况；③ 竞争产品的市场占有率；④ 消费者对竞争产品的态度和接受情况等。

（3）市场反响调查

（4）市场价格调查

（5）房地产相关企业情况调查

主要调查建筑设计单位、施工单位、广告企划公司、广告媒体公司、房地产信息平台等企业的数量、资质和营业收入等情况。

3. 房地产促销策略调查

房地产促销调查的内容通常包括：① 销售海报、楼书及广告；② 销售现场资料；③ 其他销售资料。

4. 房地产营销渠道调查

营销渠道是把商品从生产者手中转移到消费者手里的实现路径。房地产营销对渠道的依赖性也较大。

1. （单选题）房地产消费者调查的主要内容不包括（　　）。
    A. 房地产市场需求及发展趋势
    B. 消费者的收入水平
    C. 消费者对本企业房地产商品的信赖程度和印象

D. 消费者的实际支付能力

【答案】C

【解析】房地产消费者调查的内容主要包括：① 消费者对某类房地产的总需求量及其饱和点、房地产市场需求发展趋势；② 调查房地产现实与潜在消费者数量与结构，如地区、年龄、民族特征、性别、文化背景、职业、宗教信仰等；③ 消费者的经济来源和经济收入水平；④ 消费者的实际支付能力；⑤ 消费者对房地产产品质量、价格、服务等方面的要求和意见等。C选项中消费者对本企业房地产商品的信赖程度和印象属于房地产消费行为调查。

【出处】《房地产经纪业务操作》（第四版）P26

2.（单选题）下列选项中属于消费者动机调查的是（　　）。

A. 消费者的购买意向　　B. 消费者的经济来源
C. 消费者的实际支付能力　　D. 消费者购买房地产的数量及种类

【答案】A

【解析】房地产消费动机调查主要包括消费者的购买意向、影响消费者购买动机的因素、消费者购买动机的类型等。

【出处】《房地产经纪业务操作》（第四版）P26~27

3.（多选题）下列选项中，属于对房地产消费行为进行调查的有（　　）。

A. 消费者的购买意向
B. 消费者购买房地产的数量和种类
C. 消费者的收入水平
D. 消费者对房屋设计、质量的要求
E. 消费者对本企业房地产的信赖程度和印象

【答案】BDE

【解析】房地产消费行为的调查就是对房地产消费者购买模式和习惯的调查，主要调查：① 消费者购买房地产商品的数量及种类；② 消费者对房屋设计、价格、质量及位置的要求；③ 消费者对本企业房地产商品的信赖程度和印象；④ 房地产商品购买行为的主要决策者和影响者情况等。

【出处】《房地产经纪业务操作》（第四版）P27

核心知识点9：房地产市场调查实施

1. 住宅与商业的市场调查实施

（1）商圈的概念

"商圈"是指具有一定辐射范围的商业集聚地。

（2）新建商品房销售商圈

根据商圈内的人口密度、消费能力以及人潮流量、交通流量等指标，可将新建商品房的商圈划分为以下类型：① 邻里中心型：大约半径在1km，一般称为"生活商圈"；② 大地区中心型：通常指公交路线可能延伸到达的地区，其覆盖面比生活商圈更广，一般称为"地域商圈"；③ 副城市中心型：通常指公交路线集结的地区，可以转换而形成交通辐射地区；④城市中心型：又可以称为中央商务区（CBD），其覆盖范围包括整个都市四周，其车流及人流量来自四面八方。

（3）存量房经纪业务商圈

存量房经纪业务商圈是指某一房地产经纪人从事存量房经纪业务和服务对象（主要是指能得到的委托房源信息）的地域范围。

存量房经纪业务商圈调查很重要，表现在以下五个方面：① 商圈调查结果可以作为房地产经纪人制定商业计划的依据。② 商圈调查结果可以作为房地产经纪人制定工作重点的依据。③ 商圈调查结果可以为客户提供各项数据。④ 商圈调查可以了解竞争对手，做到知己知彼。⑤ 商圈调查可以增强房地产经纪人对市场变化的敏锐度和自信。

2．商圈调查的内容

根据调查内容的深入程度，可将商圈调查分为初步调查、深入调查和个案调查三种。

（1）初步调查的内容

初步调查是搜集商圈的楼盘物业基本信息和生活配套设施状况，房地产经纪人应调查的内容包括：① 商圈内物业类型及均价的整体分布情况；② 商圈内楼盘的楼龄、体量分布、户型配比等情况；③ 商圈内楼盘的入市价格（含租赁）及价格变迁情况；④ 商圈内楼盘的业主构成（含业主来源、职业构成、年龄构成等总体性数据）及存量交易活跃度情况；⑤ 有效商圈周边的生活配套设施：银行、学校、超市、邮局、菜市场、交通线路、主要道路干线、轨道交通等；⑥ 有效商圈内的标志性建筑和公共建筑等。

（2）深入调查的内容

深入调查的市场，即目标市场，指房地产经纪人在有效商圈内确定的开展营销业务的一个或几个楼盘，房地产经纪人需要对这些楼盘信息进行更加深入的调查和分析。通过对目标市场的调查，可以扩大房地产经纪人在该楼盘的影响力和市场占有率。

房地产经纪人对目标市场调查的内容包括：① 房地产开发企业的地址、公司名称和联系方式；② 物业的类型、物业服务公司名称、物业服务费的收费标准；③ 具体的开盘时间和价格、交房时间；④ 主要户型和建筑面积、车位情况及管理费用；⑤ 该楼盘的建筑规划平面图；⑥ 该楼盘的优、劣势分析，核心卖点分析；⑦ 附近楼盘的价格对比、成交活跃性调查；⑧ 商圈内主要竞争对手的成交情况分析。

（3）个案调查的内容

房地产经纪人在具体开展业务时，需加强对个案进行调查，包括客户来源情况、成交价格和现有市场均价比较、客户购房目的等。通过对客户来源情况的调查，可以调整房地产经纪人在开发客户时的工作重点；通过对历史成交价格和现有市场价格的比较，可以了解该楼盘的历史价格走势。

3．商圈调查方法

（1）现场勘查法

现场勘查是商圈调查使用最多的方式，也是最主要、最有效的方式。在进行勘查时，勘查人员要做到"四多"，即：① 多看；② 多走；③ 多问；④ 多记。

（2）访谈法

在商圈调查中，访谈法是一种被广泛采用的方法。在进行访谈时，要注意区分虚假信息，避免被误导。结束访谈后，应该及时核实访谈内容，可以通过查看不动产权证、各区县交易中心（或不动产登记中心）或相关房地产专业网站进行求证。

（3）其他方式

商圈调查还可以使用很多其他方式进行，包括：了解同行业发布的数据，加深对商圈的认识；搜集网络信息进行商圈调查。

1.（单选题）新建商品房商圈中，邻里中心型商圈是指（　　）。
    A. 大约半径在1km，一般称为"生活商圈"
    B. 公交线路可能延伸到达的地区
    C. 公交线路集结的地区
    D. 中央商务区

【答案】A

【解析】根据商圈内的人口密度、消费能力以及人潮流量、交通流量等指标，可将新建商品房的商圈划分为以下类型：① 邻里中心型：大约半径在1km，一般称为"生活商圈"；② 大地区中心型：通常指公交路线可能延伸到达的地区，其覆盖面比生活商圈更广，一般称为"地域商圈"；③ 副城市中心型：通常指公交路线集结的地区，可以转换而形成交通辐射地区；④ 城市中心型：又可以称为中央商务区（CBD），其覆盖范围包括整个都市四周，其车流及人流量来自四面八方。

【出处】《房地产经纪业务操作》（第四版）P30

2.（单选题）公交线路可能延伸到达的地区，其覆盖面则比生活商圈更广，一般称为"地域商圈"的新建商品房商圈类型是（　　）。
    A. 邻里中心型   B. 大地区中心型
    C. 副城市中心型   D. 城市中心型

【答案】B

【解析】同1题解析。

【出处】《房地产经纪业务操作》（第四版）P30

核心知识点10：房地产产品SWOT分析定位法

SWOT是优势（Strength）、劣势（Weakness）、机会（Opportunity）、威胁（Threats）的合称。

1. 内部资源分析（优势与劣势）

房地产经纪机构进行内部资源分析，主要找出组织的核心竞争力。核心竞争力是能够给企业创造价值、给企业带来竞争优势的与众不同的在人力、生产、资金、营销等方面的资源和能力。

2. 外部环境分析（机会与威胁）

房地产产品的外部环境主要由三部分构成，包括总体环境、产业环境和竞争环境。总体环境分析要从政治法律、经济、社会文化和技术四个层面进行环境评估，即外部总体环境PEST分析。

一个产业的竞争程度和产业利润潜力由五个方面的竞争力量反映并决定，即迈克尔·波特提出的"产业竞争五力模型"。这五种力量包括新进入者的威胁、替代产品或服务的威胁、购买者讨价还价的能力、供应商讨价还价的能力以及现有企业之间的竞争。竞争环境分析主要围绕竞争对手的目标、战略意图、产品线进行分析。

3. 构造产品 SWOT 分析矩阵

将调查得出的各种因素根据轻重缓急或影响程度加以排序，构造 SWOT 矩阵，在此过程中，将那些对产品发展有直接的、重要的、大量的、迫切的、久远的影响因素优先排列出来，而将那些间接的、次要的、少许的、不急的、短暂的影响因素位列其后。

4. 制定行动对策

根据 SWOT 分析制定出的行动对策有四种。

（1）最小与最小对策（WT 对策），即考虑劣势因素和威胁因素，目的是努力使这些因素影响都趋于最小。房地产企业可以将产品定位为向城市新市民销售的低价住房。

（2）最小与最大对策（WO 对策），即着重考虑劣势因素和机会因素，目的是对企业劣势资源进行投资，以改善企业的劣势资源并努力使劣势影响趋于最小，这样才能充分利用外部市场机会，使之不成为企业利用机会的障碍。房地产企业可以积极营造项目景观环境，提高居住品质，将项目打造为科技园区工程师居住的理想楼盘。

（3）最大与最小对策（ST 对策），即着重考虑优势因素和威胁因素，目的是努力使优势因素影响趋于最大，充分利用企业内部资源和能力，组合成企业核心竞争力，应对企业面临的外部威胁因素并使其影响趋于最小。例如，国家出台调控房地产市场的相关政策，提高首付款比例，房地产市场需求受到抑制。房地产企业可能会利用其资金和品牌优势设计出中小户型，降低首付支出的门槛，吸引资金量小但存在购买需求的购房者。

（4）最大与最大对策（SO 对策），即着重考虑优势因素和机会因素，目的在于发挥企业内部资源优势，充分利用外部有利的市场机会，设计开发多种符合市场需求的产品。

1.（单选题）在房地产产品 SWOT 分析定位法中，"S"代表（　　）。
　　A. 优势　　　　　　　　　　B. 劣势
　　C. 机会　　　　　　　　　　D. 威胁
【答案】A
【解析】SWOT 战略分析定位法中，"S"代表优势。
【出处】《房地产经纪业务操作》（第四版）P36

2.（单选题）房地产产品的外部环境不含（　　）。
　　A. 总体环境　　　　　　　　B. 产业环境
　　C. 竞争环境　　　　　　　　D. 市场环境
【答案】D
【解析】房地产产品的外部环境主要由三部分构成，包括总体环境、产业环境和竞争环境。总体环境分析要从政治法律、经济、社会文化和技术四个层面进行环境评估。
【出处】《房地产经纪业务操作》（第四版）P37

3.（单选题）房地产的 SWOT 分析定位法中，SO 对策是指（　　）。
　　A. 考虑劣势因素和威胁因素　　B. 考虑劣势因素和机会因素
　　C. 考虑优势因素和机会因素　　D. 考虑优势因素和威胁因素

【答案】C

【解析】根据 SWOT 分析制定出的行动对策有四种：① 最小与最小对策（WT 对策），即考虑劣势因素和威胁因素；② 最小与最大对策（WO 对策），即着重考虑劣势因素和机会因素；③ 最大与最小对策（ST 对策），即着重考虑优势因素和威胁因素；④ 最大与最大对策（SO 对策），即着重考虑优势因素和机会因素。

【出处】《房地产经纪业务操作》（第四版）P38～39

核心知识点 11：产品生命周期策略

1．引入期策略

在价格上要适当低一些，以薄利为宗旨。在推销手段上，可采取广告、新闻发布会等来扩大影响；同时，还应加强对市场的调查和预测。对在调查中得到的关于产品设计方面的缺陷，及时进行反馈和修改，以满足顾客的需求。

新产品是企业生命力的源泉。企业需要不断地研究和创新产品，引领消费者的需求。房地产企业开发的新产品，既可以在现有市场上寻找机会，也可以在新市场上开发全新的产品。例如在普通住宅市场上提供使用新材料和新技术、节约能源的环保型住宅。

2．成长期策略

在这一时期，房地产开发企业可大幅度提高销售价格，并开辟新市场，扩大市场容量，加强销售前、中、后的服务。在成长期，密集的广告是扩大产品市场占有率的有效营销手段。为了与竞争对手展开竞争，抵御竞争对手对公司成功项目的模仿，房地产企业要对处于成长期的产品进行完善和改进。

3．成熟期策略

在这一时期，为了维护市场占有率，销售价格不能定得太高。也就是说，这一阶段的策略应是保持适当而薄利的价格，并根据用户的需求对房屋作某些改良，同时为开发建设新型的房地产产品做准备。为了维持产品的竞争地位，突出房地产企业的品牌、产品质量的可靠性、优良的服务等差异化属性，是营销的关键。

4．衰退期策略

销售价格应灵活机动，该降则降；销售方式应采用多种竞争手段，并加强售后服务；同时，应尽快开发出更新的房地产产品来占领市场。

1．（多选题）根据房地产项目销售情况将产品生命周期分为（　　）。

A．引入期　　　　　　　　B．成长期
C．成熟期　　　　　　　　D．起伏期
E．衰退期

【答案】ABCE

【解析】根据产品销售情况将产品生命周期分为引入期、成长期、成熟期、衰退期。

【出处】《房地产经纪业务操作》（第四版）P41

2．（单选题）某房地产项目采用较低的售价，以薄利为宗旨，在推销手段上，采取广告、新闻发布会等来扩大影响，属于产品生命周期的（　　）。

A. 引入期 B. 成长期
C. 成熟期 D. 衰退期

【答案】A

【解析】产品处于引入期,在价格上要适当低一些,以薄利为宗旨。在推销手段上,可采取广告、新闻发布会等来扩大影响;同时,还应加强对市场的调查和预测。

【出处】《房地产经纪业务操作》(第四版)P42

核心知识点12:房地产定价目标

1. 最大利润目标

最大利润目标即房地产企业以获取最大限度的利润为定价目标。利润最大化取决于合理价格所推动的销售规模,而利润最大化的定价目标并不意味着企业要制定最高单价。其中最为合理的价格和规模就是开发项目的边际收益等于边际成本时的价格与规模。

2. 预期投资收益率目标

投资收益率是反映房地产企业投资效益的指标。预期收益率通常包括安全收益率、通货膨胀率和风险报酬率,用于对通货膨胀和风险的补偿。预期投资收益率目标一般用于房地产长期投资项目。

3. 提高市场占有率的目标

市场占有率与平均收益率呈正相关关系。为了提高企业的市场占有率,刚刚进入新市场的企业采用渗透定价法,以低廉的价格、优质的产品或服务,吸引消费者选择自己的产品;或采用快速渗透定价法,加大广告宣传费用投入,以低廉的价格进入市场;市场中的原有企业在新的项目推出后,快速降价,利用先进入者优势,排挤新进入企业,都是选择了市场占有率定价目标。

4. 稳定价格目标

稳定价格目标,也称为企业声誉目标,是指房地产企业为维护企业形象,采取稳定价格的做法。一些业主持有的养老房、海景房、地铁房等销售前景看好的房产,他们在委托房地产经纪机构销售时,也会采取稳定价格目标策略。

5. 过渡定价目标

当房地产开发企业受到建材价格上涨、同行业竞争激烈等方面的猛烈冲击时,商品房无法按正常价格出售。对持有地段差、交易量少、户型差、市场低迷环境中的存量房业主,在他们委托销售时,可以建议他们采用这种定价目标确定委托销售价格。

(单选题)某房地产开发公司在项目开发过程中受到建材价格上涨、同行业竞争激烈等方面猛烈冲击时,应采取的房地产定价目标是( )。

A. 最大利润目标 B. 稳定价格目标
C. 过渡定价目标 D. 提高市场占有率目标

【答案】C

【解析】当房地产开发企业受到建材价格上涨、同行业竞争激烈等方面的猛烈冲击时,商品房无法按正常价格出售,应采取的房地产定价目标是过渡定价目标。

【出处】《房地产经纪业务操作》（第四版）P46

核心知识点 13：房地产定价方法

确定房地产价格，需要考虑的基本因素包括消费者需求、成本和竞争者价格。可以采取的定价策略有两种：一种是"成本＋竞争"；另一种是"消费者需求＋竞争者价格"。

第一种定价策略重点考虑本项目的成本、利润和风险；第二种定价策略重点考虑消费者潜在的对价格的承受程度，以满足消费者的需求为原则。

1. 目标利润定价法

该方法以总成本和目标利润为定价原则。定价时，先估算出未来可能达到的销售量和总成本，在盈亏平衡分析的基础上，加上预期的目标利润额，然后计算价格。

2. 比较定价法

比较定价法是一个完全经过市场验证的、实用的定价方法。

第一步：制定均价。

第二步：制定分幢、分期均价。

第三步：层差和朝向差的确定。

第四步：形成价格表。

第五步：特别调整。

第六步：付款方式对价格的影响。

针对存量房定价，由于存量房交易价格主要受到原始房屋的购买价格（包括装修费用）、买卖双方购买（销售）动机、房地产市场环境条件和税费标准这四方面因素的影响，所以相比较于新建商品房定价，存量房定价方法比较简单，更多采用市场比较法，即将同类房屋近期销售价格作为比较价格，确定待销售存量房的价格。

1.（单选题）某房地产开发企业在确定其开发的普通住宅项目销售价格时，不需要考虑的基本因素是（　　）。

　　A. 消费者需求　　　　　　B. 成本
　　C. 周边别墅的售价　　　　D. 竞争者价格

【答案】C

【解析】确定房地产价格，需要考虑的基本因素包括消费者的需求、成本和竞争者价格。

【出处】《房地产经纪业务操作》（第四版）P46

2.（单选题）影响存量房交易价格的因素一般不包括（　　）。

　　A. 买方的购房动机　　　　B. 原始房屋的购买价格
　　C. 房地产市场环境条件　　D. 经纪公司收取佣金的高低

【答案】D

【解析】针对存量房定价，价格主要受到原始房屋的购买价格（包括装修费用）、买卖双方购买（销售）动机、房地产市场环境条件和税费标准这四方面因素的影响。

【出处】《房地产经纪业务操作》（第四版）P52

3. （多选题）"成本＋竞争"的定价策略重点要考虑项目的（　　）。
   A. 成本　　　　　　　　　　　B. 利润
   C. 风险　　　　　　　　　　　D. 消费者对价格的承受程度
   E. 消费者的需求

【答案】ABC
【解析】"成本＋竞争"的定价策略重点要考虑项目的成本、利润和风险。
【出处】《房地产经纪业务操作》（第四版）P46

4. （单选题）完全经过市场验证的、实用的定价方法是（　　）。
   A. 变动成本定价法　　　　　　B. 变动目标定价法
   C. 目标利润定价法　　　　　　D. 比较定价法

【答案】D
【解析】比较定价法是一个完全经过市场验证的、实用的定价方法。
【出处】《房地产经纪业务操作》（第四版）P48

核心知识点 14：房地产分销策略

1. 建立专门的分销渠道进行房地产产品销售的好处

一是减少了潜在消费者搜寻产品的次数，提高了完成交易的效率；二是通过分销商的标准化销售行为，提升了房地产交易的标准化程度；三是便于房地产销售方找到购买主体。

2. 分销渠道的类型

（1）直销

直销是一种销售渠道最短的途径。房地产开发企业或不动产权利人采用直销是一种简单快捷的销售方式，销售方可以根据收益情况控制销售价格、销售进度。但由于缺乏销售的专业知识和技能，信息发布渠道不畅，容易降低销售速度。

（2）利用中间商进行销售

房地产开发企业、不动产权利人委托房地产经纪机构进行产品的销售，将其转移到最终用户。其优势在于经纪机构和经纪人提供专业化服务、标准化的销售模式，拥有大批掌握销售技巧和房地产专业知识的房地产经纪人员，从而扩大了销售半径，提高了销售速度，及时获得市场对产品的反馈，帮助房地产开发企业和不动产权利人快速回笼资金。

（3）多重分销

多重分销是指通过多个营销渠道将房地产产品和服务销售到同一个目标市场。

1. （多选题）建立专门的分销渠道进行房地产产品销售的好处有（　　）。
   A. 减少了潜在消费者搜寻产品的次数
   B. 提高了房地产经纪机构的佣金比率
   C. 提高了完成交易的效率
   D. 提高了房地产交易的标准化程度

E. 便于销售方找到交易对象

【答案】ACDE

【解析】建立专门的分销渠道进行房地产产品销售的好处：一是减少了潜在消费者搜寻产品的次数，提高了完成交易的效率；二是通过分销商的标准化销售行为，提升了房地产交易的标准化程度；三是便于房地产销售方找到购买主体。

【出处】《房地产经纪业务操作》（第四版）P52

2．(多选题)根据选择销售零售商的数量，分销强度可以分为(　　)。

A. 密集分销　　　　　　　B. 选择分销
C. 独家分销　　　　　　　D. 多重分销
E. 集中分销

【答案】ABC

【解析】根据选择销售零售商的数量，分销强度可以依次分为密集分销、选择分销和独家分销。

【出处】《房地产经纪业务操作》（第四版）P54

核心知识点 15：房地产促销目标

（1）提供房地产产品信息。
（2）增加消费者对产品的需求量。
（3）通过提炼卖点实现房地产产品的差异化特征。
（4）进一步强化了房地产价值。
（5）稳定销售。

(多选题)房地产促销的目标有(　　)。

A. 提供房地产产品信息　　　B. 稳定销售
C. 增加消费者对产品的需求量　D. 过渡定价目标
E. 以利润为中心的定价目标

【答案】ABC

【解析】房地产促销目标包括：第一，提供房地产产品信息；第二，增加消费者对产品的需求量；第三，通过提炼卖点实现房地产产品的差异化特征；第四，进一步强化了房地产价值；第五，稳定销售。

【出处】《房地产经纪业务操作》（第四版）P55

核心知识点 16：房地产卖点挖掘

卖点具备三个特点：① 卖点是楼盘自身独有的优势，难以被竞争对手模仿的个性化特点；② 卖点必须具有能够展示并表现出来的特点；③ 卖点必须是能够得到目标客户认同的特点。卖点与项目定位的不同之处是：卖点必须是能够展示的，否则就无法在市场推广中发挥作用。挖掘卖点的四个阶段如下：

第一阶段：片区市场研究。
第二阶段：竞争者动态跟踪。
第三阶段：消费者构成及购买行为研究。
第四阶段：挖掘卖点。

（单选题）下列特点中，不属于卖点的是（   ）。
    A. 卖点是房源自身独有的优势
    B. 卖点具有能够展现并表现出来的特点
    C. 卖点不得到目标客户的认同也可以
    D. 卖点是难以被竞争对手模仿的个性化特点

【答案】C
【解析】卖点需具备的三个特点：卖点是楼盘自身独有的优势，难以被竞争对手模仿的个性化特点；卖点必须具有能够展示并表现出来的特点；卖点必须是能够得到目标客户认同的特点。
【出处】《房地产经纪业务操作》（第四版）P56

核心知识点17：房地产促销策略组合

1. 房地产广告促销
房地产广告是当前房地产产品促销中最主要，也是最重要的一个手段。

2. 人员销售
优点：① 通过房地产销售人员与消费者直接接触，可以向消费者传递企业和房地产的有关信息；② 通过与消费者的沟通，可以了解消费者的需求，便于企业能够进一步满足消费者的需求；③ 通过与消费者的接触，可以与消费者建立良好的关系，使消费者也能发挥介绍和推荐房地产的作用。
缺点：① 人员促销与其他促销方式比较，时间成本较高，大致是广告费用的2~5倍。在市场范围受到限制的情况下，采用人员促销将受到很大限制。② 这种促销方式对人员的素质要求非常高，促销人员需要具备一定的房地产专业知识和沟通能力。

3. 公共关系促销
公共关系是指企业与不同公众之间的沟通和关系。
活动促销的类型有：楼盘庆典仪式；社会公益活动；社区活动；大型有奖销售、打折促销活动；导引教育型活动；利用时势环境型活动。

4. 销售促进
促销是广告、人员推动、公共关系、活动促销之外的旨在刺激消费者购买和提升销售效率的活动。房地产促销的手段包括打折、试住、送物业管理、送家具等。

5. 直复营销
主要是采用直邮、产品目录、电话营销、网络营销等方式直接针对具体客户，实现传播和发送房地产信息的一种促销手段。

（单选题）当前房地产产品促销中最主要也是最重要的手段是（　　）。
　　A．房地产广告促销　　　　　　B．人员销售
　　C．公共关系促销　　　　　　　D．销售促进
【答案】A
【解析】房地产广告是当前房地产产品促销中最主要也是最重要的手段。
【出处】《房地产经纪业务操作》（第四版）P58

【真题实测】

一、单选题（每题的备选答案中只有 1 个最符合题意）。

1．客户委托房地产经纪人购房时，其获得的客户总价值中的人员价值是房地产经纪人（　　）。
　　A．向客户提供了讨价还价的服务　　B．言谈举止有度的专业形象
　　C．提供了高品质的市场分析　　　　D．提供的耐心的房屋带看服务

2．在房源商圈调查中，房地产经纪机构使用最多并且最有效的方法是（　　）。
　　A．访谈法　　　　　　　　　　B．问卷调查法
　　C．行为记录法　　　　　　　　D．实地勘查法

3．对当前价值和未来潜在价值都低的客户，房地产经纪人应（　　）。
　　A．增加房屋带看次数　　　　　B．定期与客户保持良好沟通
　　C．积极推送房地产交易信息　　D．引导客户尽快明确购房需求

4．根据调查内容的深入程度，可将商圈调查分为初步调查、深入调查和（　　）。
　　A．个案调查　　　　　　　　　B．全面调查
　　C．抽样调查　　　　　　　　　D．现场调查

5．徐某拟在一中等城市市中心投资购买一间临街商铺用于出租经营。徐某对该商铺预期的收益率为 6%，商铺总建筑面积 260m²，出租率为 70%，可出租面积比例 80%，商铺售价为 780 万元。在此收益率下，徐某应该至少以（　　）元/（m²·月）的租金标准进行招租。
　　A．188　　　　　　　　　　　B．214
　　C．150　　　　　　　　　　　D．268

6．某知名房地产开发企业为新近推出的一个品牌项目楼盘制定价格策略时，为维护项目的品牌和服务形象，应选择的定价目标是（　　）。
　　A．过渡定价目标　　　　　　　B．竞争价格目标
　　C．稳定价格目标　　　　　　　D．提高市场占有率目标

7．采用新闻发布会来扩大影响，房地产产品处于产品生命周期中的（　　）。
　　A．成长期　　　　　　　　　　B．成熟期
　　C．衰退期　　　　　　　　　　D．引入期

8．通过多个营销渠道将房地产产品销售到同一目标市场的营销渠道类型是（　　）。
　　A．多重分销　　　　　　　　　B．密集分销
　　C．选择分销　　　　　　　　　D．独家分销

9. 房地产卖点具备的特点不包括（　　）。
   A. 认同性强
   B. 个性化强
   C. 展示性强
   D. 夸张性强

10. 在房地产产品促销中，最主要、最重要的促销方式是（　　）。
    A. 广告促销
    B. 降价促销
    C. 赠送促销
    D. 抽奖促销

11. 长期在 A 市耕耘的甲房地产开发公司，根据公司发展战略，在 B 市投资了一个房地产开发项目。为了提高市场占有率，甲房地产开发公司可采取的价格策略是（　　）。
    A. 加大房地产广告宣传费用，以较低的价格进入市场
    B. 为新开发产品确定一个略高于区域内市场平均价格的较高价格
    C. 以亏本价格出售新开发产品
    D. 积极降低房地产开发成本和运营费用

12. 甲住宅开发企业面对首付款比例提高的政策变化，采用 SWOT 分析定位法，利用其品牌优势主推中小户型住房，所采用的行动对策是（　　）。
    A. WT 对策
    B. SO 对策
    C. WO 对策
    D. ST 对策

13. 下列房地产开发项目中，采用目标客户需求定位法的是（　　）。
    A. 在地铁通达的郊区开发建设商业住宅一体化综合项目
    B. 在政府规划的 CBD 商业区开发建设综合办公写字楼
    C. 在软件创业园区针对上班族开发建设单身公寓楼
    D. 在滨海旅游区附近规划建设欧式海景别墅

14. 下列住宅房源信息中，不应作为房源卖点的是（　　）。
    A. 该房风水好，有助于业主招财进宝
    B. 委托价格低于市场成交价格
    C. 简约装修风格
    D. 服务周到的物业服务

15. 房地产经纪人调查和利用公共设施信息时，做法错误的是（　　）。
    A. 在面对带来负面影响的公共设施时，应关注可能的克服方式
    B. 对已建设的公共设施，应搜集现状资料
    C. 在产品设计时无需考虑未来的即将建设的公共设施所产生的超前性
    D. 对计划建设的公共设施，应深入调查其使用性质

16. 甲房地产开发公司为推广宣传一款数字系统控制的新型别墅，召开了新闻发布会和产品说明会，建造了新型产品展示样板间，现场发放了免费试住券。根据产品生命周期策略，甲房地产开发公司采取的这一市场营销策略属于（　　）。
    A. 成长期
    B. 成熟期
    C. 引入期
    D. 衰退期

17. 下列存量住宅中，在确定其委托价格时，房地产经纪人应建议委托人采取稳定价格目标策略的是（　　）。
    A. 临近地铁站，位置优良、环境宜人的住宅

B. 距城市中心较远，周边交易量较少的住宅
C. 市场低迷时，急于出售的住宅
D. 距城市中心较远，房型差的住宅

二、多选题（每题的备选答案中有 2 个或 2 个以上符合题意）。

18. 房地产市场宏观环境调查中，经济资料包括（　　）。
    A. 教育程度　　　　　　　　B. 价值观
    C. 产业结构　　　　　　　　D. 货币供应
    E. 职业预期

19. 房地产经纪人在服务购房客户时，提升客户总价值的做法有（　　）。
    A. 拉长看房周期，增加客户黏性
    B. 注意言谈举止，给客户带来舒适感
    C. 准确分析市场行情，提供房价依据
    D. 提供热情、耐心、细心的房屋带看服务
    E. 熟悉社区房源情况，快速帮客户找到满意房源

20. 房地产经纪人在搜集社区交通流量资料时，应选择的时段有（　　）。
    A. 单号日与双号日　　　　　B. 周末与工作日
    C. 节日与非节日　　　　　　D. 上班前与上班后
    E. 早晨、中午与晚上

21. 房地产促销的目标有（　　）。
    A. 提供房地产产品信息　　　B. 开拓房地产产品营销渠道
    C. 稳定房地产产品销售　　　D. 削弱竞争房地产产品的优势
    E. 展示房地产产品差异化特征

22. 商圈调查时，房地产经纪人应（　　）。
    A. 在现场勘查前要制作楼盘表
    B. 进行访谈时避免被受访人提供的信息所误导
    C. 在现场勘查时应做到"多看、多走、多问、多记"
    D. 可以搜集网络信息和同行发布的数据来查证商圈状况
    E. 结束访谈后，要核实关键访谈内容

23. 存量房市场营销的主要特点有（　　）。
    A. 需要花费大量的时间和精力核查销售不动产
    B. 侧重体验式服务
    C. 销售对象坐落分散
    D. 使用成本低、受众量大的广告手段
    E. 交易价格浮动空间小

24. 以商业地产开发为主的某大型房地产开发企业，受商业环境影响需要放弃传统商业项目的开发，转型开发绿色零能耗住宅项目。该企业在转型中宜采取产品生命周期的（　　）策略。
    A. 成长期　　　　　　　　　B. 成熟期
    C. 引入期　　　　　　　　　D. 衰退期

E. 调整期

【真题实测答案】

1.【答案】C

【解析】人员价值包括经纪人专业能力，是高效准确地提供房地产市场及房屋信息等。

【出处】《房地产经纪业务操作》（第四版）P4

2.【答案】D

【解析】现场勘查是商圈调查使用最多的方式，也是最主要最有效的方式。

【出处】《房地产经纪业务操作》（第四版）P34

3.【答案】B

【解析】当前价值和未来潜在价值都低的客户属于Ⅰ类客户，针对这种客户的营销手段是：不需要投入资源来维持这类客户；应减少管理该类客户的服务成本；通过寻求降低成本的途径来提高客户的价值或者提高对该类客户所销售产品的价格来增加企业收入。

【出处】《房地产经纪业务操作》（第四版）P7

4.【答案】A

【解析】根据调查内容的深入程度，可将商圈调查分为初步调查、深入调查和个案调查。

【出处】《房地产经纪业务操作》（第四版）P32～33

5.【答案】D

【解析】首先，我们需要计算出单位面积的投资，即780万$/260m^2 = 30000$（元$/m^2$），然后，我们需要计算出在70%的出租率、80%可出租面积以及在6%的预期收益率三个条件下，能够与单位面积投资持平的单位面积租金额。也就是说这里计算出来的租金水平是获得6%利润条件下的租金额。单位面积月租金额$= 30000 \div 70\% \div 80\% \times 6\% \div 12 \approx 268$元$/(m^2 \cdot 月)$。

【出处】《房地产经纪业务操作》（第四版）P45

6.【答案】C

【解析】稳定价格目标也称为企业声誉目标，是指房地产企业为维护企业形象，采取稳定价格的做法。一些业主持有的养老房、海景房、地铁房等销售前景看好的房产，他们在委托房地产经纪机构销售时，也会采取稳定价格目标策略。

【出处】《房地产经纪业务操作》（第四版）P45

7.【答案】D

【解析】引入期策略为，在价格上要适当低一些，以薄利为宗旨，在推销手段上，可采取广告、新闻发布会等来扩大影响。

【出处】《房地产经纪业务操作》（第四版）P42

8.【答案】A

【解析】多重分销是指通过多个营销渠道将房地产产品和服务销售到同一个目标市场。

【出处】《房地产经纪业务操作》（第四版）P54

9.【答案】D

【解析】卖点是难以被竞争对手模仿的个性化特点；卖点必须具有能够展示并表现出

来的特点；卖点必须得到目标客户的认同。

【出处】《房地产经纪业务操作》（第四版）P56

10.【答案】A

【解析】房地产广告是当前房地产产品中最主要，也是最重要的一个手段。

【出处】《房地产经纪业务操作》（第四版）P58

11.【答案】A

【解析】为提高市场占有率，刚刚进入新市场的企业采用渗透定价法，以低廉的价格、优质的产品或服务，吸引消费者选择自己的产品。

【出处】《房地产经纪业务操作》（第四版）P45

12.【答案】D

【解析】首付款比例提高属于外部的威胁因素 T，企业利用品牌优势推出中小户型是将优势 S 发挥最大化来应对威胁，因此企业采取的行动对策为 ST 对策。

【出处】《房地产经纪业务操作》（第四版）P38

13.【答案】C

【解析】目标客户需求定位是指房地产企业根据选定的目标市场的实际需求，开发建设出能满足客户个性化需求的产品。针对软件创业园的上班族这类群体开发与之匹配的单身公寓楼符合目标客户定位法的原则。

【出处】《房地产经纪业务操作》（第四版）P40

14.【答案】A

【解析】卖点是产品独有的难以被竞争对手模仿的个性化特点，比如楼盘自身独有的优势、能表现出来的（如装修风格）、能够得到目标客户认同等（如周到的物业服务）。风水的部分涉及封建迷信宣导。

【出处】《房地产经纪业务操作》（第四版）P56

15.【答案】C

【解析】公共设施若已建设，则需搜集现状资料，但如果是属于尚未进行的计划，则应深入调查该项公共设施的性质，并尽可能在进行产品定位时，设法结合已建设及未来即将建设的公共设施，使产品更具超前性。

【出处】《房地产经纪业务操作》（第四版）P26

16.【答案】C

【解析】在引入期，价格上要适当低一些，以薄利为宗旨。在推销手段上，可采取广告、新闻发布会等来扩大影响；同时，还应加强对市场的调查和预测。新产品是企业生命力的源泉。企业需要不断地研究和创新产品，引领消费者的需求。房地产企业开发的新产品，既可以在现有市场上寻找机会，也可以在新市场上开发全新的产品。例如在普通住宅市场上提供使用新材料和新技术、节约能源的环保型住宅。

【出处】《房地产经纪业务操作》（第四版）P42

17.【答案】A

【解析】稳定价格目标，也称为企业声誉目标，是指房地产企业为维护企业形象，采取稳定价格的做法。稳定价格缺乏灵活性，往往对于那些具有一定知名度的品牌企业或品牌项目可以选择这种目标。一些业主持有的养老房、海景房、地铁房等销售前景看好的房产，他们在委托房地产经纪机构销售时，也会采取稳定价格目标策略。

【出处】《房地产经纪业务操作》（第四版）P45~46

18.【答案】CD

【解析】经济方面的变量非常多，产业结构、货币供应、利率、汇率、对外贸易、居民可支配收入等都是影响房地产市场的关键因素。

【出处】《房地产经纪业务操作》（第四版）P21

19.【答案】BCDE

【解析】客户的总价值包括产品价值、服务价值、人员价值和形象价值。B选项属于形象价值，C、E选项属于人员价值，D选项属于服务价值，A选项为本题的干扰项。

【出处】《房地产经纪业务操作》（第四版）P4

20.【答案】BCDE

【解析】交通流量调查时段的选择应注意假日、非假日、上班前、下班后及一日中的特定时段的区分，分别调查取样，才能代表所有时段的交通流量状况。

【出处】《房地产经纪业务操作》（第四版）P25

21.【答案】ACE

【解析】房地产促销目标包括：第一，提供房地产产品信息；第二，增加消费者对产品的需求量；第三，通过提炼卖点实现房地产产品的差异化特征；第四，进一步强化了房地产价值；第五，稳定销售。

【出处】《房地产经纪业务操作》（第四版）P55

22.【答案】BCDE

【解析】商圈调查方法包括：① 现场勘查法。现场勘查是商圈调查使用最多的方式，也是最主要、最有效的方式。在进行勘查时，勘查人员要做到"四多"，即多看、多走、多问、多记。② 访谈法。在进行访谈时，要注意区分虚假信息，避免被误导。③ 其他方式。商圈调查还可以使用很多其他方式进行。包括：了解同行业发布的数据，加深对商圈的认识；搜集网络信息进行商圈调查。在具体工作中可以交叉使用以上几种商圈调查的方法。配合使用才能对商圈调查的内容有一个较为客观、准确的把握。

【出处】《房地产经纪业务操作》（第四版）P34

23.【答案】ABCD

【解析】存量房市场营销的特点包括：第一，房地产经纪机构需要花费大量的时间和精力核查待售不动产；第二，销售对象坐落分散且为现房销售；第三，市场交易价格浮动空间大；第四，存量房销售更加侧重体验式服务；第五，相比较新建商品房，一般存量房市场营销会使用成本低、受众量大的广告。

【出处】《房地产经纪业务操作》（第四版）P12~13

24.【答案】CD

【解析】首先，房地产开发企业受商业影响需要放弃传统商业项目，意味着传统项目已经进入衰退期，需要采用售价灵活、多手段竞争、强化售后的方式服务，同时开发更新的房地产产品；转型开发绿色零能耗住宅新产品，引入市场需要采用引入期策略，快速提高产品知晓度，推动销售量进入成长阶段。

【出处】《房地产经纪业务操作》（第四版）P42~43

【章节小测】

一、单选题（每题的备选答案中只有1个最符合题意）

1. 到目前为止，客户为公司创造的利润现值是指（　　）。
   A．历史价值　　　　　　　　B．当前价值
   C．潜在价值　　　　　　　　D．未来价值

2. 假设客户购买模式发生改变，可能为公司创造的利润增量现值是指（　　）。
   A．历史价值　　　　　　　　B．当前价值
   C．潜在价值　　　　　　　　D．未来价值

3. 房地产经纪人在存量房市场营销方面的主要工作不包括（　　）。
   A．项目策划与销售　　　　　B．传递不动产交易信息
   C．撮合不动产交易当事人实现交易　　D．提供经纪延伸服务

4. 对广告媒体公司、建筑设计单位的情况进行调查的行为是（　　）。
   A．房地产促销策略调查　　　B．市场价格调查
   C．一般行情调查　　　　　　D．房地产相关企业情况调查

5. 新建商品房商圈中，人流量和车流量覆盖范围最广的商圈类型是（　　）。
   A．邻里中心型　　　　　　　B．大地区中心型
   C．副城市中心型　　　　　　D．城市中心型

6. 按照商圈的人口密度、消费能力及人潮、交通流量等对商圈进行分类，其中CBD又可称为（　　）。
   A．邻里中心型　　　　　　　B．大地区中心型
   C．副城市中心型　　　　　　D．城市中心型

7. 从卖方的立场出发，以买主为对象，在不断变化的市场环境中，以满足一切现实和潜在消费者的需求为中心，提供和引导商品或服务到达消费者手中，同时企业也获得利润的企业经营活动为（　　）。
   A．促销　　　　　　　　　　B．推销
   C．市场营销　　　　　　　　D．市场销售

8. 房地产产品的SWOT分析定位法中，着重考虑优势因素和机会因素的是（　　）。
   A．WT对策　　　　　　　　B．WO对策
   C．ST对策　　　　　　　　D．SO对策

9. 为了方便上下班和子女就学，而购买经济适用的多层或高层的中等户型的人群年龄一般在（　　）岁。
   A．25～30　　　　　　　　 B．31～40
   C．41～60　　　　　　　　 D．60岁以上

10. 客户忠诚的特征不包括（　　）。
    A．发现品牌产品或服务的有些缺陷，不能谅解也不向企业主动反馈
    B．大量重复购买某品牌产品
    C．主动向亲朋好友推荐某品牌产品
    D．不会因环境和营销宣传而转向其他产品或服务

11. 不属于目标客户需求定位法步骤的是（　　）。
    A. 确定目标客户
    B. 目标客户特征分析
    C. 设计产品并进行营销策划和组织实施
    D. 分析消费者需求，确定产品定位

12. 房地产开发企业可大幅度提高销售价格，并开辟新市场，扩大市场渗透，加强销售前、中、后的服务是产品生命周期的（　　）。
    A. 引入期　　　　　　　　　　　B. 成长期
    C. 成熟期　　　　　　　　　　　D. 衰退期

13. 利用中间商进行销售的优点不包括（　　）。
    A. 销售方可以根据收益情况控制销售价格、销售进度
    B. 帮助开发商快速回笼资金
    C. 提高了销售速度
    D. 扩大了销售半径

14. 房地产营销人员需要把握所在区域的城市规划、市政基础设施、商业设施人口状况等因素，并根据区域环境制定适宜的营销方案，此时体现了房地产营销的特征是（　　）。
    A. 动态性　　　　　　　　　　　B. 受区域环境影响
    C. 消耗时间较长　　　　　　　　D. 受政策法律影响大

二、多选题（每题的备选答案中有 2 个或 2 个以上符合题意）

15. 对于具有低当前价值、高潜在价值的客户，应采取的营销手段有（　　）。
    A. 不需要投入资源来维持这类客户　　B. 应减少管理该类客户的服务成本
    C. 应在该类客户投入更多的资源　　　D. 提高客户服务水平和销售成本
    E. 适当减少投资

16. 在社会文化方面，对房地产市场产生影响的因素有（　　）。
    A. 职业预期　　　　　　　　　　B. 成家率
    C. 离婚率　　　　　　　　　　　D. 产业结构
    E. 对外贸易

17. 房地产经纪机构开展竞争企业的调查时，调查的内容主要有（　　）。
    A. 竞争企业的数量　　　　　　　B. 竞争企业的生产能力
    C. 竞争企业所采取的市场营销策略　D. 竞争产品的结构
    E. 竞争产品的市场定价及反应状况

18. 属于存量房经纪业务商圈调查的重要性的有（　　）。
    A. 作为制定商业计划的依据　　　B. 为客户提供各项数据
    C. 了解竞争对手，知己知彼　　　D. 作为制定工作重点的依据
    E. 可以降低交易价格

19. 竞争环境分析主要是对竞争对手的（　　）。
    A. 规模　　　　　　　　　　　　B. 目标
    C. 战略意图　　　　　　　　　　D. 产品线

E. 销售量

20. 人员促销的缺点包括（　　）。
    A. 在房地产市场范围受到限制的情况下，采用人员促销将受到很大的限制
    B. 不利于消费者传递企业和房地产的有关信息
    C. 不利于了解消费者需求
    D. 促销成本较高
    E. 对人员的素质要求高

21. 利用中间商进行销售的优点有（　　）。
    A. 是一种简单快捷的销售方式
    B. 扩大了销售半径
    C. 提高了销售速度
    D. 帮助开发商快速回笼资金
    E. 销售方可以根据收益情况控制销售价格、销售速度

【章节小测答案】

1.【答案】A
【解析】历史价值指的是，到目前为止，客户为公司创造的利润现值；当前价值指的是，假设客户购买模式不变，可能为公司创造的利润现值；潜在价值指的是，假设客户购买模式发生改变，可能为公司创造的利润增量现值。
【出处】《房地产经纪业务操作》（第四版）P6

2.【答案】C
【解析】历史价值指的是，到目前为止，客户为公司创造的利润现值；当前价值指的是，假设客户购买模式不变，可能为公司创造的利润现值；潜在价值指的是，假设客户购买模式发生改变，可能为公司创造的利润增量现值。
【出处】《房地产经纪业务操作》（第四版）P6

3.【答案】A
【解析】在存量房市场营销方面的主要工作包括：传递不动产交易信息、撮合不动产交易当事人实现交易、提供经纪延伸服务。
【出处】《房地产经纪业务操作》（第四版）P14

4.【答案】D
【解析】房地产相关企业情况调查主要调查建筑设计单位、施工单位、广告企划公司、广告媒体公司、房地产信息平台等企业的数量、资质和营业收入等情况。
【出处】《房地产经纪业务操作》（第四版）P29

5.【答案】D
【解析】城市中心型商圈又可以称为中央商务区（CBD），其覆盖范围包括整个都市四周，其车流及人流量来自四面八方。
【出处】《房地产经纪业务操作》（第四版）P30

6.【答案】D
【解析】城市中心型商圈又可以称为中央商务区（CBD），其覆盖范围包括整个都市四

周,其车流及人流量来自四面八方。

【出处】《房地产经纪业务操作》(第四版)P30

7.【答案】C

【解析】市场营销作为一种将产品从生产者向消费者转移的激励过程,就是从卖方的立场出发,以买主为对象,在不断变化的市场环境中,以满足一切现实和潜在消费者的需要为中心,提供和引导商品或服务到达消费者手中,同时企业也获得利润的企业经营活动。

【出处】《房地产经纪业务操作》(第四版)P1

8.【答案】D

【解析】根据SWOT分析制定出的行动对策有四种:① 最小与最小对策(WT对策),即考虑劣势因素和威胁因素;② 最小与最大对策(WO对策),即着重考虑劣势因素和机会因素;③ 最大与最小对策(ST对策),即着重考虑优势因素和威胁因素;④ 最大与最大对策(SO对策),即着重考虑优势因素和机会因素。

【出处】《房地产经纪业务操作》(第四版)P38~39

9.【答案】B

【解析】为了方便上下班和子女就学,而购买经济适用的多层或高层的中等户型的人群年龄一般在31~40岁。

【出处】《房地产经纪业务操作》(第四版)P40

10.【答案】A

【解析】客户忠诚具有以下四点特征:① 重复或大量购买同一企业该品牌的产品或服务;② 主动向亲朋好友或周围的人推荐该品牌的产品或服务;③ 不会受环境和营销宣传影响转而购买其他品牌的产品或服务;④ 发现该品牌产品或服务缺陷后,能主动向企业反馈讯息,推动解决。

【出处】《房地产经纪业务操作》(第四版)P5

11.【答案】D

【解析】目标客户需求定位法包括三个步骤:① 确定目标客户;② 目标客户特征分析;③ 设计产品并进行营销策划和组织实施。

【出处】《房地产经纪业务操作》(第四版)P40~41

12.【答案】B

【解析】成长期房地产开发企业可房地产开发企业可大幅度提高销售价格,并开辟新市场,扩大市场容量,加强销售前、中、后的服务。在成长期,密集的广告是扩大产品市场占有率的有效营销手段。

【出处】《房地产经纪业务操作》(第四版)P42

13.【答案】A

【解析】利用中间商进行销售的好处包括扩大了销售半径,提高了销售速度,及时获得市场对产品的反馈,帮助开发商快速回笼资金。A选项属于直销的优点。

【出处】《房地产经纪业务操作》(第四版)P54

14.【答案】B

【解析】由于房地产市场具有很强的区域性,房地产营销市场受房地产市场微观环境和宏观环境影响较大。就房地产宏观情况而言，房地产营销人员需要把握所在区域的城市规划、市政基础设施、教育设施、商业设施、人口状况、收入变化等因素，并根据区域环境制定适宜的营销方案。

【出处】《房地产经纪业务操作》（第四版）P9

15.【答案】CD

【解析】客户特征为具有低当前价值、高潜在价值，公司目标是得到这类客户潜在价值的较大部分，是Ⅱ类客户。应采取的营销手段包括应在该类客户投入更多的资源；提高客户服务水平和销售成本，促进客户关系进一步发展，进而获得客户增量购买、交叉购买。

【出处】《房地产经纪业务操作》（第四版）P7

16.【答案】ABC

【解析】在社会文化方面，职业预期、成家率、离婚率、生活方式、价值观等指标对房地产市场产生影响。

【出处】《房地产经纪业务操作》（第四版）P24

17.【答案】ABC

【解析】对竞争企业的调查主要包括：① 竞争企业的数量、规模、实力状况；② 竞争企业的生产能力、技术装备水平和社会信誉；③ 竞争企业所采用的市场营销策略以及新产品的开发情况；④ 对房地产企业未来市场竞争情况的分析、预测等。对竞争产品的调查主要包括：① 竞争产品的设计、结构、质量、服务状况；② 竞争产品的市场定价及反应状况；③ 竞争产品的市场占有率；④ 消费者对竞争产品的态度和接受情况等。

【出处】《房地产经纪业务操作》（第四版）P27~28

18.【答案】ABCD

【解析】存量房经纪业务商圈调查很重要，表现在以下五个方面：① 商圈调查结果可以作为房地产经纪人制定商业计划的依据；② 商圈调查结果可以作为房地产经纪人制定工作重点的依据；③ 商圈调查结果可以为客户提供各项数据；④ 商圈调查可以了解竞争对手，做到知己知彼；⑤ 商圈调查可以增强房地产经纪人员对市场变化的敏锐度和自信。

【出处】《房地产经纪业务操作》（第四版）P32

19.【答案】BCD

【解析】竞争环境分析主要围绕竞争对手的目标、战略意图、产品线进行分析。

【出处】《房地产经纪业务操作》（第四版）P37

20.【答案】ADE

【解析】人员促销的缺点包括：① 人员促销与其他促销方式比较，时间成本较高，大致是广告费用的2~5倍。在市场范围受到限制的情况下，采用人员促销将受到很大限制。② 这种促销方式对人员的素质要求非常高，促销人员需具备一定的房地产专业知识和沟通能力。

【出处】《房地产经纪业务操作》（第四版）P60

21.【答案】BCD

【解析】利用中间商进行销售的其优势在于经纪机构和经纪人提供专业化服务、标准化的销售模式，拥有大批掌握销售技巧和房地产专业知识的房地产经纪人员，从而扩大了销售半径，提高了销售速度，及时获得市场对产品的反馈，帮助房地产开发企业和不动产权利人快速回笼资金。

【出处】《房地产经纪业务操作》（第四版）P54

第二章 房源信息搜集与管理

【章节导引】

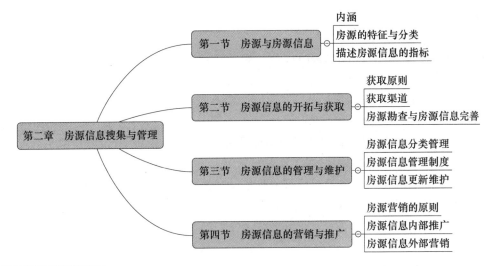

【章节核心知识点】

核心知识点1：房源和房源信息的内涵

1.房源和房源信息的含义

（1）房源是指业主（委托方）出租或者出售的住房、商业用房、工业厂房等房屋，即不动产权利人有意愿出售或出租的房地产。从房地产经纪人和经纪机构角度看，房源不仅包括委托出售或出租的房屋，还包括该房屋的业主（委托方）。

房源的特征包括动态性和可替代性。

房源的动态性主要包括两个方面：一是物业委托交易价格的变动；二是物业使用状态的变动。由于房源存在变动性这一特征，所以经纪人要不间断地与业主（委托方）联系，以便在房源的某些指标发生变动时，及时进行更新。

可替代性是指虽然每一套房屋都是唯一的，具有明显的个别性，但是在现实生活中，人们对房屋的需求却并非某一套不可。具有相似地段、相似建筑类型、相似户型的房屋，在效用上就具有相似性，对于特定的需求者而言，它们是可以相互替代的。这就令房源具有可替代性这一特征。

（2）房源信息是指描述和刻画房源的房地产状况、权利人情况和租售价格等内容的数字、图像和文字性信息。房源信息包括与委托出售（或出租）房屋相关的信息，包括房屋的实物状况信息、权益状况信息、区位状况信息、租售价格信息、物业管理状况信息以及房源代理人身份等相关信息。

（3）两者关系：房源是房源信息存在的基础，房源信息是表征和表达房源特征的外在形式。没有房源，也就不存在房源信息。

2. 房源和房源信息的作用

① 房源是房地产经纪机构的核心竞争力；② 房源是房地产经纪人为客户提供服务的前提条件和促成买卖（租赁）双方交易实现的重要因素；③ 作为消费者的购买方（或承租方）消费所得的最终商品就是房屋，房源对于购买方（或承租方）而言不仅是被符号化的信息资源，更重要的是最终交易的实体商品——兼具物理属性、法律属性和心理属性的特殊商品。

1.（单选题）房地产经纪机构的核心竞争力是（　　）。

  A. 房源   B. 客源

  C. 资金链   D. 覆盖量

【答案】A

【解析】房源是房地产经纪机构的核心竞争力。

【出处】《房地产经纪业务操作》（第四版）P64

2.（单选题）经纪人需要不断与业主联系，以便在房源的某些指标发生变动时及时更新房源信息，这是因为房源具有（　　）。

  A. 可替代性   B. 动态性

  C. 唯一性   D. 区域性

【答案】B

【解析】房源的动态性包括物业委托交易价格变动和物业使用状态的变动，由于房源存在变动性特征，所以需要经纪人员不断与业主联系，以便在房源某些指标发生变动时，及时更新房源信息。

【出处】《房地产经纪业务操作》（第四版）P65

核心知识点2：描述房源信息的指标

1. 房源信息的物理指标

房源信息的物理指标，是指描述物业自身及其周边环境的物理状态的指标，如物业的区位（地段）、建筑外观、面积、朝向、间隔、新旧程度、建成年份等。除非遭遇地震、火灾等特殊情况，房源信息的物理指标在交易过程中是不变的。房源的物理特征决定了房源的使用价值，也在一定程度上决定了物业的市场价格。

2. 房源信息的法律指标

主要包括表征房屋的用途及其权属状态等的指标。

3. 房源信息的"心理特征"

房源信息的"心理特征"中的"心理"指的是业主（委托方）在委托过程中的心理状态。随着时间的推移，这种心理状态往往会发生变化，从而对房地产交易过程和交易结果产生影响。其中，交易价格最容易受到影响。

（单选题）下列房源属性中，属于法律属性的是（　　）。
  A．户型为两室一厅　　　　　　B．房屋用途为商业
  C．房屋位于××河的南岸　　　D．房屋配套设施齐全
【答案】B
【解析】房源信息的法律指标主要包括表征房屋的用途及其权属状态等的指标。
【出处】《房地产经纪业务操作》（第四版）P69

核心知识点 3：房源信息的获取原则

1. 真实性原则
（1）房源真实存在
  房源真实存在是指房源是真实的，而且是唯一的，不是拼凑的假房源，包括三个层面的内容，即房屋状况真实、依法可以租售、租售状态真实。
  房屋状况真实，要求房屋的地址、用途、面积、户型、楼层、朝向、装修、建成年份（代）、建筑类型、产权性质以及有关图片，应当真实、完整、准确。
  房源依法可以租售，是指依法可以出租或者出售的房屋，并达到法律法规和政策规定的出租或者出售条件，无法律法规和政策规定不得出租或者出售的情形。
  房源租售状态真实，要求房源处于实际待租或者待售状态，不存在已成交以及出租或者出售委托失效的情形。
（2）房源真实委托
  房源真实委托包括两个层面的内涵：一是租售意思真实；二是业主真实委托。房源租售意思真实，要求房源租售是依法有权出租或者出售的房地产权利人本人的意愿。业主真实委托，是指如果业主委托房地产经纪机构出租或者出售的，应当与房地产经纪机构签订相应的房地产经纪服务合同或者委托书，表示房源是真实业主出售出租的。
（3）房源真实价格
  这要求房源信息中标出的租金或者售价，是房屋出租人或者出售人真实要求的租金或者售价，且应当是当前有效的。

2. 及时性原则
  房源获取的及时性，主要指房地产经纪人在获取房源信息之后应及时了解和核实房屋情况、业主信息，及时现场勘查拍照，及时获取钥匙和委托，及时补全信息和委托手续，及时发布信息进行营销推广，力争在最短的时间内使之成为有效房源信息。

3. 集中性原则
  一般地，房地产经纪机构及房地产经纪人建立的目标市场主要有三种类型：地域型目标市场、职业型目标市场、社交型目标市场。
  选择地域型目标市场的操作要点为：锁定目标市场的地域范围，一般以房地产经纪人所在工作地点为中心，半径 500m 范围内为核心商圈，半径 800m 范围内为次要商圈，半径 1000m 范围内为次商圈。
  职业型目标市场指根据职业偏好、教育背景、职业经历、企业资源等情况选定和开发某一职业、社团、兴趣组织的客户群体。例如，某经纪人利用其熟练掌握某门外语而专门

为境外人士提供房地产经纪服务。

社交型目标市场是指围绕房地产经纪人个人人际关系圈的人群为目标客户群体。主要是"六同一专","六同"为同学、同事、同乡、同好、同住、同族,"一专"指专业人士。

(单选题)房地产经纪人不承接法律规定不能出售出租的房屋,这符合房源信息(　　)的原则。

  A. 真实性　　　　　　　　B. 及时性
  C. 集中性　　　　　　　　D. 唯一性

【答案】A

【解析】房源信息的真实性包括房源的真实存在、真实价格与真实委托,房源真实存在是指房源是真实的,而且是唯一的,不是拼凑的假房源,包括三个层面的内容,即房屋状况真实、依法可以租售、租售状态真实。其中题干的要求属于房源可依法租售的范畴。

【出处】《房地产经纪业务操作》(第四版)P71

核心知识点 4:房源信息的获取渠道

1. 直接开发方式

(1)门店接待

门店接待的优点是面对面沟通方式容易给委托业主留下深刻印象、容易获得客户信任、获得房源信息较全面、为进一步服务做好铺垫。缺点是面对面沟通对房地产经纪人专业度要求较高,容易产生好则好、不好则坏的第一印象。

(2)社区活动

社区活动的方法包括:① 在社区人流密集的场所、必经的路段,如社区广场、商场、超市、小区进出口等地进行驻守;② 举行公益性社区活动,比如房产置业讲座、免费咨询活动、社区文体活动;③ 与物业管理公司、业主委员会、居委会等开展社区服务活动和合作。

在社区开发方面,应遵循以下原则:① 事先准备;② 周密筹划;③ 避免扰民。

(3)派发宣传单

派发宣传单的优点是覆盖人群广、投入成本低、目标性较强,被许多房地产经纪机构所采用。

(4)老客户推荐

老客户推荐的方法越来越受到房地产经纪机构和房地产经纪人的重视。老客户推荐的优点是容易快速建立信任关系、投入营销成本低、成交的成功率高。

(5)人际关系开发

有些经纪人会依靠自己的人际关系网络去获取房源信息。利用"六同一专"人际关系网开发房源时要注意两个要点:一是时刻保持房地产经纪人在所在人际关系圈里的影响力,让他们知道房地产经纪人在做什么,房地产经纪人能为他们做什么,让他们一旦有房地产方面的需求就想起房地产经纪人来;二是保持与人际关系圈里人群的联系,记住联系等于获得成交机会。

2. 间接开发方式

（1）网络开发

互联网的优点是没有地域限制、传播速度快、传播范围广、成本低效率高，缺点是容易被海量信息覆盖、虚拟化真实感不强、使用对象群体有一定局限性等。

（2）电话拜访

电话拜访的优点是比较集中、针对性较强、比较省力且可联系的人较多、不受地点的限制、不受天气影响、花费的时间较少。

但也存在很多缺点：会在一定程度上受到时间的限制，比如上班时间不宜打扰；只能通过声音传达信息，容易遭受拒绝，客户印象不深刻。

（3）报纸广告

其优点是针对目标客户群体强、受众面广、效果立竿见影、客户需求较明确；缺点是投入成本较高、包含信息量有限、时效性短、受互联网冲击阅读群体日益缩小。

（4）户外广告或横幅

在一些特定的地方悬挂户外广告或横幅，以吸引获得业主的房源信息。比如在电梯口广告位投放广告、社区公告栏、社区车辆出入口的拦车杆、专门的广告位或LED屏幕，还有在一些允许悬挂横幅的显眼位置悬挂广告横幅。

1．（单选题）覆盖人群广、投入成本低、目标性强的房源信息开发方式为（　　）。
  A. 门店接待   B. 社区活动
  C. 派发宣传单   D. 老客户推荐
【答案】C
【解析】派发宣传单获取房源信息的优点是覆盖人群广、投入成本低、目标性较强，被许多房地产经纪机构所采用。
【出处】《房地产经纪业务操作》（第四版）P75

2．（多选题）房地产经纪机构采用经纪门店接待法开拓房源的优点有（　　）。
  A. 开发的成本较低   B. 容易取得业主信任
  C. 房源信息较全面   D. 容易给委托业主留下深刻印象
  E. 开发的目标性较强
【答案】BCD
【解析】门店接待法开拓房源的优点在于面对面沟通方式容易给委托业主留下深刻印象、容易获得客户信任、获得房源信息较全面、为进一步服务做好铺垫。
【出处】《房地产经纪业务操作》（第四版）P74

核心知识点5：房源勘查与完善房源信息

1．"凶宅"房源信息调查

房地产经纪人在核查房源信息时，遇到房屋无人居住、房屋户型较好但业主出价明显偏低的房源，要特别关注，可向物业、邻居或派出所核实是否出现过特殊事件，并遵循诚实信用原则对消费者履行告知义务。

2. 勘查评估前的准备工作

① 经纪人应该提前和业主确定上门勘查的时间，最好提前一天与业主取得联系，以预约具体的上门勘查时间；② 勘查前，做好现场勘查的资料和物品准备，检查是否带好了工牌、名片、测量工具等必要的勘查工具及物品；③ 若一次要勘查多处物业，应根据物业所处的地理位置、交通等具体情况，合理安排勘查的先后次序，节省时间，提高效率。

3. 勘查房源时作业须知

① 现场勘查时，应仔细核对不动产权证上所载的面积与业主登记面积以及实际面积是否相符，如有不符，应及时向业主指出；② 了解该物业所在区域是否划入了征收拆迁范围，了解该地区户口是否已经冻结；③ 对底层并沿街有商业价值的物业还应仔细了解客流情况、周边人文环境、消费层次、并确定该物业周围是否有类似物业从事对外商业经营及经营的种类等；④ 对非独用物业了解厨房和卫生间合用部位的面积大小、合用户数、有无阳台；⑤ 耐心查勘物业所处的外部环境；⑥ 了解掌握物业类型、结构、楼层朝向、权属等信息；⑦ 详细勘查水、电、气、热力、有线电视和无线网络的使用状况，对煤气或天然气的气路要亲自试用；⑧ 耐心询问业主房屋设施哪些可以留下，哪些必须搬走，了解房屋现存未用的水电气剩余量。

（多选题）王某为甲房地产公司经纪人，王某在对物业进行现场勘查时要特别注意的事项有（　　）。

A. 仔细核对房地产证上所载的面积与业主登记面积以及实际面积是否相符
B. 对非独用物业不用了解厨房和卫生间合用部位的面积大小、合用户数等信息
C. 对底层并沿街有商业价值的物业应仔细了解客流情况、周边人文环境、消费层次等内容
D. 详细勘查水、电、气、热力、有线电视、无线网络的使用状况
E. 对煤气或天然气的气路要请专业人士进行查验

【答案】ACD

【解析】B选项错误，对非独用物业需要了解厨房和卫生间合用部位的面积大小、合用户数、有无阳台等内容，E选项错误，经纪人在现场勘查时要详细勘查水、电、气、热力、有线电视和无线网络的使用状况，对煤气或天然气的气路要亲自试用。

【出处】《房地产经纪业务操作》（第四版）P84

核心知识点6：房源信息的分类

1. 房源信息分类原则

按级分类原则：有利于房源分类管理工作更系统、更清晰、更精细。

简单实用原则：容易理解，实用，方便操作。

主次分明原则：根据房源的优质等级、紧急程度划分，有主有次、有先有后地进行维护和营销推广。

2.房源信息分类管理

房源类型分类表

房源类型	分类依据	特征
优质房源	地理位置较好或处于热销地段	市场需求旺
	业主心理价位合理	销售难度小
	业主主动积极配合	销售周期较短
	具备合法上市产权	有房源钥匙
一般房源	地理位置较差	市场需求小
	价格较高或没有竞争力	销售难度大
	业主配合不积极	销售周期较长
	产权不清或有其他阻碍成交的问题	无房源钥匙

（单选题）下列房源中，不属于优质房源的是（　　）。

  A. 热销地段的房源   B. 产权清晰的房源
  C. 价格较高的房源   D. 业主出售意向坚定的房源

【答案】C
【解析】优质房源一般处于热销地段、业主心理价位合理、配合主动，且具备合法上市的产权。价格较高或没有竞争力房源属于一般房源。
【出处】《房地产经纪业务操作》（第四版）P96

核心知识点7：房源信息管理制度

1. 私盘制

房源信息由接受业主（委托人）委托的房地产经纪人录入信息管理系统，其他经纪人只能查看房源的基本信息（物业名称、户型、面积、出售价格、配套设施等），房源信息中的栋座号、楼层、房间号、业主联系方式等关键信息只有该受托经纪人及其上级主管才能看到。

私盘制的优点表现在有利于保障收集房源信息的经纪人利益，有利于调动经纪人收集房源信息的积极性，有利于专人服务业主，避免多人联系给业主带来不必要的骚扰。

私盘制的缺点则表现在不利于信息资源的快速流通、容易导致效率低下，当一个经纪人持有大量房源时，可能出现精力不足无暇兼顾，这样使得房源信息的利用率大大下降，无法为委托业主提供及时的服务。

2. 公盘制

公盘制是指在一个房地产经纪机构内部，或者几个联盟房地产经纪机构之间，或者一定区域范围内加入联盟的全部房地产经纪机构，将所有房源信息完全共享。

公盘制的优点表现在信息完全共享，有利于新入职的经纪人进入工作状态，经纪人可以快速联系匹配到房源业主并及时带看，从而大大提高工作效率。

公盘制的缺点表现在主要是不利于激发房地产经纪人收集房源信息的积极性，部分经纪人为了个人的利益，会出现"留盘"行为。而且，房源信息较容易外泄。

3. 混合制

混合制则是公盘制和私盘制的混合使用，有一种是限定区域公盘（限定区域内公盘制、区域外私盘制）。例如某房地产经纪机构在A区、B区各自区域内实行公盘制，信息完全共享，但是A区和B区之间则私盘制信息不完全共享，这种情况在以特许经营模式为主的房地产经纪机构较为普遍。

另外一种是限定数量私盘（经纪人个人可拥有限定数量的私盘，超出限定数量的均为公盘），例如某房地产经纪机构规定公司经纪人每人最多只能有10条房源信息设置为私盘，其余均为公盘。上述两种主要结合公盘制和私盘制可能存在的优缺点进行混合使用。

（单选题）下列房源信息的管理制度中，最注重客户隐私保护的是（　　）。

A. 私盘制　　　　　　　　　B. 公盘制
C. 混合制　　　　　　　　　D. 分区公盘制

【答案】A

【解析】私盘制的优点表现在有利于保障收集房源信息的经纪人利益，有利于调动经纪人收集房源信息的积极性，有利于专人服务业主，避免多人联系给业主带来不必要的骚扰。

【出处】《房地产经纪业务操作》（第四版）P97

核心知识点8：房源信息更新维护

（1）周期性回访：保证房源信息时效性的重要手段。已完成交易的房源或者由于其他原因停止出租与出售的房源属于"无效房源"，值得注意的是，这些"无效房源"的作用有时会被经纪人忽略，因而也就将它们"打入冷宫"，不再花费大量时间和精力对它们进行更新。这种做法是不科学的，因为随着时间的推移，这种"无效房源"也有可能再次变为"有效房源"，再次上市进入交易市场。

（2）回访信息的积累：回访信息的不断积累将为以后的再次回访提供参考，获得更准确有效的信息，进一步提高成交的概率。

（3）房源信息状态的及时更新：将房源分为有效、定金和无效（几种状态之间可以相互转换）。

①有效：在租、在售、租售；
②定金：房源业主与客户签订了定金协议，房源将从有效状态转为定金状态；
③无效：已租已售、暂缓租/售。

房源业主与客户签订了定金协议，房源信息将从有效状态转为定金状态；定金状态的房源，若超过预定签约日期仍未签约，出现退订，则该房源变为有效状态（在租、在售、租售）；房源业主与客户签订了买卖/租赁合同，房源从有效或定金状态转为签约状态，至此交易结束，房源状态将变为无效（已租已售）。或者业主由于某些原因暂不出租/出售房屋,则房源状态也变成无效(暂缓租/售)。

（单选题）下列关于"有效房源"的说法,错误的是（　　）。
　　A. 处于在售状态的房源被称为有效房源
　　B. 处于在租状态的房源被称为有效房源
　　C. 通过定期回访更新,无效房源可能转化为有效房源
　　D. 无效房源始终无法转变为有效房源
【答案】D
【解析】随着时间的推移,无效房源有可能再次变为有效房源,再次进入交易市场;另外,对于租赁房源来说,其变化状态更频繁,可能经常在有效和无效之间变换。故D选项错误。
【出处】《房地产经纪业务操作》(第四版)P99

核心知识点9：房源营销原则

（1）房源内容要真实,图片清晰；
（2）房源信息完整：经纪人员应尽可能完全了解房源信息及业主信息,并录入系统,增加房源信息完整性；
（3）及时性：第一时间将房源信息摆上"货架",是房源营销工作的基本要求；
（4）区别对待：对于一些公司关系客户、演艺明星等房源信息,可做特殊房源处理；
（5）卖点突出：没有卖点的房源营销推广工作多数是无效的,会造成资源浪费、工作效率低下；
（6）广泛推广：尽可能扩大推广面,实现信息共享,让更多的房地产经纪人共同参与营销活动；
（7）广告形式多样。

（多选题）房源营销的原则通常要遵循的标准有（　　）。
　　A. 房源内容要真实,图片清晰　　B. 房源信息要完整
　　C. 及时性　　　　　　　　　　　D. 对待房源要一视同仁
　　E. 广告形式多样
【答案】ABCE
【解析】房源营销要遵循的原则通常有：①房源内容要真实,图片清晰；②房源信息要完整；③及时性；④区别对待；⑤卖点突出；⑥广泛推广；⑦广告形式多样。
【出处】《房地产经纪业务操作》(第四版)P100~101

核心知识点10：房源营销信息内部推广与外部营销

1. 房源信息内部推广
（1）管理软件

目前大部分房地产经纪机构都使用房源信息管理软件，利用信息管理软件的邮件、公告功能将重点房源信息及时推送给其他经纪人。

（2）推荐合作

内部推荐合作一般存在于采用私盘制或混合制信息管理制度的房地产经纪机构。需要采取合作推荐的房源一般是房源处在受托经纪人所能服务的区域之外，经纪人需要与所在区域之外的其他经纪人进行合作。

（3）聊天工具

使用聊天工具发布房源应注意的问题：标题简洁、鲜明突出；内容精炼、卖点清晰；图文并茂、简洁美观；切记房源过多、篇幅冗长。

（4）业务会议

应注意的问题：推介房源为重点推广的优质房源，且推介房源套数在1~2套为宜；推介前房地产经纪人应做好充分准备；推介过程注意表达清晰、语调适中、言简意赅。

（5）其他推广方式

房地产经纪机构内部的培训活动、联谊活动、市场活动、文体活动等。

2. 房源信息外部营销

（1）橱窗广告

容易吸引从店铺前过往的人群，也是获得上门客户的一种重要广告营销方式。

（2）平面媒体广告

平媒广告的优点是覆盖面广、针对目标群体强、见效快；缺点是受互联网影响，阅读群体有日益缩小的趋势、时效短、投入成本高。

（3）网络广告

在付费房源信息网络发布平台上进行操作，需注意的问题：时间点把握；杜绝虚假房源；图片质量和描述文字准确。

（4）同行合作

注意事项：选择合作对象；合作双方事先确定合作的各项事宜；向所在企业的直接上级主管报备，以便跨部门之间沟通协调；秉承平等、诚信、互惠互利的合作原则。

（5）驻守派单

注意事项：选择合适场所；做好充分准备；保持专业形象；制定明确目标；持之以恒驻守。

（6）其他推广方式

参加外部活动或展会，如房展会、房地产高峰论坛、大型商业洽谈会等。

1.（多选题）房地产经纪人采用聊天工具推广房源信息时，编写房源信息的注意事项有（　　）。

A. 标题简洁、卖点清晰　　B. 图文并茂、简洁美观
C. 内容详细、数据丰富　　D. 原图拼集、图片清晰
E. 篇幅适中、不宜过长

【答案】ABDE

【解析】使用聊天工具推广房源信息时应注意的问题包括：标题简洁、鲜明突出；内

容精炼、卖点清晰；图文并茂、简洁美观，房源照片注意选择图片清晰、光线明亮的图片，建议采取拼图方式；切记房源过多、篇幅冗长。

【出处】《房地产经纪业务操作》（第四版）P102～103

2. （单选题）下列房源营销或推广的方式中，不属于内部推广的是（　　）。
   A. 在门店业务会议上推荐房源信息
   B. 通过公司信息管理软件向同事推送房源信息
   C. 在门店橱窗广告张贴主推房源信息
   D. 在机构内部的培训活动推介房源信息

【答案】C

【解析】在门店橱窗广告张贴主推房源信息属于房源信息外部营销。

【出处】《房地产经纪业务操作》（第四版）P104

【真题实测】

一、单选题（每题的备选答案中只有1个最符合题意）

1. 下列房源状态的描述中，属于法律属性的是（　　）。
   A. 双阳台，南北通透　　　　　B. 商品住房，银行无抵押
   C. 业主急售，略低于市场价　　D. 交通便利，周边配套完善

2. 房地产经纪人在开发房源的过程中，应重点关注房源的（　　）。
   A. 真实性　　　　　　　　　　B. 适用性
   C. 经济性　　　　　　　　　　D. 舒适性

3. 房地产经纪人对房屋实地勘查后，应编制（　　）。
   A. 房屋出售委托书　　　　　　B. 房屋使用说明书
   C. 房屋质量签订书　　　　　　D. 房屋状况说明书

4. 房屋为中式建筑风格，这属于房源的（　　）。
   A. 法律属性　　　　　　　　　B. 销售属性
   C. 心理属性　　　　　　　　　D. 物理属性

5. 在房源信息共享形式中，公盘制的缺点是（　　）。
   A. 房源信息利用效率低　　　　B. 房源信息容易外泄
   C. 获得经纪服务佣金少　　　　D. 房源信息时效性差

6. 下列房源信息开拓方式中，可以立即见效的方式是（　　）。
   A. 向路人派发宣传单　　　　　B. 刊登网络广告
   C. 发布路牌广告　　　　　　　D. 电话访问目标客户

7. 客户钱某看中了房地产经纪人张某在公司网站上发布的一套真实房源信息，并联系张某看房，但最终却购买了张某推荐的另一套房源，这体现了房源的（　　）特征。
   A. 动态性　　　　　　　　　　B. 可替代性
   C. 个别性　　　　　　　　　　D. 差异性

8. 房地产经纪人了解到业主委托出售的住宅是"凶宅"的信息时，正确的做法是（　　）。

A. 询问业主是否同意将该信息告诉客户
B. "凶宅"是无稽之谈，不需要告诉购房客户
C. 无需告诉购房客户，但可以帮购房客户把价格谈低
D. 告诉购房客户事实，但需注意方式、方法和客户感受

9. 房源信息中的价格真实，是指房屋（   ）真实。
   A. 委托价   B. 成交价
   C. 市场价   D. 评估价

10. 下列房源获取渠道中，不属于直接开发方式的是（   ）。
    A. 报纸广告   B. 门店接待
    C. 派发宣传单   D. 社区活动

11. 杨某委托甲房地产经纪机构销售其名下一套顶层复式豪华住宅，客户李某看房后对该套住房非常满意。虽然该机构房地产经纪人小王反复撮合，但由于杨某报价出尔反尔，最终李某在小王的协助下，购买了该小区另一栋中间楼层的一套住宅。这种情况反映了房源具有（   ）特征。
    A. 可替代性   B. 动态性
    C. 主观性   D. 唯一性

12. "地铁房"强调的是房源的（   ）。
    A. 物理特征   B. 心理特征
    C. 法律特征   D. 品质特征

13. 房地产经纪人为了提升在网络平台上发布的房源信息的传播效果，应（   ）。
    A. 使用清晰度高的同户型房源图片
    B. 采用有吸引力的标题
    C. 以低于业主报价的价格发布房源信息
    D. 借用明星照片作为自己的形象照

二、多选题（每题的备选答案中有 2 个或 2 个以上符合题意）

14. 房地产经纪人采取社区活动方式开发房源信息，做法正确的有（   ）。
    A. 举办公益性社区房地产法律咨询活动
    B. 与业主委员会开展合作免费发放《健康手册》
    C. 主动向物业服务企业申请活动场地
    D. 登门逐户发放公司广告和个人名片
    E. 使用大型音响设备营造营销气氛

15. 房源的间接开发方式包括（   ）。
    A. 网络开发   B. 门店接待
    C. 派发宣传单   D. 电话拜访
    E. 报纸广告

16. 房地产经纪人发布和维护房源信息时，应做到（   ）。
    A. 及时更新发生变化的房源信息
    B. 保证房源信息内容完整
    C. 保证房源信息真实、图片清晰

D. 同等对待所有发布的房源信息
E. 房源信息外部营销与内部推广同时展开

17. 房地产经纪人营销和推广房源时，可采用的推广形式有（   ）。
    A. 在商场门口派发广告折页
    B. 在公司网站上发布房源信息
    C. 在微信朋友圈发布房源信息
    D. 在高速公路辅道摆放展示房源信息的人字板
    E. 在道路电线杆上张贴房源信息

18. 下列获取房源信息的开拓方式中，属于间接开发方式的有（   ）。
    A. 发布报纸广告   B. 电话拜访
    C. 门店接待   D. 老客户推荐
    E. 社交软件推送

19. 在与可售条件较好的优质房源相比较，一般房源的特征有（   ）。
    A. 业主配合度高   B. 价格竞争力弱
    C. 市场需求小   D. 销售难度大
    E. 销售周期长

【真题实测答案】

1.【答案】B
【解析】房源信息的法律指标主要包括表征房屋的用途及其权属状态等的指标。
【出处】《房地产经纪业务操作》（第四版）P69

2.【答案】A
【解析】房地产经纪人在获取房源的过程中，必须保证获取的房源的真实性，也才能保证房源信息的真实性。
【出处】《房地产经纪业务操作》（第四版）P71

3.【答案】D
【解析】房地产经纪机构与委托人签订房屋出售、出租经纪服务合同，应当查看委托出售、出租的房屋及房屋权属证书，委托人的身份证明等有关资料，并应当编制《房屋状况说明书》。
【出处】《房地产经纪业务操作》（第四版）P80

4.【答案】D
【解析】房源的物业区位（地段）、建筑外观、面积、朝向、间隔、新旧程度、建成年份等描述物业自身及周边环境的物理状态的指标，称之为是物理指标，因此建筑风格在建筑外观的范畴内，属于房源的物理属性。
【出处】《房地产经纪业务操作》（第四版）P69

5.【答案】B
【解析】公盘制的缺点包括不利于激发房地产经纪人收集房源信息的积极性，部分经纪人为了个人的利益，会出现"留盘"行为，且房源信息较容易外泄。
【出处】《房地产经纪业务操作》（第四版）P98

6.【答案】D

【解析】电话拜访的优点是比较集中、针对性较强、比较省力且可联系的人较多、不受地点的限制、不受天气影响、花费的时间较少,这种房源信息的开拓方式效果比较显著。

【出处】《房地产经纪业务操作》(第四版)P77

7.【答案】B

【解析】现实生活中,人们对房屋的需求并非某一套不可,具有相似地段、相似建筑和房型的房屋,在效用上具有相似性,他们之间可以相互替代,因此使得房源具有可替代性特征。

【出处】《房地产经纪业务操作》(第四版)P65

8.【答案】D

【解析】针对遇到委托住宅是"凶宅"这类特殊情况,房地产经纪人要遵循诚实信用原则对消费者履行告知义务,如客户不介意,在已明确告知为凶宅的情况下,仍表示要共买的,应在补充协议中备注写明,避免后续发生纠纷。

【出处】《房地产经纪业务操作》(第四版)P79

9.【答案】A

【解析】房源租售价格真实是指房源信息中标出的租金或者售价,是房屋出租人或者出售人真实要求的租金或者售价,且应当是当前有效的。某些房地产经纪机构和房地产经纪人为了吸引客户,故意将房源挂牌(推广)价格低于委托价格,所谓"钓鱼上钩"。一旦客户看到低价格的房源信息而期望承租或购买时,房地产经纪人又以种种理由推说该套房源已被其他客户承租或购买了,然后向该客户推荐其他房源。这种行为就违背了房源租售价格真实原则。这个价格指的是委托价格。

【出处】《房地产经纪业务操作》(第四版)P73

10.【答案】A

【解析】房源获取渠道中,直接开发的方式包括:门店接待、社区活动、派发宣传单、老客户推荐、人际关系开发;间接开发方式包括:网络开发、电话拜访、报纸广告,以及户外广告或者横幅。

【出处】《房地产经纪业务操作》(第四版)P74~78

11.【答案】A

【解析】虽然每一套房屋都是唯一的,具有明显的个别性,但是在现实生活中,人们对房屋的需求却并非某一套不可。具有相似地段、相似建筑类型、相似户型的房屋,在效用上就具有相似性,对于特定的需求者而言,它们是可以相互替代的。这就令房源具有可替代性这一特征。

【出处】《房地产经纪业务操作》(第四版)P65

12.【答案】A

【解析】"地铁房"是由该物业的区位地段,描述物业自身及其周边环境的物理状态的指标是物理指标特征。

【出处】《房地产经纪业务操作》(第四版)P69

13.【答案】B

【解析】网络发布房源信息，想要提升效果应重点关注六大关键点：个人专业形象的塑造（通常穿着企业定制的制服）、最新的优质真实房源、有吸引力的标题和标题图片、详细卖点分析的房源描述文字、高质量的房源图片（小区图、室内图、户型图）、有技巧地刷新和置顶。

【出处】《房地产经纪业务操作》（第四版）P106

14.【答案】ABC

【解析】社区活动获取房源信息的主要方法包括：在社区人流密集的场所，必经的路段驻守；举行公益性社区活动；与物业管理公司、业主委员会、居委会的进行合作。社区活动注意事项包括：事先准备、周密筹划、避免扰民。

【出处】《房地产经纪业务操作》（第四版）P75

15.【答案】ADE

【解析】房源的间接开发方式包括：网络开发；电话拜访；报纸广告；户外广告或横幅。

【出处】《房地产经纪业务操作》（第四版）P76~77

16.【答案】ABCE

【解析】开展房源营销时，要遵循以下原则：① 房源内容真实，图片清晰；② 房源信息完整；③ 及时性；④ 区别对待；⑤ 卖点突出；⑥ 广泛推广；⑦ 广告形式多样。

【出处】《房地产经纪业务操作》（第四版）P100~101

17.【答案】ABC

【解析】房源信息营销推广对内可采用管理软件、推荐合作、聊天工具、业务会议、其他推广方式；对外可采用橱窗广告、平面媒体广告、网络广告、同行合作、驻守派单、其他推广方式。

【出处】《房地产经纪业务操作》（第四版）P102~108

18.【答案】ABE

【解析】房源获取渠道根据在获取过程的沟通方式分为直接开发方式（暖性开发方式）和间接开发方式（冷性开发方式）两种，前者指面对面沟通的方式，后者指非面对面沟通的方式。间接开发方式包括：网络开发；电话拜访；报纸广告；户外广告或横幅。直接开发方式包括：门店接待；社区活动；派发宣传单；老客户推荐；人际关系开发。

【出处】《房地产经纪业务操作》（第四版）P76~78

19.【答案】CDE

【解析】一般房源的特征包括：① 市场需求小；② 销售难度大；③ 销售周期较长；④ 无房源钥匙。

【出处】《房地产经纪业务操作》（第四版）P96

【章节小测】

一、单选题（每题的备选答案中只有 1 个最符合题意）

1. 房源是动态变化的，反映了房源获取应当遵守（　　）原则。
   A. 真实性　　　　　　　　　　　B. 多样性
   C. 及时性　　　　　　　　　　　D. 集中性

2. 下列关于房源信息的完善说法，错误的是（　　）。
   A. 应核实业主身份信息、共有权人信息
   B. 应收集物业及周围配套状态
   C. 应核查房源的真实性、合法性，是否被查封
   D. 如业主住宅内发生过非正常死亡，应当替业主保密
3. 下列不属于公盘制的优点的是（　　）。
   A. 有利于新经纪人进入工作状态　　B. 信息有效利用率更高，流通更迅速
   C. 团队合作多劳多得　　D. 专人服务避免给业主带来不必要的骚扰
4. 某房地产经纪公司关于信息共享制度里规定，经纪人每人最多有 10 套房源信息可设置为私密状态，其他经纪人无法查看这 10 条房源的房号、业主等关键信息，其余房源则完全公开共享状态，则该企业实行的是（　　）房源管理制度。
   A. 私盘制　　B. 公盘制
   C. 混合制（限定区域公盘）　　D. 混合制（限定数量私盘）
5. 房源的营销与推广根据营销与推广面向对象的类别不同大致可分为房源内部推广与房源外部营销，下列行为属于外部营销工作的是（　　）。
   A. 经纪人通过公司的信息管理软件向同事推送房源信息
   B. 经纪人在公司内部交流群内发布主推房源的广告信息
   C. 经纪人将主推房源广告张贴在所在门店橱窗广告位上
   D. 经纪人在其店内一次业务销售会议上推荐了优质房源

二、多选题（每题的备选答案中有 2 个或 2 个以上符合题意）

6. 以下关于房源信息的更新的说法，正确的有（　　）。
   A. 对房源的业主进行周期性访问
   B. 已完成交易的房源属于无效房源，无需定期更新
   C. 房源回访应当将有关信息做记录
   D. 回访信息可以作为以后再次回访的参考，有利于提高成交几率
   E. 房源状态需要及时更新
7. 房地产经纪机构采用互联网开拓房源的优点有（　　）。
   A. 传播速度快　　B. 容易取得业主信任
   C. 传播范围广　　D. 容易给委托业主留下深刻印象
   E. 成本低、效率高
8. 下列属于房源外部营销的方式有（　　）。
   A. 橱窗广告　　B. 平面媒体广告
   C. 业务会议　　D. 驻守派单
   E. 同行合作

【章节小测答案】

1.【答案】C
【解析】因为房源具有动态性特点，随着市场变化、时间推移或业主心理变化等，房源状态可能出现各种变化，房地产经纪人还应及时对房源信息进行更新，以确保房源的有

效性。它体现了房源获取应遵守及时性原则。

【出处】《房地产经纪业务操作》(第四版)P73

2.【答案】D

【解析】房地产经纪人在核查房源信息时,遇到房屋无人居住、房屋户型较好但业主出价明显偏低的房源,要特别关注,可向物业、邻居或派出所核实是否出现过特殊事件,并遵循诚实信用原则对消费者履行告知义务。

【出处】《房地产经纪业务操作》(第四版)P79

3.【答案】D

【解析】专人服务避免给业主带来不必要的骚扰是私盘制的优点。

【出处】《房地产经纪业务操作》(第四版)P97~98

4.【答案】D

【解析】混合制中,限定数量私盘是指经纪人员个人可拥有限定数量的私盘,超出限定数量的均为公盘。

【出处】《房地产经纪业务操作》(第四版)P98

5.【答案】C

【解析】经纪人将主推房源广告张贴在所在门店橱窗广告位上,因橱窗广告面对的是市场上各种消费人群,而非内部同事,所以属于外部营销工作。

【出处】《房地产经纪业务操作》(第四版)P104

6.【答案】ACDE

【解析】"无效房源"的作用有时会被经纪人忽略,因而也就将它们"打入冷宫",不再花费大量时间和精力对它们进行更新。这种做法是不科学的,因为随着时间的推移,这种"无效房源"也有可能再次变为"有效房源",再次上市进入交易市场。

【出处】《房地产经纪业务操作》(第四版)P99

7.【答案】ACE

【解析】互联网开拓房源的优点为没有地域限制、传播速度快、传播范围广、成本低、效率高。B、D选项为门店接待法开拓房源的优点,主要包括在于面对面沟通方式容易给委托业主留下深刻印象,容易获得客户信任,获得房源信息较全面,为进一步服务做好铺垫。

【出处】《房地产经纪业务操作》(第四版)P74、P76

8.【答案】ABDE

【解析】业务会议属于内部推广的方式。

【出处】《房地产经纪业务操作》(第四版)P102~108

第三章 客源信息搜集与管理

【章节导引】

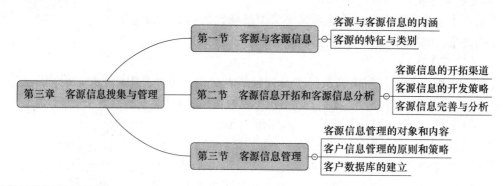

【章节核心知识点】

核心知识点1：客源和客源信息的内涵

1. 客源和客源信息的含义

客源是对房地产物业有现时需求或潜在需求的客户，包括需求者及其需求意向。客源信息的构成要素包括两个方面：一是需求者，包括自然人、法人和非法人组织主体。二是需求者的需求意向，包括需求类型（购买或租赁）、物业地段、户型、面积、朝向、价格、产权和购买方式等信息。二者缺一不可。

2. 客源和房源的关系

（1）互为条件。房源和客源都是一项交易促成的不可或缺的条件。

（2）相得益彰。有些营销活动既增加客源，也增加房源，侧重点可以不同，但两个目标均可兼顾。房源广告可以吸引很多潜在客户，客源广告也可吸引众多房源信息。就某一个客户而言，既可成为客源，也可能成为房源的提供者，在同一时间或不同时间角色互换或重叠。

（3）互为目标。在经纪人的活动中，某些时候是有了房源需要去找客户，这时起点为具体的房源信息；另外一些时候则是有了客源，需要去寻找合适的房源，这时的起点为客源信息，目标对象为房源。正是在这种不断的目标转换中，实现房源信息和客源信息的沟通，最终达成交易。

（多选题）下列客源的描述中，属于需求意向的信息有（　　）。

A. 物业地段　　　　　　　　B. 房屋面积

C. 客户姓名　　　　　　　　D. 客户联系方式

E. 房屋产权

【答案】ABE

【解析】客源的构成要素包括两个方面：一是需求者，包括自然人、法人和非法人组织主体。自然人需明确姓名、性别、年龄、职业和联系方式等；法人和非法人组织主体包括企业或其他单位、组织等，需明确公司名称、性质、法定代表人、授权委托人及联系方式等。二是需求者的需求意向，包括需求类型（购买或租赁）、物业地段、户型、面积、朝向、价格、产权和购买方式等信息。二者缺一不可。

【出处】《房地产经纪业务操作》（第四版）P109

核心知识点2：客源的特征与类别

1. 客源的特征

（1）指向性

客户是客源信息的主体，作为主体，客户的需求意向是清晰的，或买或租，哪个区域，何种物业，能承受的价格范围或希望的价格范围，有无特殊需要等，客户均有明确的指示。即便不是唯一的，也是有明确的选择范围。一个需求不清的客户是需要进行引导和分析的，明确其需求后方能成为客源。

（2）时效性

客户的需求是有时间要求的，客户在表达购买或租赁需要时，均会有时间要求，期望在一段时期内实现客户的需求意向，可能是半个月，也可能是几个月。

（3）潜在性

客源严格意义上是潜在客户，是具有成交意向的买房或租房群体。他们的需求只是一种意向，不像订单客户那样肯定，可能因为种种变故而放弃购买或租赁需求。而能否成为真正的买受方或承租方，这不仅取决于房地产经纪人提供的房源服务，还取决于客户本身。

2. 客户的类别

客户分类	特征与表现	引导方式
试探型	特征： 有意向在近期购房，前来咨询了解市场行情 表现： 对市场了解较少，资金准备不充分	策略： 提供咨询服务，创造专业服务形象，争取建立长期联系
引导型	特征： 有意购房，但对价位不明确，资金也尚未到位，开价随意性大 表现： 对市场有初步的了解，寻求专业人员提供建议	策略： 提供好、中、差三类不同房源进行展示，引导客户明确购房意向； 对于暂时无法满足其需求的客户，应客观告诉客户无法成交的原因，或希望客户重新安排购房计划并再联系；与客户保持经常性的沟通
加强型	特征： 有购房计划，但并不是十分迫切；有一定购买力，对物业品质要求较高 表现： 有了一段时间的市场了解、资金基本到位，但仍未形成购房意愿	策略： 重点培养； 在跟进过程中，应不断了解客户特征和需求； 帮助客户分析购房能力、市场行情，制订购房方案（目标、贷款安排等）

续表

客户分类	特征与表现	引导方式
成熟型	特征： 购买需求强烈，希望尽快买到物业；有一定的经济实力，购买力较强；预算合理，对市场价格有客观认识；对物业条件不是特别苛刻	策略： 重点跟踪； 向客户提供周到而专业的服务； 提供最符合客户要求的房源
	表现： 有明确意向，对市场行情非常了解，只要条件符合将会很快成交	

1.（单选题）客户能否真正成为承租方，不仅取决于房地产经纪人提供的房源信息，还取决于客户本身最终的承租决策，这表现了客源具有（　　）。
  A. 指向性　　　　　　　　　　B. 特殊性
  C. 时效性　　　　　　　　　　D. 潜在性
【答案】D
【解析】客源严格意义上是潜在客户，是具有成交意向的买房或租房群体。他们的需求只是一种意向，不像订单客户那样肯定，可能因为种种变故而放弃购买或租赁需求。而能否成为真正的买受方或承租方，这不仅取决于房地产经纪人提供的房源服务，还取决于客户本身。
【出处】《房地产经纪业务操作》（第四版）P111

2.（单选题）在房地产经纪人的引导下，客户在比较不同学区房的优劣势和升值空间后，决定购买某学区的一套三居室，这说明客源具有（　　）特征。
  A. 指向性　　　　　　　　　　B. 时效性
  C. 潜在性　　　　　　　　　　D. 特殊性
【答案】A
【解析】客户是客源信息的主体，作为主体，客户的需求意向是清晰的，或买或租，哪个区域，何种物业，能承受的价格范围或希望的价格范围，有无特殊需要等，客户均有明确的指示。一个需求不清的客户也需要通过经纪人员的引导和分析，明确需求后成为真正的客源，这说明客源具有指向性特征。
【出处】《房地产经纪业务操作》（第四版）P110~111

核心知识点 3：客源信息的开拓渠道

  1. 门店接待法
  门店接待的优势是：方法简单易行、开发客户的成本低、客户信息准确度高、较易展示企业能力和企业形象，增加客户的信任感，为今后进一步交往打好基础。
  门店接待的劣势是：首先，此种方法对于房地产经纪人来说是一种较为被动的方法，是一种守株待兔的方式；其次，受店面的地理位置影响很大，如果店面的地理位置较差的话，很难吸引足够数量的客源信息。

2. 广告法

使用广告法的优势是：获得的信息量会很多、很大；受众面较广，因此效果也会比其他的方式要好很多；另外使用广告法，还可以间接对公司的品牌进行宣传和推广。

使用广告法的劣势是：成本较高；时效性较差。

3. 互联网开发法

互联网开发客户的优势在于，更新速度快，时效性强。

劣势在于当前网上信息量大，信息难于突出，客户筛选难度大，需要对信息进行有效的分析才能找出适合自己的房源。

4. 老客户推荐

老客户介绍新客户，一是成本很低，二是客户都是真实有效的，这种开发方式越来越受到经纪机构和经纪人的喜爱。

5. 人际关系法

这种开拓客源的方法不受时间、场地的限制，是房地产经纪人个人可以操作的方法。这种揽客法成本小，简便易行，介绍来的客户效率高，成交可能性大。作为一个房地产经纪人，利用自己的人际网络争取客户是其成功的基本保障。

6. 驻守和挂横幅揽客法

这两种方法的优势是成本较低，客户的准确性较高。而劣势是驻守的方式比较浪费经纪人的时间，挂横幅也很容易被其他人为因素或自然力损坏，需要房地产经纪人不断进行维护，而且，有时候驻守会妨碍到行人，挂横幅有时也会影响到市容市貌，应提前获得社区或城管部门的许可。

7. 讲座揽客法

讲座揽客法是通过向社区、团体或特定人群举办讲座来发展客户的方法。通过讲座可以发掘潜在客户，启发购房愿望，促成实现房地产需求。通过讲座可以培养客户对经纪机构和专业服务的信任，同时也传播房地产信息和知识，减少未来客户在交易过程中的难度。在做社区业务时，此种方法非常适用。

8. 会员揽客法

会员揽客法是指通过成立客户俱乐部或客户会的方式吸收会员并挖掘潜在客户的方法。会员揽客法因成立客户会的难度大而较少使用。

9. 团体揽客法

团体揽客法是以团体如公司或机构为对象的开发客户方法。房地产经纪机构利用与团体的公共关系发布信息，宣传公司从而争取客户的委托。

1. （单选题）利用门店接待法拓展客源信息的优势在于（　　）。
    A. 开发客户成本低，客户信息准确度高，较易展示企业能力和形象
    B. 获得的信息量会很多、很大，受众面较广
    C. 更新速度快，时效性强
    D. 揽客成本小、简单易行、成交可能性大

【答案】A

【解析】利用门店接待法拓展客户的优点包括：方法简单易行、开发客户的成本低、

客户信息准确度高、较易展示企业能力和企业形象，增加客户的信任感，为今后进一步交往打好基础。

【出处】《房地产经纪业务操作》（第四版）P113

2.（单选题）更新速度快、时效性强的客源信息开拓方式是（   ）。

  A．门店接待法　　　　　　　　B．广告法
  C．互联网开发法　　　　　　　D．客户介绍法

【答案】C

【解析】互联网开发客户的优势在于，更新速度快，时效性强。劣势在于当前网上信息量大，信息难于突出，客户筛选难度大，需要对信息进行有效的分析才能找出适合自己的房源。

【出处】《房地产经纪业务操作》（第四版）P114

3.（单选题）房地产经纪人采用老客户推荐方式开拓客源的优势是（   ）。

  A．成本低且真实　　　　　　　B．速度快并且时效性强
  C．信息量大且受众面广　　　　D．信息准确且易展示企业形象

【答案】A

【解析】老客户介绍新客户，一是成本很低，二是客户都是真实有效的，这种开发方式越来越受到经纪机构和经纪人的喜爱。

【出处】《房地产经纪业务操作》（第四版）P115～116

核心知识点 4：客源信息的开发策略

（1）将精力集中于市场营销：房地产经纪机构和房地产经纪人为获取足够的房源与客源，必须进行市场营销活动，并且应该集中精力于市场营销，以现代市场营销理论指导客源信息开发和客户关系维护。

（2）致力于发展和顾客之间的关系：顾客因为不同的需求和偏好使之有所区分。房地产经纪人通过市场细分已经认识了具有不同需求和偏好的客户群，根据顾客的需求与偏好，以最小的成本与最快的时间，帮助他们实现满意的成交，这是经纪人的吸引力和价值所在。

（3）随时发现客户信息：房地产经纪人的"观察"能够挖掘出许多潜在客户，使用视觉和听觉，多看、多听，并判断出"最有希望的买家""有可能买家"和"希望不大的买家"。对客户进行分级，以选择重点投入精力。一个成功的经纪人要随时随地、连续不断地发掘、收集客户信息，并形成习惯，这样才能积累足够多的客源。

（4）使潜在客户变成真正的客户：养客是客源开拓中的重要策略，指的是经纪人将一个潜在的客户转化为一个积极的购买者的过程。潜在客户希望被告知、被传授专业的知识，接受专业的服务，以帮助他们做出合理的决策。

（5）直接回应拓展策略：直接回应的策略要点是①提供有价值和有吸引力的东西；②为目标客户分析收益率，吸引某类地段和房屋有投资兴趣的潜在客户。

（6）建立与客户的长期联系：需要争取更多新用户并且留住原有客户。培养长期客户的四种策略包括：①与老客户保持联系；②把眼光放在长期潜在的顾客身上；③建立广

泛的社会联系；④ 与服务供应商建立广泛联系。

1.（多选题）下列客户信息开发策略中，属于直接回应拓展客户策略要点的有（　　）。
   A. 提供有价值和有吸引力的东西
   B. 开展市场营销活动，拓展房客源
   C. 将客户进行分级，选择重点投入精力
   D. 用专业知识、经验和市场信息为客户提供咨询
   E. 为目标客户分析收益率，吸引某类地段和房屋有投资兴趣的潜在客户

【答案】AE
【解析】直接回应策略是通过提供一个诱人的价位或某一种好处，如减免某种费用，或制造某一种吸引力等促销手段，吸引客户并从客户得到回应，从而获得客户的策略。直接回应拓展策略要点包括两方面，一是提供有价值和吸引力的东西；二是为目标客户分析收益率，吸引某类地段和房屋有投资兴趣的潜在客户。
【出处】《房地产经纪业务操作》（第四版）P118~119

2.（单选题）面对竞争日趋激烈的市场环境，获取客户的成本压力上升，扩大客户量必须要懂得维系客户，争取更多新客户并留住老客户，这属于客源信息开发的（　　）。
   A. 直接回应拓展策略　　　　B. 建立与客户长期联系的策略
   C. 将精力集中于市场营销策略　D. 随时发现客户信息策略

【答案】B
【解析】房地产经纪机构和房地产经纪人都面临着竞争日趋激烈的市场环境，也面临着营销费用和获取客户成本上升的压力，怎样扩大客户量、提高交易量是经纪机构和经纪人永远面对的挑战。经纪人要懂得以生命周期的观念来看待客户，必须认识到客户的价值是动态的，懂得维系客户，与客户建立长期的联系，争取更多的新客户并留住原有客户，这是至关重要的。
【出处】《房地产经纪业务操作》（第四版）P119

核心知识点5：客源信息完善与分析

（1）目标物业与偏好分析。不同的客户对于自己想购置物业有不同的目标需求和偏好，每一个物业都是唯一的，每一个客户也是个性的，房地产经纪人要根据不同客户的喜好来确定客户的目标房地产。

（2）购买力与消费信用分析。购买房地产是大宗金额的交易，因此客户对此非常重视。同时房地产经纪人要分析客户的消费信用，这是因为房地产的购置一定要和客户的实际购买能力和消费信用相匹配，否则在银行贷款等方面会产生问题。

（3）客户购买动机分析。① 客户购买动机。客户进行房地产交易的动机可能是单一的，也可能是包含几个动机的复合体。② 客户购房需求。在征询客户需求时，不宜采用封闭式问题，如"您是需要两居室还是三居室的"？宜采用开放式问题，给客户多些选择。房地产经纪人要了解客户的真实需求，必须和客户建立良好的关系。

另外，客户的需求常常因为一些内外部因素的变化而引起变化。在和客户接触的过程中，房地产经纪人要不断地了解客户的需求、帮助客户分析其真实需求。

最后房地产经纪人还要明确这样的一个观点，有很多客户对于自己的购房需求本身就是没有任何明确的概念，遇到这样的客户，房地产经纪人就要引导客户，让客户明确其真实需求。

房地产经纪人不能完全固化于客户的最初要求，引导客户明确其真实需求及产生新的合理需求也具有很重要的意义。

（4）客户需求程度分析。房地产经纪人可以对客户进行分类分析，一般可以将客户按照购房或租房的急迫性分为四类：第一类是1个月内必须成交的客户，此类客户是急迫购房的客户，需要房地产经纪人马上跟进；第二类是3个月内可以成交的客户；第三类是半年以内可能成交的客户；第四类是半年以上成交或者无规定期限的客户。

（5）客户购买决策分析。在购房的过程中，有大多数的客户是几个人甚至更多的人来看房，因此，作为房地产经纪人必须在沟通中明确，看房的人之中，谁能起到决定的作用，或者说谁最具有决策能力，谁是最终出资人。

（多选题）为了解客户购房需求，房地产经纪人应（　　）。
  A. 帮助客户分析其真实需求
  B. 提供多种房源包容客户的弹性需求
  C. 基于客户的最初购房需求提供房源
  D. 采用封闭式提问方式了解客户需求细项
  E. 与客户闲聊以准确判断和发现客户真实需求

【答案】ABE

【解析】房地产经纪人不能完全固化于客户的最初要求，引导客户明确其真实需求及产生新的合理需求也具有很重要意义，故C选项错误。在征询客户需求时，不宜采用封闭式问题，故D选项错误。房地产经纪人要了解客户的真实需求，必须和客户建立良好的关系，在询问以上问题时，可以和客户进行一些日常的闲聊，和客户建立信任关系，更加准确地判断和发现客户需求和潜在需求。另外客户的需求常常因为一些外部因素的变化而引起变化，在和客户接触的过程中要不断地了解客户的需求、帮助客户分析其真实需求。其实客户的需求项目往往是有弹性的，随着所提供房源的条件不同，客户的各种需求均可发生适应性变化，因而不能排斥这种弹性，而应通过设定条件来包容客户的需求。

【出处】《房地产经纪业务操作》（第四版）P122

核心知识点6：客户信息管理的原则和策略

1. 客户信息管理原则

（1）有效原则

经纪人在处理客户信息时，必须进行有效的询问和区分，清楚地描述较为准确的需求信息，经纪人对客户信息进行持续性处理，才能确保客户信息内容的准确和有效。

（2）合理使用原则

合理使用包括：恰当保存和分类；信息共享和客户跟进；保守客户秘密，不滥用。

恰当保存和分类是指对客户信息按照方便查询的方式进行分类。然后对分类后的信息以人工或计算机方式来进行记录保存。

信息共享和客户跟进是指经纪机构获得的客户信息必须可供本企业房地产经纪人分享，可方便查询；同时对利用的情况作出记录，如客户的需求变化，所有客户信息均有经纪人负责跟进，保持客户联系。

保守客户秘密，不滥用客户信息是指对客户提供的所有信息，尤其是与个人隐私相关信息如电话号码、住址，未经客户同意不能外传给其他商业机构，不得用于除交易以外的其他用途。

客户信息的使用必须有明确合理的使用规则，房地产经纪机构也应定期检查客户信息的使用情况，总结不足，改善使用状况。

（3）重点突出原则

面对数量庞大的客户信息，房地产经纪人要通过对客户信息资料的分析找出重点客户，挖掘出近期可以成交、需求意向强烈的客户作为近期重点客户。

2. 客户信息管理策略

（1）及时记录和更新：对信息资料的记录、更新是客户信息资源有效利用的前提；

（2）保持联系：在这个过程中保持和客户的联络和沟通，把握其需求的动态，同时也关注其和其他竞争者的联系，采取必要措施留住客户；

（3）有效利用：

1）"四十五规则"：45%的潜在客户将转和别人做生意。

2）出色的经纪人对每一个客户信息都坚持不懈，直到潜在客户购买或者离去。

3）客户信息越陈旧，竞争就越不激烈。

一个成功的经纪人要善用旧的客户信息，不断维护旧的客户信息，将会发现旧的信息更有价值。

1.（多选题）客户信息管理的原则有（　　）。
  A. 有效原则   B. 合理使用原则
  C. 集中性原则   D. 重点突出原则
  E. 真实性原则

【答案】ABD

【解析】客户信息管理的必须遵循的原则包括：有效原则、合理使用原则、重点突出原则。集中性和真实性属于房源信息的获取原则。

【出处】《房地产经纪业务操作》（第四版）P127～128

2.（多选题）房地产经纪人对客户信息合理使用的正确方法有（　　）。
  A. 剔除陈旧的客户信息   B. 有效询问和区分信息
  C. 保守客户秘密、不滥用   D. 客源信息共享和客户跟进
  E. 客源信息的恰当保存和分类

【答案】CDE

【解析】客源信息合理使用的方式包括：恰当保存和分类；信息共享和客户跟进；保守客户秘密，不滥用。

【出处】《房地产经纪业务操作》（第四版）P127~128

[真题实测]

一、单选题（每题的备选答案中只有1个最符合题意）

1. 根据客源具有指向性的特征，房地产经纪人在存量房客源管理中，针对需求不清的客户应（　　）。
   A. 为客户提供购房资金贷款　　　B. 分析和引导其购房需求
   C. 开拓其新的购房意向　　　　　D. 沟通确认客户购房的时间限制条件

2. 客户在表达租房需要时，提出了在一个月内承租到房屋的要求，这表明客源信息具体（　　）的特征。
   A. 指向性　　　　　　　　　　　B. 时效性
   C. 潜在性　　　　　　　　　　　D. 稳定性

3. 对于有一定经济实力、购买需求强烈的客户，房地产经纪人应采取的策略是（　　）。
   A. 提供周到且专业的服务　　　　B. 重点培养，不断了解客户需求
   C. 建议重新安排购房计划　　　　D. 与客户保持经常性的沟通

4. 与小区保安或物业保持长时间的感情沟通建立信任，可获得一些看房客户信息或联系方式，这种开拓客源的方法属于（　　）。
   A. 客户关系法　　　　　　　　　B. 人际关系法
   C. 会员揽客法　　　　　　　　　D. 团体揽客法

5. 房地产经纪人根据经验将客户成交周期分为一个月、三个月和半年，其分类依据是（　　）。
   A. 客户购买力　　　　　　　　　B. 客户目标物业
   C. 客户需求程度　　　　　　　　D. 客户购买决策

6. 房地产经纪机构建立客户数据库时，应尽可能完整保存客户原始资料的原因是（　　）。
   A. 有利用客户数据库安全运行　　B. 原始资料是再次进行数据加工的基础
   C. 有利于出售客户信息　　　　　D. 有利于提高房源客源信息匹配效率

7. 刘某委托房地产经纪人王某出售一套位于郊区的高档别墅，然后购买两套市中心靠近公园的高层小户型住宅。刘某的上述需求体现了客源的（　　）特征。
   A. 指向性　　　　　　　　　　　B. 复杂性
   C. 潜在性　　　　　　　　　　　D. 层次性

8. 有意购房，但对价位不明确，资金也尚未到位，开价随意性大的客户，正确的引导方式是（　　）。
   A. 提供最符合客户要求的房源
   B. 提供咨询服务，创造专业服务形象

C. 帮助客户分析购房能力、市场行情，制定购房方案

D. 提供好、中、差三类不同房源进行展示，引导客户明确购房意向

9. 决定潜在客户成为真正的购买方的因素是（　　）。

  A. 房价趋势与客户本身   B. 经纪人提供的房源服务与客户本身

  C. 税费变化与客户本身   D. 经纪人提供的房源服务与房价趋势

10. 关于客源信息搜集渠道的说法，错误的是（　　）。

  A. 电视广告受众面广，但成本高、时效性差

  B. 门店接待法准确度高、易获客户信任，但受门店地理位置的局限

  C. 人际关系法不受场地限制，揽客成本小，简单易行

  D. 老客户推荐法客户真实性高，但需长时间积累，成本高

11. 关于房源与客源关系的说法，错误的是（　　）。

  A. 两者互为找寻的目标

  B. 广告等营销活动，可使房源与客源同时增加

  C. 两者都是促成交易的基础，缺一不可

  D. 客源不能转变为房源的供给者

12. 采用互联网开发客源信息的优势不包括（　　）。

  A. 信息量大   B. 更新速度快

  C. 客户易于筛选房地产经纪人 D. 时效性强

13. 某房地产经纪机构与银行合作去片区内一所高校开展反电子金融诈骗宣传活动，从而争取到该银行办理业务的教职员工成为潜在客户。这种获取客户的方法是（　　）。

  A. 团体揽客法   B. 人际关系法

  C. 讲座揽客法   D. 会员揽客法

14. 与利用其他客源开拓渠道相比较，采取门店接待法获取客户的优势是（　　）。

  A. 受众面较广   B. 不受时间限制

  C. 成交可能性大   D. 客户信息准确度较高

15. 根据客户信息管理的合理使用原则，下列做法中，正确的是（　　）。

  A. 客户信息供本企业内部房地产经纪人分享

  B. 将客户信息分享给其他商业机构

  C. 与其他经纪机构交换客户信息

  D. 利用掌握的客户信息，向客户推荐投资理财产品

二、多选题（每题的备选答案中有 2 个或 2 个以上符合题意）

16. 通过门店接待法开拓客源信息的优点主要有（　　）。

  A. 短时间内获取大量客源 B. 间接对公司的品牌进行宣传和推广

  C. 信息准确度较高   D. 较易取得客户信任

  E. 不受门店位置的影响

17. 房地产经纪人培养长期客户应采取的策略有（　　）。

  A. 保持与成交客户的联系，逢年过节赠送公司纪念品

  B. 利用人脉圈结识更多潜在客户，建立友善关系

  C. 保持与律师事务所、金融机构等单位的经常性联系

D. 与家政、家具、装饰等服务供应商建立广泛联系

E. 与广告商合作发布营销广告，吸引更多客户

18. 房地产经纪人以广告法开拓客源信息的优势主要有（　　）。

A. 受众面较广

B. 开拓成本较低

C. 客户信息准确性高

D. 信息量较多

E. 可以间接对公司品牌进行宣传和推广

19. 房地产经纪机构及其经纪人为培养长期客户，可采取的开发策略有（　　）。

A. 加大互联网广告资金投入力度

B. 通过送一些机构设计的小纪念品与老客户保持联系

C. 鼓励家人和朋友做口头宣传

D. 与装修、搬家、保洁等公司建立广泛联系

E. 与银行、房地产开发企业、律师事务所等单位建立广泛联系

20. 周某打算在春节前购买一套三居室的婚房，于是找到曾为其提供租赁经纪服务的房地产经纪人小王。这说明客源具有（　　）的特性。

A. 时效性　　　　　　　　　B. 开放性

C. 潜在性　　　　　　　　　D. 指向性

E. 主导性

【真题实测答案】

1. 【答案】B

【解析】一个需求不清的客户是需要进行引导和分析的，使之明确需求后方能称为客源。

【出处】《房地产经纪业务操作》（第四版）P111

2. 【答案】B

【解析】客户的需求是有时间要求的，客户在表达购买或租赁需求时，均会有时间要求，期望在一段时期内实现客户的需求意向，可能是半个月，也可能是几个月。

【出处】《房地产经纪业务操作》（第四版）P111

3. 【答案】A

【解析】购买需求强烈，希望尽快买到物业，有一定的经济实力，购买力较强，预算合理，对市场价格有客观认识的客户属于成熟型客户，应采取的营销策略为重点跟踪，提供周到而专业的服务，提供最符合客户要求的房源。

【出处】《房地产经纪业务操作》（第四版）P112

4. 【答案】B

【解析】人际关系法不仅是以自己认识的亲朋好友信赖为基础，通过人际关系网络介绍客户，而且包括新的人际关系的开发。

【出处】《房地产经纪业务操作》（第四版）P116

5. 【答案】C

【解析】房地产经纪人可以对客户进行分类分析,一般可以将客户按照购房或租房的急迫性分为四类。

【出处】《房地产经纪业务操作》(第四版)P122

6.【答案】B

【解析】现在的数据库具有非常强大的处理能力,但是无论怎样处理,原始数据总是最为宝贵的,有了完整的原始数据,随时都可以通过再次加工以获得需要的结果,但如果原始数据缺失严重,数据处理后的结果也将失去准确性和指导意义。

【出处】《房地产经纪业务操作》(第四版)P130

7.【答案】A

【解析】客户出售一套别墅做市中心高层小户型置换,需求意向清晰明确,体现了客户的指向性特征。

【出处】《房地产经纪业务操作》(第四版)P110~111

8.【答案】D

【解析】有意购房,但对价位不明确,资金也尚未到位,开价随意性大的客户,正确的引导方式是提供好、中、差三类不同房源进行展示,引导客户明确购房意向。

【出处】《房地产经纪业务操作》(第四版)P112

9.【答案】B

【解析】客源严格意义上是潜在客户,是具有成交意向的买房或租房群体。他们的需求只是一种意向,不像订单客户那样肯定,可能因为种种变故而放弃购买或租赁需求。而能否成为真正的买受方或承租方,这不仅取决于房地产经纪人提供的房源服务,还取决于客户本身。

【出处】《房地产经纪业务操作》(第四版)P111

10.【答案】D

【解析】老客户推荐法优点是成本低、客户真实有效。

【出处】《房地产经纪业务操作》(第四版)P115

11.【答案】D

【解析】客源和房源的关系包括:① 互为条件,房源和客源都是一项交易促成的不可或缺的条件。有客无房或有房无客均不可能达成交易。② 相得益彰,就某一个客户而言,既可成为客源,也可能成为房源的提供者,在同一时间或不同时间角色互换或重叠。③ 互为目标。

【出处】《房地产经纪业务操作》(第四版)P110

12.【答案】A

【解析】互联网开发客户的优势在于,更新速度快,时效性强;劣势在于当前网上信息量大,信息难于突出,客户筛选难度大,需要对信息进行有效的分析才能找出适合自己的房源。

【出处】《房地产经纪业务操作》(第四版)P114

13.【答案】A

【解析】团体揽客法是以团体如公司或机构为对象的开发客户方法。房地产经纪机构利用与团体的公共关系发布信息,宣传公司从而争取客户的委托。

【出处】《房地产经纪业务操作》(第四版) P117

14.【答案】D

【解析】门店接待的优势是：方法简单易行、开发客户的成本低、客户信息准确度高、较易展示企业能力和企业形象，增加客户的信任感，为今后进一步交往打好基础。劣势是：首先，此种方法对于房地产经纪人来说是一种较为被动的方法，是一种守株待兔的方式；其次，受店面的地理位置影响很大，如果店面的地理位置较差的话，很难吸引足够数量的客源信息。

【出处】《房地产经纪业务操作》(第四版) P113

15.【答案】A

【解析】合理使用包括：恰当保存和分类；信息共享和客户跟进；保守客户秘密，不滥用。

保守客户秘密，不滥用客户信息是指对客户提供的所有信息，尤其是与个人隐私相关信息如电话号码、住址，未经客户同意不能外传给其他商业机构，不得用于除交易以外的其他用途。

【出处】《房地产经纪业务操作》(第四版) P127~128

16.【答案】CD

【解析】门店接待的优势是方法简单易行，开发客户的成本低，客户信息准确度高，较易展示企业能力和企业形象，增加客户的信任感，为今后进一步交往打好基础。

【出处】《房地产经纪业务操作》(第四版) P113

17.【答案】ABCD

【解析】房地产经纪人培养长期客户的策略有：与老客户保持联系；把眼光放在长期潜在客户身上；建立广泛的社会联系；与服务供应商建立广泛联系。

【出处】《房地产经纪业务操作》(第四版) P119

18.【答案】ADE

【解析】广告法开拓客户的主要优势是：获得的信息量会很多很大、受众面较广、可以间接对公司的品牌进行宣传和推广。开拓成本低、客户信息准确性高属于门店接待法的优势。

【出处】《房地产经纪业务操作》(第四版) P114

19.【答案】BCDE

【解析】培养长期客户的策略包括：① 与老客户保持联系，在服务的过程中，收集客户资料，如生日、爱好等，在交易完成后，送一些小小的纪念品或通过邮件保持联系，另外也可以打电话或做私人访问。② 把眼光放在长期潜在的顾客身上，很多客户从咨询到他们真正买房相隔几个月甚至几年，要把这些在买房过程中的客户看成你最好的口头宣传员，他们往往知道一些和他们处于同样处境的人，并愿意就买房问题进行讨论或征询意见。③ 建立广泛的社会联系，房地产经纪机构和经纪人由于工作关系具有广泛的社会联系，如银行、自然资源规划部门、房屋管理部门、城市规划设计企业、房地产开发企业、资产处置企业、公证机构、税务部门、律师事务所和保险公司等。④ 与服务供应商建立广泛联系，与经纪业务相关的服务供应商包括装修、搬家、清洁、园艺绿化和家政服务公司等。这种附加服务能够给客户带来方便又不增加成本，能帮助经纪人同客户建立一种长期联系。

【出处】《房地产经纪业务操作》(第四版) P119~120

20.【答案】ACD

【解析】客源的特征包括：指向性、时效性、潜在性。周某需要购买三居室婚房，需求意向清晰表明其具有指向性；希望在春节前购买体现了时效性；寻找曾经提供过服务的经纪人，对经纪人来说，客源具有潜在性，因为提供了优质的客户服务让周某愿意找他来进行业务交易。

【出处】《房地产经纪业务操作》(第四版) P110~111

【章节小测】

一、单选题（每题的备选答案中只有1个最符合题意）

1. 客源信息管理的原则不包括（　　）。
   A. 重点突出原则　　　　　　B. 按级分类原则
   C. 合理使用原则　　　　　　D. 有效原则

2. 某客户购买需求强烈，希望尽快买到物业，有一定的经纪实力，购买力较强，针对于此类客户应采取的营销策略是（　　）。
   A. 重点跟踪　　　　　　　　B. 重点培养的目标
   C. 定期跟踪　　　　　　　　D. 与客户保持经常性的沟通

3. 下列客源开拓渠道中，较为被动，受地理位置影响较大的是（　　）。
   A. 门店接待法　　　　　　　B. 人际关系法
   C. 讲座揽客法　　　　　　　D. 互联网开发法

4. 通过成立客户俱乐部挖掘潜在客户的方法是（　　）。
   A. 客户介绍法　　　　　　　B. 人际关系法
   C. 会员揽客法　　　　　　　D. 团体揽客法

5. 下列不属于客户信息管理的内容的是（　　）。
   A. 客户的购买力　　　　　　B. 客户基础资料
   C. 物业需求状况　　　　　　D. 交易记录

6. 房地产经纪人将一个潜在客户转化为一个积极购买者的过程，这属于客源信息开发策略中的（　　）。
   A. 建立与客户长期联系的策略　B. 随时发现客户信息策略
   C. 直接回应拓展策略　　　　　D. 养客策略

7. 客源的构成要素主要包括需求者和（　　）。
   A. 需求类型　　　　　　　　B. 购买动机
   C. 需求意向　　　　　　　　D. 购买能力

二、多选题（每题的备选答案中有2个或2个以上符合题意）

8. 客源的特征主要包括（　　）。
   A. 现时性　　　　　　　　　B. 时效性
   C. 灵活性　　　　　　　　　D. 潜在性
   E. 指向性

9. 下列房地产经纪人对客源的开发策略,正确的有(   )。
   A. 随时发现客户信息   B. 建立与客户的长期联系
   C. 使潜在的客户变为真正的客户 D. 以广告为中心的营销手段
   E. 致力于发展和客户之间的关系

10. 为深入了解客户需求、精准配对房源、高效管理客源、提升成交率,房地产经纪人应对客源信息完善与分析的内容有(   )。
    A. 客户购买力与消费信用分析   B. 目标物业与偏好分析
    C. 经纪机构与客户关系分析   D. 客户需求程度分析
    E. 客户购买决策分析

【章节小测答案】

1.【答案】B

【解析】客源信息管理必须遵循的原则包括:有效原则、合理使用原则、重点突出原则。

【出处】《房地产经纪业务操作》(第四版)P127~128

2.【答案】A

【解析】购买需求强烈,希望尽快买到物业,有一定的经济实力,购买力较强,预算合理,对市场价格有客观认识的客户属于成熟型客户,应采取的营销策略为重点跟踪,提供周到而专业的服务,提供最符合客户要求的房源。

【出处】《房地产经纪业务操作》(第四版)P112

3.【答案】A

【解析】门店接待法属于被动接待,且局限于门店,受地理位置影响较大。

【出处】《房地产经纪业务操作》(第四版)P113

4.【答案】C

【解析】会员揽客法是指通过成立客户俱乐部或客户会的方式吸收会员并挖掘潜在客户的方法。

【出处】《房地产经纪业务操作》(第四版)P116~117

5.【答案】A

【解析】客户信息管理的内容包括:客户基础资料;物业需求状况;交易记录。

【出处】《房地产经纪业务操作》(第四版)P126

6.【答案】D

【解析】养客是客源开拓中的重要策略,指的是房地产经纪人将一个潜在客户转化为一个积极购买者的过程。

【出处】《房地产经纪业务操作》(第四版)P118

7.【答案】C

【解析】客源的构成要素包括两个方面,一是需求者,二是需求者的需求意向,二者缺一不可。

【出处】《房地产经纪业务操作》(第四版)P109

8.【答案】BDE

【解析】客源的特征主要包括指向性、时效性、潜在性。

【出处】《房地产经纪业务操作》（第四版）P110~111

9.【答案】ABCE

【解析】D选项中，应当是以客户为中心的营销手段。

【出处】《房地产经纪业务操作》（第四版）P117~119

10.【答案】ABDE

【解析】客源信息完善与分析包括：目标物业与偏好分析；购买力与消费信用分析；客户购买动机分析；客户需求程度分析；客户购买决策分析。C选项不属于客源信息完善与分析的内容。

【出处】《房地产经纪业务操作》（第四版）P120~123

第四章 存量房经纪业务承接

【章节导引】

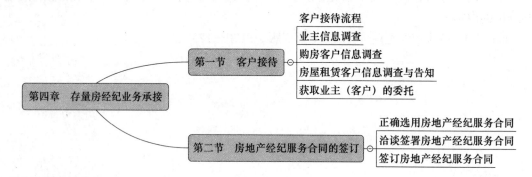

【章节核心知识点】

核心知识点1：客户接待流程

客户接待最根本的目的是与客户沟通，了解并记录客户需求，确定客户意向，并力求尽快满足客户的需求，完成房地产交易经纪服务。

1. 到店接待流程

房地产经纪人接待到店客户主要包括以下七个步骤：

第一步，站立迎接，微笑待人，使用标准问候语。当客户在店外停留站立或观看橱窗房源时，经纪人应及时到店外迎接，向客户介绍公司概况、所属商圈的特性，并邀请客户到店内进一步沟通。

第二步，引领客户入店。

第三步，确定接待主体。

第四步，了解客户需求。

第五步，接受服务委托或帮助客户解决问题。

第六步，客户离开时，经纪人应为客户打开门，并将客户送至公司门外，致意道别。

第七步，客户信息录入。客户离开后，房地产经纪人应及时将信息录入企业管理数据库内（包括房源和客户数据库），并定期回访。

2. 电话接待流程

第一步，问候。电话铃声响三声内必须接起，向顾客问好，报出公司名称、自己的姓名。

第二步，回答咨询。

第三步，记录来电者基本资料。

第四步，感谢来电者。

第五步，信息录入。挂断电话后应及时将信息录入企业管理数据库内。如果是售房（出租房屋）或购房（承租房屋）客户，应立即给出价格信息或寻找房源，为推荐房源、约客户看房等后续工作做好准备。

3. 网络客户接待流程

房地产经纪人采用网络方式接待客户，需要注意以下四点：

（1）针对求购和求租客户，房地产经纪人务必推荐真实房源信息。同时，编辑文字时应注意语法、语气、标点以及表情符号的使用。切忌出现错别字，点击发送前最好再确认检查一遍即将发送的文字内容。

（2）利用电脑通过文字表达进行沟通与利用电话通过语言直接进行沟通，二者在沟通效果上有一些差距。因此，房地产经纪人利用网络接待客户后，要继续通过电话（网络电话）、面谈等方式，进一步了解客户的真实需求。

（3）如果利用网络电话方式接待客户，其流程和注意要点与电话接待方式一样。

（4）网络客户接待过程中，首先不得先于客户使用语音发送功能；另外，在使用网络电话或视频方式沟通前需先征得客户的同意。

1.（单选题）房地产经纪业务中客户接待的主要目的是（　　）。
　　A. 进行房屋出售　　　　　　B. 进行房屋出租
　　C. 进行交易配对　　　　　　D. 了解客户需求确定客户意向

【答案】D

【解析】客户接待最根本的目的是与客户沟通，了解并记录客户需求，确定客户意向，并力求尽快满足客户的需求，完成房地产交易经纪服务。

【出处】《房地产经纪业务操作》（第四版）P133

2. 李某为甲房地产经纪公司的经纪人，李某在电话接待客户时正确的流程为（　　）。
　　A. 问候→回答咨询→记录来电者基本资料→感谢来电者→信息录入
　　B. 问候→信息录入→记录来电者基本资料→感谢来电者→回答咨询
　　C. 记录来电者基本资料→问候→回答咨询→感谢来电者→信息录入
　　D. 问候→记录来电者基本资料→回答咨询→信息录入→感谢来电者

【答案】A

【解析】电话接待客户的正确流程为：问候→回答咨询→记录来电者基本资料→感谢来电者→信息录入。

【出处】《房地产经纪业务操作》（第四版）P135

核心知识点2：业主信息调查

1. 以房屋售价为核心采集信息

对房屋的信息了解，应从所处商圈环境、房屋物理属性、房屋权属状况、房屋出售条件、业主身份信息、物业管理水平这六个方面进行。

2. 了解售房业主资格信息

夫妻婚后全款或贷款购买，不动产权证上即使登记为夫妻一方的名字，但也是夫妻共有，出售时业主配偶须出具亲笔签名的《配偶同意出售证明》方能出售。

按照《民法典》第三百零一条"处分共有的不动产或者动产以及对共有的不动产或者动产作重大修缮、变更性质或者用途的，应当经占份额三分之二以上的按份共有人或者全体共同共有人同意，但共有人之间另有约定的除外。"

3. 房源信息调查并编制《房屋状况说明书》

房地产经纪人在查验房屋现状后要编制《房屋状况说明书》。该说明书需要房屋业主签字确认，以确保出售房屋的相关信息真实可靠，这是存量房交易委托的必需程序和必备文件。

4. 了解业主房屋售价的价格区间

业主最关心的问题是房产能以什么价位出售，最终获得的总收益额是多少。房地产经纪人在接待过程中，要向业主详细介绍该房产商圈范围内房地产价格现状以及政府出台的关于房地产交易税费的最新规定。

5. 了解业主的出售动机

房地产经纪人接待业主的过程中，要特别了解业主的售房动机。因为不同的出售目的对房屋售价、出售时间、回款要求等都不一样。

6. 解释售房款的交付程序

对卖房客户来说，比较担心房子出售后无法及时拿到房款，因此，房地产经纪人要将售房款的交付程序、银行监管程序、放款时间等向客户解释清楚。

7. 业主出售租赁房注意事项

出租人出卖租赁房屋时，应当在出卖之前的合理期限内通知承租人，承租人享有以同等条件优先购买的权利；但是，房屋按份共有人行使优先购买权或者出租人将房屋出卖给近亲属的除外。出租人履行通知义务后，承租人在十五日内未明确表示购买的，视为承租人放弃优先购买权。

房地产经纪人在查看房屋信息时，一旦发现房屋有承租人时，应请业主（即出租人）在合理期限内通知承租人房屋将出售的情况，如承租人放弃优先购买权，提示承租人要签署《承租人放弃优先购买权》的证明文件。

8. 特别注重重要信息审核

信息的审核是保证交易顺利完成、减少纠纷的重要保证，因此必须引起房地产经纪人的重视。首先是对出售房屋产权的审核。其次是对委托人身份的核实。

1.（单选题）李某和王某婚后全款购买了一套商品房，不动产权证上只写了李某一人的名字，李某出售房屋的时候，王某须出具亲笔签名的（　　）。

A.《共有产权证明》方能出售　　B.《房屋销售委托书》方能出售
C.《房屋所有权转移书》方能出售　D.《配偶同意出售证明》方能出售

【答案】D

【解析】夫妻婚后全款或贷款购买，不动产权证上即使登记为夫妻一方的名字，原则上也是夫妻共有，出售时业主配偶须出具亲笔签名的《配偶同意出售证明》方能出售。

【出处】《房地产经纪业务操作》（第四版）P138

2.（单选题）房地产经纪人与业主确认房屋售价时，错误的做法是（　　）。
   A. 为业主初步评估房屋销售价格
   B. 为快速成交，说服业主确定一个较低的委托挂牌价格
   C. 详细介绍周边同类物业的价格水平
   D. 向业主讲解最新的税费政策

【答案】B

【解析】业主最关心的问题是房产能以什么价位出售，最终获得的总收益额是多少。房地产经纪人在接待过程中，要向业主详细介绍该房产商圈范围内房地产价格现状以及政府出台的关于房地产交易税费的最新规定。对市场价位和政策环境的介绍有助于房地产经纪人获得客户信赖。房地产经纪人可以采用房地产价格评估方法，初步评估房地产市场价格，为业主出售物业提供价格参考。

【出处】《房地产经纪业务操作》（第四版）P140

核心知识点3：购房客户信息调查

1. 对购房客户以购房需求为核心采集信息

对于房地产经纪人而言，客户接待环节的工作目标是了解客户与房屋需求相关的核心信息。具体地，对购房客户的信息调查主要包括客户身份信息、客户需求范围、客户支付能力、客户特殊需求、客户购房资格共五个方面。

2. 询问客户购买资格

房地产经纪人在为客户提供购买物业的专业服务过程中，首先需要了解客户的购买资格。

（1）城市购房资格

有些城市规定了限购政策，不符合资格的人士不能购买不动产，不建议房地产经纪人承接购房客户无购房资格的相关业务。

（2）民事行为能力资格

在买受人资格审查中，房地产经纪人特别要重点关注限制民事行为能力人和无民事行为能力人。限制民事行为能力人在房屋买卖过程中，不能亲自签署合同，需由其法定代理人代为签署合同。无民事行为能力人与限制民事行为能力人一样，其所从事的民事活动均应由他监护人作为法定代理人代理其民事行为，包括签署房地产买卖合同和房屋租赁合同。

（3）外籍人士、港澳台地区居民或华侨购房资格

境外个人在境内只能购买一套用于自住的住宅。

3. 询问购买房屋需求

在客户接待过程中，房地产经纪人应及时把握机会，仔细了解客户购房需求的标准和资金预算以及购房要求，即房屋的区域范围、价格范围、户型、楼层、配套等，以便推荐与客户需求相匹配的房源信息。特别地，要询问客户的资金状况。

一般来说需要准备多少购房资金是客户关心的首要问题，房地产经纪人要将房价、首

付比例、税费和佣金服务费等详细向客户解释清楚，以便于客户根据房屋价格等费用准备资金和贷款计划。

4. 关注客户的安全保障

对于买房客户，当购房金额较大或者购买较为高档楼盘时，客户会担心房地产经纪人是否能提供安全的服务。房地产经纪人在对待这类客户时，要保证客户信息的安全性以及房源信息的可靠性，充分尊重客户对隐私的要求，有足够的耐心让客户享受到专业服务。

（单选题）外籍人士在中国境内只能购买一套（　　）。
A. 写字楼　　　　　　　　　B. 商业物业
C. 商住两用房　　　　　　　D. 自用商品住房

【答案】D
【解析】境外个人在境内只能购买一套用于自住的住宅。
【出处】《房地产经纪业务操作》（第四版）P145

核心知识点 4：房屋承租经纪业务信息调查与告知

（1）室内设施配套情况。
（2）承租人的相关背景，包括承租人的身份、职业、家庭人口以及承租后的居住人数，还要询问承租人对交通、医院、学校、公园、超市等设施方面的要求。
（3）询问承租人承租房屋后的用途，特别关注承租人改变房屋原始用途，改用为其他用途。
（4）询问承租人对房屋租金的心理价位，告知承租人房屋租金市场行情，帮助客户明确房屋需求。
（5）告知承租房屋经纪服务合同的内容、佣金收费标准和支付时间。
（6）审核承租人身份证明原件，保留承租人身份证明复印件。

（多选题）房地产经纪人在接待承租客户过程中，对房屋承租经纪业务信息调查与告知的内容包括（　　）。
A. 审核承租人身份证明复印件即可　　B. 承租人承租房屋后的用途
C. 室内设施配套情况　　　　　　　　D. 承租人对租金的心理价位
E. 承租人相关背景

【答案】BCDE
【解析】A选项表述错误，应审核承租人身份证明原件，保留承租人身份证明复印件。
【出处】《房地产经纪业务操作》（第四版）P148~149

核心知识点 5：《民法典》针对中介合同的相关规定

（1）就订立房地产交易合同的事项向业主（客户）如实报告，如果存在故意隐瞒与订立房地产交易合同有关的重要事实或者提供虚假情况,损害了业主(客户)利益,不得请求支付报酬并承担赔偿责任。

(2)房地产经纪人促成了房地产交易合同成立,业主(客户)应当按照中介合同中的约定支付佣金。

(3)房地产经纪人促成房地产交易合同成立过程中产生的费用,由房地产经纪人负担。如果房地产经纪人未促成房地产交易合同成立,业主(客户)不需要向房地产经纪人支付佣金,但是需要向房地产经纪人支付从事中介活动支出的必要费用。

(4)针对房地产经纪业务中存在的"跳单"现象,《民法典》第九百六十五条规定:"委托人在接受中介人的服务后,利用中介人提供的交易机会或者媒介服务,绕开中介人直接订立合同的,应当向中介人支付报酬。"也就是说,业主(客户)接受房地产经纪人的服务后,但利用房地产经纪人提供的客源(房源)信息或者媒介服务,绕开房地产经纪人直接订立房地产交易合同的,应当向房地产经纪人支付佣金。

(单选题)根据《民法典》针对中介合同的相关规定,房地产经纪人在执行一宗房地产经纪服务业务的过程中,说法错误的是(   )。

A. 客户接受房地产经纪人的服务后,绕开经纪人直接与业主订立房地产交易合同的,应当支付佣金
B. 房地产经纪人故意隐瞒与订立房地产交易合同有关的重要事实,损害了客户利益,不得请求支付报酬
C. 房地产经纪人促成了交易合同订立,业主或客户应当按照中介合同中的约定支付佣金
D. 房地产经纪人促成房地产交易合同成立过程中产生的费用,由业主或客户负担

【答案】D
【解析】房地产经纪人促成房地产交易合同成立过程中产生的费用,由房地产经纪人负担。如果房地产经纪人未促成房地产交易合同成立,业主(客户)不需要向房地产经纪人支付佣金,但是需要向房地产经纪人支付从事中介活动支出的必要费用。
【出处】《房地产经纪业务操作》(第四版)P152

核心知识点6:正确选用房地产经纪服务合同

房地产经纪服务合同,是指房地产经纪机构和委托人之间就房地产经纪服务事宜订立的协议,包括房屋出售经纪服务合同、房屋出租经纪服务合同、房屋承购经纪服务合同和房屋承租经纪服务合同等。房地产经纪机构与委托人签订的房地产经纪服务合同的类型,应当根据委托人的委托目的确定。

委托人作为房地产权利人,委托出售、出租房地产的,应当签订房屋出售经纪服务合同、房屋出租经纪服务合同;委托人作为求购、求租人的,应当签订房屋承购经纪服务合同、房屋承租经纪服务合同。

正确选用并签订适用的房地产经纪服务合同,有以下三方面的作用:一是有利于确立房地产经纪机构与委托人之间的委托关系;二是有利于明确房地产经纪机构和委托人的权

利和义务；三是有利于建立房地产经纪机构和委托人之间纠纷和争议的机制。

（单选题）王某委托甲房地产经纪公司出售一套房屋，则王某与甲房地产经纪公司应签订的经纪服务合同类型为（   ）。
  A. 房屋出售经纪服务合同　　　　B. 房屋出租经纪服务合同
  C. 房屋承购经纪服务合同　　　　D. 房屋承租经纪服务合同
【答案】A
【解析】委托人作为房地产权利人，委托出售房地产的，应当签订房屋出售经纪服务合同。
【出处】《房地产经纪业务操作》（第四版）P155

核心知识点 7：洽谈签署房地产经纪服务合同

1. 洽谈服务项目、服务内容、服务完成标准、服务收费标准及支付时间
（1）经纪服务内容和服务标准洽谈
按照服务性质，房地产经纪机构所提供的服务项目可分为基本服务和其他服务。房地产经纪基本服务的内容包括提供房地产信息、实地看房、代拟房地产交易合同等。其他服务的内容包括房地产抵押贷款代办、不动产登记手续代办等。
（2）经纪服务费用（佣金）支付时间洽谈
一般来说，房地产经纪佣金通常在委托事项完成后，即达成房地产交易合同后，业主（客户）才向房地产经纪机构支付佣金。反过来说，房地产经纪机构未能协助业主（客户）订立房地产交易合同，或者订立的房地产交易合同无效，如果责任不在业主（客户）的话，房地产经纪机构就无权收取费用。服务收费支付时间通常为房地产交易合同签订之时。
2. 查看委托人身份和不动产权属有关证明
第一，审查其身份证件（如身份证、护照等），以判断其年龄是否已经成年。
第二，观察、询问其健康状况、生活情况、工作情况等，以判断其智力和精神状况是否健全。
第三，如果该自然人已经明确陈述其患有精神疾病、身体不健全或智力不健全等，则可要求其提供鉴定结论以证明其民事行为能力。根据《民法典》第二十八条，无民事行为能力或者限制民事行为能力的成年人，由下列有监护能力的人按顺序担任监护人：① 配偶；② 父母、子女；③ 其他近亲属；④ 其他愿意担任监护人的个人或者组织，但是须经被监护人住所地的居民委员会、村民委员会或者民政部门同意。
第四，对于境内法人，应查看企业法人营业执照。对于法人和其他组织，经纪人员通过审核其营业执照、组织机构代码证等，以判断其是否已经依法成立并在合法存续状态。
第五，查看房屋权利人之委托人相关信息。

1.（单选题）房地产经纪服务收费时间通常为（   ）。
  A. 房地产交易合同签订之时　　　B. 办理完毕过户手续后
  C. 买方支付完收付款后　　　　　D. 物业交割完毕时

【答案】A
【解析】服务收费支付时间通常为房地产交易合同签订之时。
【出处】《房地产经纪业务操作》(第四版) P157

2.（多选题）下列房地产经纪机构提供的服务中，属于基本服务的有（　　）。
　　A. 提供房地产信息　　　　　　B. 房地产抵押贷款代办
　　C. 实地看房　　　　　　　　　D. 房地产登记手续代办
　　E. 代拟房地产交易合同
【答案】ACE
【解析】房地产经纪基本服务的内容包括提供房地产信息、实地看房、代拟房地产交易合同等。其他服务的内容包括房地产抵押贷款代办、不动产登记手续代办等。
【出处】《房地产经纪业务操作》(第四版) P157

3.（单选题）下列房地产经纪机构提供的服务中，属于其他服务内容的是（　　）。
　　A. 代办抵押贷款　　　　　　　B. 寻找客源并带看房屋
　　C. 协助签订交易合同　　　　　D. 提供房地产信息
【答案】A
【解析】其他服务内容包括房地产抵押贷款代办、房地产登记手续代办等。
【出处】《房地产经纪业务操作》(第四版) P157

4.（单选题）房地产买卖经纪服务一般以（　　）。
　　A. 房地产买卖合同签订为完成标准
　　B. 房地产物业交割办理完毕为完成标准
　　C. 房地产经纪服务合同签订为完成标准
　　D. 委托人向房地产经纪机构支付佣金为完成标准
【答案】A
【解析】房地产经纪服务完成的标准是促成交易合同的签订，也就是说房地产经纪人员只要协助交易当事人订立完成房地产买卖合同或者房地产租赁合同，就标志着房地产经纪服务完成。
【出处】《房地产经纪业务操作》(第四版) P162

核心知识点8：签订房地产经纪服务合同

1. 做好房地产经纪服务合同签订前的书面告知工作
（1）是否与委托房屋有利害关系
房地产经纪机构和房地产经纪人员是业主（房屋出租人）或者购房客户（承租人）本人，或者是业主（房屋出租人）或者购房客户（承租人）的近亲属，或者是业主（房屋出租人）或者购房客户（承租人）的股东（委托人为企业），以及其他会影响房地产经纪机构和房地产经纪人公正性和专业性的情形，应当回避或如实披露并征得另一方当事人同意，向交易当事人如实告知。
（2）应当由委托人协助的事宜、提供的资料
（3）委托房屋的市场参考价格

（4）房屋交易的一般程序及可能存在的风险

（5）房屋交易涉及的税费

（6）房地产经纪服务的内容及完成标准

（7）房地产经纪服务收费标准和支付时间

（8）书面告知房地产经纪服务以外的其他服务相关事项

2. 签订房地产经纪服务合同

第一，房地产经纪服务合同应以书面形式签订。

第二，房地产经纪服务合同应加盖房地产经纪机构印章。

第三，房地产经纪服务合同应由从事该业务的一名房地产经纪人或者两名房地产经纪人协理签名。

第四，房地产经纪服务合同应由委托人签名或者盖章。

第五，在签订房地产经纪服务合同时，还应该避免一些常见的错误。这些错误包括：① 合同信息与证件信息不一致。② 合同服务内容未明确界定。③ 合同有效期限未标明。④ 格式合同空白处未作必要处理。

（多选题）关于《房地产经纪服务合同》签订主体的说法，正确的有（　　）。

A.《房地产经纪服务合同》的委托人是自然人的情况下，应由委托人本人签名

B.《房地产经纪服务合同》可由一名房地产经纪人协理签名

C.《房地产经纪服务合同》应加盖房地产经纪机构印章

D.《房地产经纪服务合同》可由一名房地产经纪人签名

E.《房地产经纪服务合同》应由房地产经纪机构法定代表人签名

【答案】ACD

【解析】签订房地产经纪服务合同应注意的问题包括：房地产经纪服务合同应以书面形式签订；合同应加盖房地产经纪机构的印章；合同应由从事该业务的一名房地产经纪人或两名房地产经纪人协理签名；在委托且委托人是自然人的情况下，应由委托人签名；签订房地产经纪服务合同时，还应避免一些常见的错误。因此选项ACD正确。

【出处】《房地产经纪业务操作》（第四版）P170

核心知识点9：房地产经纪业务风险防范

房地产经纪业务风险通常来自两个层面：一是宏观社会经济环境层面中各种因素引发的风险；二是房地产经纪业务具体环境层面中各种因素导致的风险，包括房地产客体、参与房地产交易主体、房地产经纪行业和其他相关参与者。

一般来说风险管理的过程包括5个主要步骤：

第一，识别各种重要风险。

第二，衡量潜在的损失频率和损失程度。

第三，开发并选择适当的风险管理方法。

第四，实施所选定的风险管理方法。

第五，持续地对风险管理方法的适用性进行监督。

（单选题）一般来说风险管理的过程包括 5 个主要步骤，其中最后一步为（　　）。
  A. 衡量潜在的损失频率和损失程度
  B. 持续地对风险管理方法的适用性进行监督
  C. 开发并选择适当的风险管理方法
  D. 实施所选定的风险管理方法
【答案】B
【解析】一般来说风险管理的过程包括 5 个主要步骤：识别各种重要风险→衡量潜在的损失频率和损失程度→开发并选择适当的风险管理方法→实施所选定的风险管理方法→持续地对风险管理方法的适用性进行监督。
【出处】《房地产经纪业务操作》（第四版）P174

【真题实测】

一、单选题（每题的备选答案中只有 1 个最符合题意）

1. 房地产经纪人查验房屋现状后编制的、需要业主签字确认的文件是（　　）。
  A.《房屋状况说明书》　　　　　　B.《售房独家委托协议》
  C.《房屋设备及物品交接清单》　　D.《房地产经纪服务事项告知确定书》

2. 下列房屋交易条件中，与业主售房动机无关的是（　　）。
  A. 出售报价　　　　　　　　　　B. 出售期限
  C. 房款支付方式　　　　　　　　D. 交付房屋时间

3. 在房屋买卖过程中，能够自己签署房屋买卖合同的买受人是（　　）。
  A. 8 周岁以下的未成年人
  B. 不能完全辨认自己行为的精神病人
  C. 8 周岁以上 18 周岁以下的未成年人
  D. 年满 16 周岁但未满 18 周岁，以自己的劳动作为主要收入来源的人

4. 关于限制民事行为能力的精神病人买卖房屋的说法，错误的是（　　）。
  A. 其关系密切的朋友未经指定也可担任监护人员代签合同
  B. 应由其法定代理人或监护人代理签订房地产经纪服务合同
  C. 其配偶、父母、成年子女及其他近亲属均可担任监护人代签合同
  D. 对监护人有争议的，由其住所地居民委员会、村名委员会在近亲属中指定

5. 房地产经纪人对购房客户以购房需求为核心所采集的信息中不包括客户（　　）。
  A. 对房屋家具、家电等设备的要求　　B. 购房资格以及购房自主权
  C. 身份信息　　　　　　　　　　　　D. 购买需求及其支付能力

6. 下列房地产经纪人采用网络即时聊天工具接待客户的做法，正确的是（　　）。
  A. 向客户发红包寻求客户谅解其发送的错误信息
  B. 网络接待客户后，约客户在门店继续面谈
  C. 为了避免文字表达中出现错别字，尽量使用语音留言
  D. 尽量使用表情符号与客户进行沟通

7. 房地产经纪人在核验存量住房产权关系时，不需要查验房屋（　　）。

A. 是否有多次交易记录　　　　B. 抵押状况
C. 是否为夫妻共有　　　　　　D. 是否取得不动产权证

二、多选题（每题的备选答案中有2个或2个以上符合题意）

8. 房地产经纪人在电话接待客户流程中的做法，正确的有（　　）。
   A. 接听电话后向顾客问好，报公司名称及个人姓名
   B. 记录客户的需求，并填写《客户电话来访登记表》
   C. 记录来电者基本资料，留下客户的姓名、地址、电话，以便后续跟进服务
   D. 通话结束后，使用标准结束语："感谢您的来电，很高兴为您提供服务，再见！"
   E. 通话结束后一周内将信息录入企业管理数据库

9. 房地产经纪人张某与委托人韩某办理房地产经纪服务合同签订事宜时，应（　　）。
   A. 告知韩某不需要通过合同约定经纪服务期限
   B. 请韩某仔细阅读合同条款
   C. 让门店的房地产经纪人协理丁某独立在合同上签名
   D. 在合同上加盖经纪机构合同专用章
   E. 让房地产经纪人在合同上使用电子签名或手写签名

10. 房地产经纪人小王的哥哥委托小王出售一套其名下的住房，小王妻子的同学蒋某听说此事后，欲购买该套住房。在房地产经纪服务活动中，小王正确做法有（　　）。
    A. 向蒋某描述市场成交行情，告知目前"一房难求"
    B. 向蒋某如实告知业主与自己之间的关系
    C. 帮助哥哥提高出售价格
    D. 为避免双方产生纠纷，推荐本门店其他房地产经纪人执行该业务
    E. 向哥哥和蒋某告知经纪人应该回避的有关规定

11. 房地产经纪人在采集承租人信息时，应重点采集的信息有（　　）。
    A. 共同居住人数　　　　　　B. 承租人的收入水平
    C. 承租人的婚姻状况　　　　D. 入住时间要求
    E. 承租物业用途

12. 房地产经纪机构签订房地产经纪服务合同时，应注意的事项有（　　）。
    A. 委托人是否提供了收入证明
    B. 格式合同空白处是否作了处理
    C. 合同当事人信息与证件信息是否一致
    D. 合同服务内容是否明确界定
    E. 服务佣金的收取标准是否明确

【真题实测答案】

1. 【答案】A
【解析】房地产经纪人查验房屋现状后要编制《房屋状况说明书》，该说明书需要房屋业主签字确认与出售房屋相关信息真实可靠，是存量房交易委托的必需程序和必备文件。
【出处】《房地产经纪业务操作》（第四版）P139

2. 【答案】D

【解析】交付房屋时间与业主的售房动机无关。
【出处】《房地产经纪业务操作》(第四版) P140

3.【答案】D
【解析】年满 16 周岁不满 18 周岁、能以自己劳动收入为主要生活来源的人视为完全民事行为能力人，可以自行签订合同。
【出处】《房地产经纪业务操作》(第四版) P144

4.【答案】A
【解析】无民事行为能力或者限制民事行为能力的成年人，由下列有监护能力的人按顺序担任监护人：① 配偶；② 父母、子女；③ 其他近亲属；④ 其他愿意担任监护人的个人或者组织，但是须经被监护人住所地的居民委员会、村民委员会或者民政部门同意。对担任监护人的确定有争议的，由被监护人住所地的居民委员会、村民委员会或者民政部门指定监护人，有关当事人对指定不服的，可以向人民法院申请指定监护人；有关当事人也可以直接向人民法院申请指定监护人。
【出处】《房地产经纪业务操作》(第四版) P159~160

5.【答案】A
【解析】对购房客户的信息调查主要包括客户身份信息、客户需求范围、客户支付能力、客户特殊需求、客户购房资格共五个方面。
【出处】《房地产经纪业务操作》(第四版) P143~144

6.【答案】B
【解析】房地产经纪人采用网络方式接待客户，需要注意：利用电脑通过文字表达进行沟通与利用电话通过语言直接进行沟通，二者在沟通效果上有一些差距。例如，客户在电脑或智能手机上用文字表达了他的需求后，房地产经纪人阅读了文字后会有自己的理解，相比较电话中直接的语言沟通，这中间可能会产生信息误差。因此，房地产经纪人利用网络接待客户后，要继续通过电话（网络电话）、面谈等方式，进一步了解客户的真实需求。
【出处】《房地产经纪业务操作》(第四版) P136

7.【答案】A
【解析】房地产经纪人与委托人签订独家委托协议或有委托意向后，应在第一时间核实产权，既避免可能发生的诈骗行为，又能防止债务陷阱，保障客户及自身利益。具体而言，经纪人要询问业主是否已经取得《不动产权证》《房屋所有权证》《国有土地使用权证》《他项权利证书》，是否有共同产权人，是否以房屋作为抵押物办理了银行抵押贷款。如果房屋设定了抵押权，要提示业主应及时通知抵押权人房屋出售信息。
【出处】《房地产经纪业务操作》(第四版) P142~143

8.【答案】ABCD
【解析】挂断电话后应及时将企业信息录入企业管理数据库内，而非一周内录入。
【出处】《房地产经纪业务操作》(第四版) P135

9.【答案】BDE
【解析】房地产经纪人与委托人签订房地产经纪服务合同时，应注意以下 5 点：① 房地产经纪服务合同以书面形式签订；② 合同应加盖房地产经纪机构印章；③ 合同应由从事该业务的一名房地产经纪人或两名房地产经纪人协理签名,签名可以是电子签名,也可以是手写签名;④合同应由委托人签名或盖章;⑤注意一些常见错误。

【出处】《房地产经纪业务操作》(第四版)P170

10.【答案】BDE

【解析】房地产经纪机构和房地产经纪人员在房地产经纪活动中应遵循的回避原则。房地产经纪机构和房地产经纪人员是业主(房屋出租人)或者购房客户(承租人)本人,或者是业主(房屋出租人)或者购房客户(承租人)的近亲属,或者是业主(房屋出租人)或者购房客户(承租人)的股东(委托人为企业),以及其他会影响房地产经纪机构和房地产经纪人公正性和专业性的情形,应当回避或如实披露并征得另一方当事人同意,向交易当事人如实告知。

【出处】《房地产经纪业务操作》(第四版)P161

11.【答案】ADE

【解析】对承租客户要采集的信息:① 承租人基本联系资料;② 承租信息:需求位置、面积、朝向;客户在哪里上班或上学、做什么工作;承租物业用途;是否本人居住、几个人共住、入住时间要求、最高能承受什么价位、付款方式等。

【出处】《房地产经纪业务操作》(第四版)P133

12.【答案】BCD

【解析】签订房地产经纪服务合同应避免一些常见错误:① 合同信息与证件信息不一致;② 合同服务内容未明确界定;③ 合同有效期未标明;④ 格式空白处未作必要处理。

【出处】《房地产经纪业务操作》(第四版)P170~171

【章节小测】

一、单选题(每题的备选答案中只有1个最符合题意)

1. 下列关于房屋承租经纪业务信息调查与告知内容的说法,错误的是(   )。
    A. 询问承租人对租金的心理价位
    B. 审核承租人身份证明复印件即可
    C. 需要询问承租人承租房屋后的用途
    D. 告知承租房屋经纪服务内容、佣金收费标准和支付时间

2. 一般来说风险管理的过程包括下列步骤:① 识别各种重要风险;② 开发并选择适当的风险管理方法;③ 衡量潜在的损失频率和损失程度;④ 持续地对风险管理方法的适用性进行监督;⑤ 实施所选定的风险管理方法。其中正确的顺序为(   )。
    A. ①③②⑤④   B. ③①②⑤④
    C. ⑤①③④②   D. ①②⑤③④

3. 处分按份共有的不动产的,应当经(   )以上的按份共有人同意,但共有人之间另有约定的除外。
    A. 占人数二分之一   B. 占份额三分之二
    C. 占份额二分之一   D. 占人数三分之二

4. 保证交易顺利完成、减少纠纷的主要途径是(   )。
    A. 首付款交付程序   B. 信息的审核

C. 房屋产权转移 D. 房屋的按揭贷款

5. 下列关于房地产经纪服务合同的说法，错误的是（ ）。
   A. 房地产经纪服务合同应以书面形式签订
   B. 房地产经纪服务合同不能加盖合同章，必须加盖公司公章才有效
   C. 房地产经纪服务合同应由从事该业务的一名房地产经纪人或者两名房地产经纪人协理签名
   D. 房地产经纪服务合同应由委托人签名或盖章

6. 房地产经纪服务合同应当以书面形式签订，下列不属于书面形式的是（ ）。
   A. 电子邮件 B. 电话承诺
   C. 传真 D. 电子数据交换

二、多选题（每题的备选答案中有2个或2个以上符合题意）

7. 房地产经纪人电话接待流程主要有（ ）。
   A. 问候 B. 回答咨询
   C. 记录来电者基本资料 D. 约下次联系时间
   E. 信息录入

8. 对房屋的信息了解中，属于房屋物理属性的有（ ）。
   A. 居室 B. 建筑年代
   C. 物业管理的收费标准 D. 朝向
   E. 室内净高

9. 委托出售经纪业务的相关信息调查项目中，属于房屋出售条件的有（ ）。
   A. 出售价格 B. 付款方式
   C. 房屋产权性质 D. 出售原因
   E. 房屋所有权人以及是否有共有权

10. 房地产经纪人承接了"无房本单子"，需要注意的风险包括（ ）。
    A. 易导致买房人无法取得该房屋产权
    B. 业主可能会违约拒绝转移登记
    C. 不动产权证迟迟不能下发
    D. 客户权利无法得到保障
    E. 房屋价格一般偏高

11. 下列关于房地产经纪服务合同的说法，正确的有（ ）。
    A. 房地产经纪服务合同不能加盖合同章必须加盖公司公章才有效
    B. 房地产经纪服务合同应由一名房地产经纪人协理签名
    C. 房地产经纪服务合同应由从事该业务的一名房地产经纪人签名
    D. 房地产经纪服务合同应由委托人签名或盖章
    E. 房地产经纪服务合同可以以口头形式签订

【章节小测答案】

1.【答案】B
【解析】B选项表述错误，应审核承租人身份证明原件，保留承租人身份证明复印件。

【出处】《房地产经纪业务操作》(第四版) P148~149

2.【答案】A

【解析】一般来说风险管理的过程包括5个主要步骤：识别各种重要风险→衡量潜在的损失频率和损失程度→开发并选择适当的风险管理方法→实施所选定的风险管理方法→持续地对风险管理方法的适用性进行监督。

【出处】《房地产经纪业务操作》(第四版) P174

3.【答案】B

【解析】处分按份共有的不动产需要得到三分之二份额的按份共有人的同意，处分共同共有的不动产，需要全体共同共有人的同意。

【出处】《房地产经纪业务操作》(第四版) P138~139

4.【答案】B

【解析】信息的审核是保证交易顺利完成、减少纠纷的重要保证，因此必须引起房地产经纪人的重视。

【出处】《房地产经纪业务操作》(第四版) P142

5.【答案】B

【解析】结合实际的业务情况，经纪服务合同加盖的印章，可以是机构的公章，也可以是机构的合同专用章。

【出处】《房地产经纪业务操作》(第四版) P170

6.【答案】B

【解析】电话承诺不属于书面形式。

【出处】《房地产经纪业务操作》(第四版) P170

7.【答案】ABCE

【解析】电话接待流程主要有：问候、回答咨询、记录来电者基本信息、感谢来电者和信息录入。

【出处】《房地产经纪业务操作》(第四版) P135

8.【答案】ABDE

【解析】房屋的物理属性主要有：居室、建筑面积与各房间面积、建筑年代、楼层、朝向、装修状况与装修造价、室内净高、房屋装修时是否曾经进行改动、煤气/天然气是否入户、供暖方式、建筑形态等。

【出处】《房地产经纪业务操作》(第四版) P137

9.【答案】ABD

【解析】房屋的出售条件信息内容主要有：①出售价格；②付款方式；③出售原因；④交房时间；⑤当前居住状况（空置/居住/出租）；⑥家具、家电；⑦随房产一并转移的室内配套设施；⑧价格协商余地；⑨影响交易的其他因素（如唯一住房、购入时间、购入成本）等。C、E选项属于房屋权属状况调查的信息内容。

【出处】《房地产经纪业务操作》(第四版) P137

10.【答案】ABCD

【解析】如果房地产经纪人承接了"无房本单子"，需要注意可能发生的三类风险：①不动产权证申领后，业主隐瞒事实，恶意出售给第三人，导致买房人无法取得该房屋。

② 不动产权证申领后，业主恶意违约，拒绝再出售房屋，客户面临一定的损失。③ 不动产权证因种种原因迟迟不能申领，按照我国法律规定，客户对所购房屋仅享有占有和使用权利，客户对所购房屋享有的完全所有权及其权利无法得到保障。

【出处】《房地产经纪业务操作》（第四版）P139～140

11.【答案】CD

【解析】结合实际的业务情况，经纪服务合同加盖的印章，可以是机构的公章，也可以是机构的合同专用章，A 选项错误；房地产经纪服务合同应由从事该业务的一名房地产经纪人或两名房地产经纪人协理签名，B 选项错误；房地产经纪服务合同应以书面形式签订，E 选项错误。

【出处】《房地产经纪业务操作》（第四版）P170

第五章　存量房交易配对与带客看房

【章节导引】

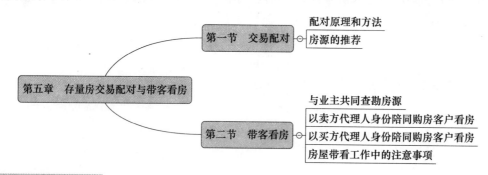

【章节核心知识点】

核心知识点1：配对原理和方法

1. 交易配对原理

配对的方法基本有两种：一是以房源为基础，以客户需求为标准，房地产经纪人围绕客户需求将多套房源逐一与之相匹配的过程（即一个客户去匹配多套房源）；另一种是以客户为基础，以房源特性为标准，房地产经纪人围绕房源特性将多个客户逐一与之相匹配的过程（即一套房源去匹配多个客户）。

房源与客源匹配次数模拟表

经纪机构	房源数量（套）	客源数量（个）	匹配次数（次）
甲	50	100	5000
乙	101	50	5050
丙	99	50	4950

2. 交易配对步骤

房地产经纪人交易配对的步骤为：列出已有客户名单→按购买意向排序→按客户购买力排序→选定适合购买此房的客户→逐一推荐给售房客户，并约定看房。

房地产经纪人在进行配对时应注意三个核心问题，即房源信息、客户信息和工作效率。

1.（单选题）房地产经纪人在进行交易配对时，匹配的次数是由（　　）决定的。
　　A. 客源量　　　　　　　　　B. 房源量和客源量之和

C. 房源量　　　　　　　　D. 房源量和客源量之积

【答案】D

【解析】房源与客源匹配次数模拟表可以得出，匹配次数等于房源数量（套）和客源数量（个）之积。

【出处】《房地产经纪业务操作》（第四版）P177

2.（单选题）房地产经纪人交易配对的步骤包括：① 按客户购买力排序；② 选定适合购买此房的客户；③ 逐一推荐给售房客户，并约定看房；④ 列出已有客户名单；⑤ 按购买意向排序。其中正确的顺序为（　　）。

A. ④⑤①②③　　　　　　B. ④①⑤②③
C. ①②③④⑤　　　　　　D. ②①⑤④③

【答案】A

【解析】房地产经纪人交易配对的步骤为：列出已有客户名单→按购买意向排序→按客户购买力排序→选定适合购买此房的客户→逐一推荐给售房客户，并约定看房。

【出处】《房地产经纪业务操作》（第四版）P178

3.（单选题）房地产经纪人在进行交易配对时应注意的核心问题不包括（　　）。

A. 房源信息　　　　　　　B. 客户信息
C. 展示自己的专业知识　　D. 工作效率

【答案】C

【解析】房地产经纪人在进行配对时应注意三个核心问题——房源信息、客户信息和工作效率。

【出处】《房地产经纪业务操作》（第四版）P178

核心知识点2：房源推荐的技术要点

配对过程中，房地产经纪人推荐房源是关键环节，特别是对客户而言，向其推荐房源关系到客户能否购买到既满足其住房需求又符合其经济承受能力的住房。因此，房地产经纪人在推荐房源时要考虑以下四个技术要点：

第一，对房源信息进行列表。

第二，房地产经纪人向委托人客观介绍房源的优缺点。

第三，对供求双方的情况和需求预先熟悉掌握的前提之下，向客户提出经纪人的专业观点。

第四，向遴选出的房源业主致电，进一步了解房源信息的同时，也可通过电话判断该房源现在是否已经成交以及业主比较方便的看房时间。

1.（单选题）房源配对过程中，关键环节是（　　）。

A. 对房源信息进行列表　　B. 推荐房源
C. 介绍房源　　　　　　　D. 提出专业观点

【答案】B

【解析】房源配对过程中，房地产经纪人推荐房源是关键环节。

【出处】《房地产经纪业务操作》（第四版）P179

2.（单选题）在配对过程中，房地产经纪人向客户推荐房源的要点不包括（　　）。
  A. 将房源信息列表后向客户推荐　　B. 向客户提出自己的专业观点
  C. 事先向客户收取信息服务费　　D. 向委托人介绍房源的优缺点

【答案】C

【解析】经纪人在推荐房源时应考虑以下几个技术要点：对房源信息进行列表；房地产经纪人向委托人介绍房源的优缺点；对供求双方的情况和需求预先熟悉掌握的前提之下，向客户提出经纪人的专业观点；向遴选出的房源业主致电，进一步了解房源信息的同时，也可以通过电话判断该房源现在是否已经成交以及业主比较方便的看房时间。

【出处】《房地产经纪业务操作》（第四版）P180

核心知识点3：以卖方代理人身份陪同购房客户看房步骤

1. 预约看房时间和设计看房路线

如果客户对房地产经纪人推荐的房屋比较感兴趣，经纪人要与购房意向较迫切的客户约好看房时间，一同实地看房，目的是让客户对房源状况进行实地了解。房地产经纪人要与客户提前约定看房时间。房地产经纪人要与交易双方约定具体的看房时间，比如上午10点或下午6点等，不要大概约定"明天看房"，否则容易造成互相等待，耽误时间。与实际看房时间相隔一天以上的，需要在看房前再次与业主和客户确定。约定地点要准确，尽量与客户约定在人流少、有明显标志物的地点见面，引导客户以最便捷的方式到达。

2. 向客户沿途讲解房源周边设施

在看房当天，经纪人出发前再次与客户确认好联系方式及约定时间、地点。业主尽量能在看房当天在家中接待客户。房地产经纪人要充分利用这宝贵的从门店到房源的时间，这是房地产经纪人建立自我形象、展示个人专业能力、宣传企业品牌、了解客户需求的一个绝妙机会。

3. 主导看房过程

房地产经纪人要按照《房屋状况说明书》上的相关内容向购房客户介绍房屋产权和使用现状。房地产经纪人要主导看房过程，使双方认可自己的专业水平。在这个过程中注意要引导客户的视线和思维，并提醒客户可能轻视或忽略的优点。房地产经纪人还要有意识地提起客户的背景话题，如从事职业、家庭人口、教育程度等，从而判断对方是否是本房源的目标客户。房地产经纪人要将所展示的房屋优缺点尽量列在表上，针对优点款款道来；而当客户提出缺点时，也能客观回答，分析利弊。房地产经纪人要替业主回答一些客户关心的问题，如房屋年代、结构、邻里关系、物业服务、供暖、停车、社区环境等。

1.（多选题）为实现顺利带客户看房，房地产经纪人在带看前应向业主提示的注意事项有（　　）。
  A. 通知业主准备好产权证、室内平面图及物业管理公约

B. 在看房过程中不要过多地与购房人进行交流
C. 如果是空房，业主也必须亲自陪同看房
D. 利用家具、家电掩盖房屋裂缝等缺陷
E. 对购房人提出的挑剔问题不要做辩解

【答案】ABE
【解析】对于房屋的缺陷经纪人需要提示业主进行修复而非掩盖；如果是空房，业主则不必亲自陪同看房，签署钥匙委托协议后，由房地产经纪人负责即可。
【出处】《房地产经纪业务操作》（第四版）P182

2. （单选题）下列房地产经纪人带客户看房的做法中，错误的是（　　）。
A. 进入房间时穿鞋套
B. 向业主询问一些客户关心的问题
C. 征得业主同意后打开卧室门邀请客户进入
D. 在门外等候，让客户自由看房

【答案】D
【解析】看房过程中，房地产经纪人要主导看房过程，期间向客户介绍不同居室的情况，提醒客户可能轻视或遗忘的房屋优点，同时让客户关注缺点，不可让客户自行查看。
【出处】《房地产经纪业务操作》（第四版）P185

核心知识点4：以买方代理人身份陪同购房客户看房步骤

1. 合理安排和掌握看房时间

与客户看房，除了要提前预约外，在安排看房时间方面，还有注意以下两点：首先，要确认客户能有多少时间看房，然后根据客户的时间长度准备备选房源及看房的顺序，列出待看房源清单，计算合理的看房交通时间，以作顺畅安排。其次，最好安排客户在某一集中的时段连续看几套房，如周末时间比较宽裕。

2. 注重看房细节

① 熟悉房源所在商圈的特点和优势；② 客观展示房源的优缺点。如果是买方客户的独家代理人，房地产经纪人一天与购房者看房不应该超过5套，即"一带多看"不能超过5套；③ 带上必要工具。每次看房前应准备一个专业文件夹，避免携带私人手袋，给客户一个专业形象。

3. 看房过程中注重双向沟通

如果客户最终对带看的房源不满意或因为价格等原因无法实现成交，经纪人要重新为其寻找或推荐新的房源。一方面，可以从房地产经纪人掌握的房源信息中进行匹配，满足客户的房屋需求；另一方面，如果客户对所看房源有犹豫和不确定，要分析房源的优势和劣势，为什么客户对所看房源不满意，再从更大的范围内为客户寻找适合的房源。

4. 做好看房后记录和收取定金工作

有的客户对所看房源十分满意，甚至会在看房现场向业主提交一部分定金，锁定房源。如有客户还价，则应与业主进行友好的商量沟通，在反馈过程中，跟业主累积良好的关系。如果客户看房后不满意，则对客户的购房需求进一步分析，再次配对带看直到满意

为止。如果客户对房屋带看结果满意,则经纪人需再次核查业主房屋产权状况,确认是否可以交易;同时还要再次确定客户是否具备购买条件。

(多选题)下列关于以买方代理人身份陪同购房客户看房的说法,正确的有( )。
　　A. 客观展示房源的优缺点
　　B. 合理安排和掌握看房时间
　　C. 看房时房地产经纪人要单向沟通
　　D. 做好看房后记录和收取定金工作
　　E. 如果是买方客户的独家代理人,房地产经纪人一天与购房者看房不应该超过5套
【答案】ABDE
【解析】以买方代理人身份陪同购房人看房需要注意的问题包括:① 合理地安排和掌握看房时间;② 注意看房细节(熟悉房源在商圈的特点和优势、客观展示房源的优缺点、带上必要工具);③ 看房过程中注重双向沟通;④ 做好看房后记录和收取定金工作。C选项错误,看房时,房地产经纪人必须双向沟通,言行要得体。
【出处】《房地产经纪业务操作》(第四版)P186

核心知识点5:房屋带看工作中的注意事项

小核心知识点5-1:做好带看后回访工作
房地产经纪人带客看房后,应着重做好以下三方面的工作:
(1)做好回访前的准备;
(2)确定客户看房结果;
(3)分析客户行动,引导购房客户签署购房确认书。购房客户完成购房行动不是一蹴而就的事情,房地产经纪人撮合买卖成交也是一个缓慢的过程。经纪人应该细心地观察客户的行为,从中获得客户拒绝还是同意购买的蛛丝马迹。

购房客户看房结果列举

顾客态度	房地产经纪人对策
不满意	首先,询问不满意之处并做好记录; 其次,分析房源优缺点,客户的承受能力; 最后,进一步明确客户的购房需求
基本满意还要考虑	房子本身的问题或缺陷没能完全达到客户的要求,经纪人应及时找到问题的关键,逐一进行解决
房子满意,但嫌贵	及时了解客户在价格上的心理底线
满意	客户一般仍然会继续讨论价格

1.(单选题)客户完成购房行动一般不是一蹴而就的事情,房地产经纪人细心地观察购房人的行为,从中获取购房人拒绝还是同意购买的蛛丝马迹,这种行为是( )。
　　A. 抓住成交机会　　　　　　　　B. 分析客户的心理

C. 分析客户的行动　　　　　　D. 引导客户做出购买决策

【答案】C

【解析】分析客户行动，引导购房客户签署购房确认书。客户完成购房行动一般不是一蹴而就的事情，房地产经纪人员撮合买卖成交也是一个缓慢的过程。经纪人应该细心观察购房客户的行动，从中获得客户拒绝还是同意购买的蛛丝马迹。

【出处】《房地产经纪业务操作》（第四版）P188

2.（单选题）若购房客户对所有看过的房源均不满意，房地产经纪人应（　　）。

A. 了解客户的单位性质　　　　B. 了解客户生活规划
C. 重新分析客户购房需求　　　D. 研究客户家庭收入状况

【答案】C

【解析】若房地产经纪人员对所有看过的房源均不满意，房地产经纪人员应询问不满意之处并做好记录，分析房源优缺点、客户的承受能力，进一步明确客户的购房需求。

【出处】《房地产经纪业务操作》（第四版）P188

小核心知识点 5-2：引导客户做出决策

引导客户做出购买决策是整个销售过程的重要部分。

房地产经纪人在与客户洽谈过程中，通过自己的真诚和专业服务，建立起客户对自己的信心。

引导客户做出购买决策的方法

技巧	适用条件	具体方法
假设法	前期准备十分充分、客户看中房子、已下决心购房（租房）、购房时机成熟	经纪人提问："我们可以先向卖方支付2万元购房定金，您看这个数额高不高？"
总结法	已经遴选了多处房源	经纪人提示："您买这套房太值得了，可享受某某医院的健康体检服务。"
直接法	购房者具有丰富的购房经验，偏好固定，或者急于购房，房源（价格）符合客户需求	经纪人提示："您看我们明天签购房合同吧，您能安排一下时间吗？"
对比法	接触很长时间，了解客户需求，参观了多套房源	经纪人提示："您看这几套房源中，您看中哪套了？"并与客户对每套房源详细分析
重点突破	仅有一个缺陷不满足客户意愿	重点突破难点，找到解决办法
善意威胁	客户主意拿不定、拖延了很长时间	经纪人提示："您如果还不签署认购书，这套房明天要被另外的客户买走了。"

（单选题）房地产经纪人向客户询问"您看我们明天签购房合同吧，您能安排一下时间吗？"，其使用的引导客户做出购买决策的方法是（　　）。

A. 总结法　　　　　　　　　　B. 假设法
C. 对比法　　　　　　　　　　D. 直接法

【答案】D

【解析】在购房者经验丰富，偏好固定，或者急于购房，房源（价格）符合客户需求的情况下，可以采用直接法引导客户做出购买决策。

【出处】《房地产经纪业务操作》(第四版) P189

小核心知识点 5-3：充分展示房地产经纪人员和团队能力

1. 房地产经纪人个人能力与优势

经纪人个人能力与优势通常可以表现为：知识渊博、工作努力、责任感强、为人诚实、训练有素、资源丰富、经验丰富、本地区业务优势、善于合作、关注细节等。

经纪人以往的个人业绩表现是展示经纪人实力的最佳证据。

2. 房地产经纪人所属团队的竞争优势

房地产经纪人所属团队的合作精神、专业实力、品牌形象、公司规模、知名度、市场占有率、广告宣传力度、店面形象、公司的推荐业务量等竞争优势，不仅提升经纪人的形象，而且也是促成经纪服务交易达成的重要保证。

3. 房地产经纪人优势将给业主带来显著利益

将经纪人个人能力与团队优势转化为业主的利益，是经纪人要掌握的一项谈判技能，称为 FB 法则。

1.（单选题）展示房地产经纪人实力的最佳证据是（　　）。
  A. 专业能力　　　　　　　　B. 对房地产市场的了解
  C. 经纪人以往的个人业绩表现　　D. 公司知名度
【答案】C
【解析】经纪人以往的个人业绩表现是展示经纪人实力的最佳证据。
【出处】《房地产经纪业务操作》(第四版) P190

2.（单选题）房屋带看过程中，将经纪人个人能力与团队优势转化成（　　），是经纪人要掌握的一项谈判技能。
  A. 客户的利益　　　　　　　　B. 业主的利益
  C. 经纪公司的利益　　　　　　D. 经纪人员的利益
【答案】B
【解析】将经纪人个人能力与团队优势转化为业主的利益，是经纪人要掌握的一项谈判技能，称为 FB 法则。
【出处】《房地产经纪业务操作》(第四版) P190

小核心知识点 5-4：看房时间和突发事件处理

最好不要在房屋里谈价格，并且要事先和业主、客户沟通好。看的时间不宜过长，一般控制在 10~15 分钟为宜，同时要提醒客户不宜在房屋内评价房屋，尤其是房屋的缺点。

看房时可能会出现一些突发事件，房地产经纪人对突发事件要有处理预案，应该沉着应对。一般有两种突发事件：

第一种，业主/客户未按约定时间到或者失约。

首先，及时向另一方解释；

其次，找到合适的话题与先到的一方交谈；

同时，如确定业主不能来，可以向客户推荐附近的房子，但条件要相近或更好；如确定客户不能来或约好的客户临时决定不想买房了，可以联系同事，让其带其他客户来看房。如果没有客户看房，应亲自或安排同事去业主家登门致歉，说明情况。

另外，切忌在一方面前发泄对另一方的不满。

第二种，房屋实际情况与业主介绍的不符。

一方面，真诚道歉，征得客户的谅解；

另一方面，婉转地让业主做出让步。

（多选题）看房时可能会出现一些突发事件，经纪人要对突发事件有处理预案，当房屋实际情况与业主介绍的不符，房地产经纪人应当采取的措施包括（　　）。

　　A. 向客户推荐附近的房子，但条件要相近或更好
　　B. 真诚道歉，征得客户的谅解
　　C. 找到合适的话题与客户进行交谈
　　D. 婉转地让业主做出让步
　　E. 在一方面前发泄对另一方的不满

【答案】BD

【解析】房屋实际情况与业主介绍的不符经纪人应采取的措施为：一方面，真诚道歉，征得客户的谅解；另一方面，婉转地让业主做出让步。

【出处】《房地产经纪业务操作》（第四版）P190

小核心知识点 5-5：约看过程中防止跳单

根据《民法典》第九百六十五条的规定"委托人在接受中介人的服务后，利用中介人提供的交易机会或者媒介服务，绕开中介人直接订立合同的，应当向中介人支付报酬"。

作为房地产经纪机构和经纪人来说，需要通过合理的方法预防"跳单"行为的出现，概括起来分以下三个方面：

第一，看房前，事先告知跳单的危害。在看房前，应请客户在《看房确认书》上签字确认。

第二，看房时，如果出现跳单征兆，房地产经纪人一定要果断制止。

第三，在看房全过程中，房地产经纪人应寻求业主配合。

（单选题）为防止跳单，房地产经纪人带客户看房时的做法，错误的是（　　）。

　　A. 看房前向双方告知"跳单"行为的危害
　　B. 看房前请客户签字确认《看房确认书》
　　C. 婉转劝告并制止业主与购房人互换名片
　　D. 对业主与购房人互相添加微信的行为进行拍照取证

【答案】D

【解析】经纪人应该全程陪同客户看房，注意不要当着客户的面念出业主的电话号码。看房过程中，房地产经纪人要及时制止双方交换联系方式，也尽量不要让业主和客户面对面添加社交软件。如果业主与客户要添加社交软件，房地产经纪人最好以温和但坚定的口气当面制止，并告知这可能导致后期的跳单行为，这样的做法是违反委托代理关系的。尽

量避免双方单独在一起进行交谈，避免客户使用业主的手机或房屋电话等，避免双方同时离开。

【出处】《房地产经纪业务操作》（第四版）P191

【真题实测】

一、单选题（每题的备选答案中只有1个最符合题意）。

1. 为提高房源和客源的配对效率，房地产经纪机构除了掌握房源信息外，还应掌握（　　）。
   A. 客户类型　　　　　　　　B. 客户需求
   C. 客户身份　　　　　　　　D. 客户收入

2. 为预防"跳单"，房地产经纪人在带领客户实地看房过程中，可采用的方法是（　　）。
   A. 派人全程跟踪客户　　　　B. 向客户预收看房费
   C. 威胁或恐吓客户"跳单"的后果　D. 事先向客户告知"跳单"的危害

3. 下列房地产经纪人带客看房所做的准备中，不恰当的是（　　）。
   A. 将见面地点约在带看住房的单元门前
   B. 带看前准备好鞋套、卷尺、计算器等用品
   C. 约好看房时间
   D. 选定能展示房源环境优势的看房路线

4. 针对客户实地看房后认为"房源基本满意，但还要考虑"的情形，房地产经纪人应采取的对策是（　　）。
   A. 分析房源的优缺点　　　　B. 明确客户的购房动机
   C. 了解客户的兴趣爱好　　　D. 找到客户关注的问题

5. 房地产买卖市场均衡时，房地产经纪机构撮合成交概率最高的情形是（　　）。
   A. 90个房源，110个客户　　B. 100个房源，100个客户
   C. 300个房源，10个客户　　D. 20个房源，200个客户

6. 房地产经纪人遇到看房过程中业主或者客户的爽约行为时，错误的应对方式是（　　）。
   A. 客户爽约，去业主家说明情况，并表示对客户的不满
   B. 业主爽约，可向客户推荐附近合适的房源
   C. 客户爽约立即联系其他客户看房
   D. 业主或者客户失约，及时向另一方解释道歉

7. 房地产经纪人进行房客源配对时，需注意解决的核心问题中，不包括（　　）。
   A. 准确把握客户需求信息　　B. 尽量全面深入地了解和挖掘房源信息
   C. 及时匹配，提高效率　　　D. 房源信息的可视化

8. 房地产经纪人处理看房客户回访结果时，错误的做法是（　　）。
   A. 若客户不满意，暂时搁置，等待时机
   B. 若客户满意，则再次核实房地产产权状况，积极推进

C. 若客户满意，则再次核实客户的购房条件，积极推进

D. 若客户不满意，征询其原因，调整带看房源

二、多选题（每题的备选答案中有 2 个或 2 个以上符合题意）

9. 房地产经纪人向购房客户介绍房源的优缺点时，做法正确的有（   ）。

   A. 客观描述房源卖点

   B. 注意房源的真实性

   C. 重点介绍与客户需求有关的房屋信息

   D. 只介绍房源优点、不介绍缺点

   E. 对客户疑问提出专业意见

10. 房地产经纪人带客看房是为了（   ）。

    A. 降低业主售价期望值　　　　　B. 激发客户对房源的兴趣

    C. 了解客户真正需求　　　　　　D. 刺激客户提高购房预算

    E. 让客户对房屋产生切身感受

【真题实测答案】

1.【答案】B

【解析】房地产经纪人在接受了委托后，需要为业主的待售房产积极寻找购房客户；同时也根据客户需求，迅速为客户匹配合适的房源。

【出处】《房地产经纪业务操作》（第四版）P176

2.【答案】D

【解析】预防跳单的做法有：看房前，事先告知跳单的危害；看房时，如果出现跳单征兆，房地产经纪人一定要果断制止；在看房全过程中，应寻求业主的配合。

【出处】《房地产经纪业务操作》（第四版）P191

3.【答案】A

【解析】房地产经纪人要与交易双方约定具体的看房时间。约定地点要准确，尽量与客户约定在人流少、有明显标志物的地点见面，引导客户以最便捷的方式到达。约见的地点最好是在经纪门店。房地产经纪人出发前应对所看房屋及行车路线尽可能多地熟悉，可向业主咨询行车路线，设计最佳看房路线并将看房路线准确告诉客户。

【出处】《房地产经纪业务操作》（第四版）P183

4.【答案】D

【解析】针对客户实地看房后认为"房源基本满意，但还要考虑"的情形，房地产经纪人应采取的对策是房子本身的问题或缺陷没能完全达到客户的要求，经纪人应及时找到问题的关键，逐一进行解决。

【出处】《房地产经纪业务操作》（第四版）P188

5.【答案】B

【解析】撮合匹配的次数＝房源数量×客源数量，匹配次数越高成交概率越高，故 100 个房源×100 个客户＝10000 次匹配，成交概率最高。

【出处】《房地产经纪业务操作》（第四版）P176～177

6.【答案】A

【解析】遇到业主/客户未按约定时间到或者失约的情况，首先，及时向另一方解释；其次，找到合适的话题与先到的一方交谈；同时，如确定业主不能来，可以向客户推荐附近的房子，但条件要相近或更好；如确定客户不能来或约好的客户临时决定不想买房了，可以联系同事，让其带其他客户来看房。如果没有客户看房，应亲自或安排同事去业主家登门致歉，说明情况。另外，切忌在一方面前发泄对另一方的不满。

【出处】《房地产经纪业务操作》（第四版）P190

7.【答案】D

【解析】房地产经纪人在进行配对时应注意三个核心问题：① 掌握大量可靠的房源信息，尽可能多地挖掘房源信息；② 了解客户需求信息，以客户需求为中心；③ 提高工作效率。

【出处】《房地产经纪业务操作》（第四版）P178~179

8.【答案】A

【解析】如果客户看房后不满意，则对客户的购房需求进一步分析，再次配对带看直到满意为止。如果客户对房屋带看结果满意，则经纪人需再次核查业主房屋产权状况，确认是否可以交易；同时还要再次确定客户是否具备购买条件。确认产权人的房屋产权和购房客户资格无误后，房地产经纪人可以与买卖双方进行房屋价格协商，直至达成合理交易价格。

【出处】《房地产经纪业务操作》（第四版）P187~188

9.【答案】ABCE

【解析】D 选项表述错误，经纪人向客户介绍房源时，应介绍房屋的优缺点，不能只介绍优点，不介绍缺点。

【出处】《房地产经纪业务操作》（第四版）P179~180

10.【答案】BCE

【解析】带客户实地看房的目的是让客户对房屋有切身感觉，让客户对房源进行了解，激发客户对房源的兴趣，促成交易。另一方面也是通过看房了解客户的真正需要，进行面对面的沟通与交流，为下次帮客户找到合适房源做好准备工作。

【出处】《房地产经纪业务操作》（第四版）P181

【章节小测】

一、单选题（每题的备选答案中只有1个最符合题意）

1. 下列关于"跳单"行为的说法，错误的是（　　）。
   A. 对于"跳单"行为房地产经纪人应在保留证据的前提下，通过法律途径维护自己的合法权益
   B. 在房地产经纪业务中比较常见
   C. 为了预防"跳单"，看房前房地产经纪人可以事先告知跳单的危害
   D. 绕开中介人直接订立合同的，不用向中介人支付报酬

2. 房地产经纪人在带领客户看房前，应（　　）。
   A. 签订看房确认书　　　　　　B. 收取意向金
   C. 收取看房费　　　　　　　　D. 答应客户的全部要求

3. 在房屋带看工作的注意事项中，整个销售过程最重要的部分是（　　）。
   A．购买价格的撮合
   B．客观展示房源的优缺点
   C．引导客户做出购买决策
   D．充分展示房地产经纪人个人和团队的能力
4. 房地产销售过程中，针对客户拿不定主意，拖很长时间的情况，应采取（　　）引导客户做出购买决策。
   A．假设法　　　　　　　　　B．对比法
   C．重点突破法　　　　　　　D．善意威胁法
5. 房地产销售过程中，针对仅有一个缺陷不满足客户意愿，应采取（　　）引导客户做出购买决策。
   A．直接法　　　　　　　　　B．总结法
   C．重点突破法　　　　　　　D．善意威胁法
6. 房地产经纪人在工作经中进行交易配对工作的第一个步骤是（　　）。
   A．按购买意向排序　　　　　B．按客户购买力排序
   C．列出已有客户名单　　　　D．选定适合购买此房的客户
7. 以买方代理人的身份陪同购房者看房时应注意的问题不包括（　　）。
   A．合理安排和掌握看房时间　B．展示房源的优缺点
   C．做好看房后记录　　　　　D．注意沿途讲解

二、多选题（每题的备选答案中有 2 个或 2 个以上符合题意）

8. 房地产经纪人在推荐房源时应考虑的技术要点不包括（　　）。
   A．掌握大量可靠的房源信息　B．对房源信息进行列表
   C．向客户收取看房费　　　　D．介绍房源优缺点
   E．提出专业观点
9. 以买方代理人的身份陪同购房者看房时应注意（　　）。
   A．合理安排和掌握看房时间　B．带上必要工具
   C．展示房源的优缺点　　　　D．注意沿途讲解
   E．做好看房后记录
10. 带客看房时，如果业主失约了，房地产经纪人应当采取的措施包括（　　）。
    A．向客户推荐附近的房子，但条件要相近或更好
    B．在一方面前发泄对另一方的不满
    C．找到合适的话题与客户进行交谈
    D．真诚道歉，征取客户的谅解
    E．婉转地让业主做出让步
11. 为防止"跳单"，房地产经纪人带客户看房时的做法，正确的有（　　）。
    A．当着客户的面念出业主的电话号码
    B．看房前请客户签字确认《看房确认书》
    C．婉转劝告并制止业主与购房人互换名片
    D．看房前向双方告知"跳单"行为的危害

E. 对业主与购房人互相添加微信的行为进行拍照取证

【章节小测答案】

1.【答案】D

【解析】根据《民法典》第九百六十五条的规定"委托人在接受中介人的服务后，利用中介人提供的交易机会或者媒介服务，绕开中介人直接订立合同的，应当向中介人支付报酬"，委托人即使发生了"跳单"行为，也要向房地产经纪人支付房地产经纪服务费。

【出处】《房地产经纪业务操作》（第四版）P190～191

2.【答案】A

【解析】房地产经纪人员在带领客户看房前，应请客户在《看房确认书》上签字确认。

【出处】《房地产经纪业务操作》（第四版）P191

3.【答案】C

【解析】引导客户做出购买决策是整个销售过程的重要部分。房地产经纪人与客户的洽谈过程中，通过自己的真诚和专业服务，建立起客户对自己的信心。

【出处】《房地产经纪业务操作》（第四版）P189

4.【答案】D

【解析】引导客户做出购买决策的方法中，善意威胁法是针对客户拿不定主意，拖延了很长时间的情况。

【出处】《房地产经纪业务操作》（第四版）P189

5.【答案】C

【解析】引导客户做出购买决策的方法中，仅有一个缺陷不满足客户意愿的情况适用重点突破法，即重点突破难点，找到解决办法。

【出处】《房地产经纪业务操作》（第四版）P189

6.【答案】C

【解析】房地产经纪人交易配对的步骤为：列出已有客户名单→按购买意向排序→按客户购买力排序→选定适合购买此房的客户→逐一推荐给售房客户，并约定看房。

【出处】《房地产经纪业务操作》（第四版）P178

7.【答案】D

【解析】以买方代理人身份陪同购房人看房需要注意的问题包括：① 合理地安排和掌握看房时间；② 注意看房细节（熟悉房源在商圈的特点和优势、客观展示房源的优缺点、带上必要工具）；③ 看房过程中注重双向沟通；④ 做好看房后记录和收取定金工作。

【出处】《房地产经纪业务操作》（第四版）P186～188

8.【答案】AC

【解析】房地产经纪人员在推荐房源时应考虑以下几个技术要点：第一，对房源信息进行列表；第二，房地产经纪人员向委托人介绍房源的优缺点；第三，对双方的情况和需求预先熟悉掌握的前提之下，向客户提出经纪人员的专业观点；第四，向遴选出的房源业主致电，进一步了解房源信息的同时，也可以通过电话判断该房源现在是否已经成交以及业主比较方便的看房时间。

【出处】《房地产经纪业务操作》（第四版）P179～180

9.【答案】ABCE

【解析】以买方代理人身份陪同购房人看房：① 合理地安排和掌握看房时间；② 注意看房细节（熟悉房源在商圈的特点和优势、客观展示房源的优缺点、带上必要工具）；③ 看房过程中注重双向沟通；④ 做好看房后记录和收取定金工作。

【出处】《房地产经纪业务操作》（第四版）P186～188

10.【答案】AC

【解析】业主／客户未按约定时间到或者失约。首先，及时向另一方解释；其次，找到合适的话题与先到的一方交谈；同时，如确定业主不能来，可以向客户推荐附近的房子，但条件要相近或更好；如确定客户不能来或约好的客户临时决定不想买房了，可以联系同事，让其带其他客户来看房。如果没有客户看房，应亲自或安排同事去业主家登门致歉，说明情况。另外，切忌在一方面前发泄对另一方的不满。

【出处】《房地产经纪业务操作》（第四版）P190

11.【答案】BCD

【解析】作为房地产经纪机构和经纪人来说，需要通过合理的方法预防"跳单"行为的出现，概括起来分以下三个方面：第一，看房前，事先告知跳单的危害。在看房前，应请客户在《看房确认书》上签字确认。第二，看房时，如果出现跳单征兆，房地产经纪人一定要果断制止。经纪人应该全程陪同客户看房，注意不要当着客户的面念出业主的电话号码。看房过程中，房地产经纪人要及时制止双方交换联系方式，也尽量不要让业主和客户面对面添加社交软件。如果业主与客户要添加社交软件，房地产经纪人最好以温和但坚定的口气当面制止，并告知这可能导致后期的跳单行为，这样的做法是违反委托代理关系的。尽量避免双方单独在一起进行交谈，避免客户使用业主的手机或房屋电话等，避免双方同时离开。第三，在看房全过程中，房地产经纪人应寻求业主配合。

【出处】《房地产经纪业务操作》（第四版）P191

第六章 存量房买卖交易条件协商

【章节导引】

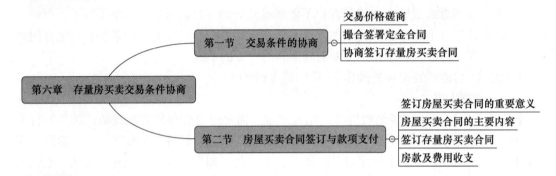

【章节核心知识点】

核心知识点1：交易价格磋商

1. 协商购买价格和付款方式

购买价格的撮合是交易撮合阶段最难的一个过程。在撮合过程中最主要的问题就是价格的磋商。房地产经纪人应该积极协调二者的价差，说服购房客户站在卖方的角度上分析其要价的理由，也要说服业主站在对方的立场上分析其出价的根据。房地产经纪人应该分析双方的价格心理底线，耐心地与买卖双方分别进行协商，最终使二者达成一致。

购买方式的撮合包括付款方式和付款条件。付款方式包括全款购买、商业贷款、公积金贷款和组合型贷款。付款条件指的是在什么时间、什么条件下分别支付多少金额的款项。在价格差距不大的情况下，可以利用付款方式进行撮合。

2. 房地产经纪人在价格磋商中应掌握的原则

首先，分析交易双方的分歧点，区分是主要矛盾还是次要矛盾，经纪人要主导解决双方的分歧，不能让双方自行协调；其次，要依照公平、公正的原则和市场惯例解决分歧；最后，当分歧较大时尝试将双方分开进行协调。

1. （多选题）房地产经纪人在与当事人进行交易条件协商时，其针对当事人交易撮合的操作要点主要包括（　　）。

    A. 区分是主要矛盾还是次要矛盾，经纪人要主导解决双方的分歧
    B. 要以维护房地产经纪机构最大利益为原则解决分歧
    C. 要依照公平、公正的原则和市场惯例解决分歧
    D. 尝试让交易双方自行协调分歧

E. 分析交易双方的分歧点

【答案】ACE

【解析】房地产经纪人在与当事人进行交易条件协商时，其针对当事人交易撮合的操作要点主要包括三个：首先，分析交易双方的分歧点，区分是主要矛盾还是次要矛盾，经纪人要主导解决双方的分歧，不能让双方自行协调；其次，要依照公平、公正的原则和市场惯例解决分歧；最后，当分歧较大时，尝试将双方分开进行协调。

【出处】《房地产经纪业务操作》（第四版）P197

　　2.（单选题）在房地产交易撮合中最主要的问题是（　　）。

　　　A. 房源的真实性　　　　　　B. 佣金的收取
　　　C. 价格的磋商　　　　　　　D.《房屋买卖合同定金的签订》

【答案】C

【解析】购买价格的撮合是交易撮合最难的一个过程，在撮合过程中的主要问题就是价格的磋商。

【出处】《房地产经纪业务操作》（第四版）P193

核心知识点 2：撮合签署定金合同

　　1. 撮合签订定金合同

　　如果客户对所看房源十分满意，房地产经纪人可以建议购房客户与业主签订《房屋买卖定金合同》，并交纳一定金额的定金。

　　当客户已经决定成交时，经纪人不能松懈，必须立即协助业主收取定金，锁定客户，否则客户一出门，就很有可能改变主意。经纪人必须把握好这个环节，以避免前期的跟进前功尽弃。

　　2. 定金的作用

　　根据《民法典》第五百八十六条规定："当事人可以约定一方向对方给付定金作为债权的担保。定金合同自实际支付定金时成立。"

　　《民法典》第五百八十七条规定："债务人履行债务的，定金应当抵作价款或者收回。给付定金的一方不履行债务或者履行债务不符合约定，致使不能实现合同目的的，无权请求返还定金；收受定金的一方不履行债务或者履行债务不符合约定，致使不能实现合同目的的，应当双倍返还定金。"

　　房地产经纪机构要协助业主向买方收取定金并由业主向买方开具收据。如果买卖双方就购房事宜达成一致，在签订了《房屋买卖合同》后，定金可以转为购房款的一部分。

　　根据《民法典》第五百八十六条的规定："定金的数额由当事人约定；但是，不得超过主合同标的额的百分之二十，超过部分不产生定金的效力。"在签署定金买卖合同时，房地产经纪人应告知双方定金数量不能超过房屋总价款的 20%。

　　（单选题）关于房屋交易中定金的说法，错误的是（　　）。

　　　A. 业主违约，客户可以请求双倍返还定金
　　　B. 签订买卖合同后，定金不能抵作购房款

C. 买卖双方在合同中可以不约定定金

D. 定金必须实际支付才适用定金罚则

【答案】B

【解析】如果买卖双方就购房事宜达成一致,在签订了《房屋买卖合同》后,定金可以转为购房款的一部分。

【出处】《房地产经纪业务操作》(第四版)P197

核心知识点 3:签订房屋买卖合同的重要意义

房屋买卖合同的法律特征主要包括:① 出卖人将所出卖的房屋所有权转移给买受人,买受人支付相应的价款;② 房屋买卖合同是诺成、双务、有偿合同;③ 房屋买卖合同的标的物为不动产,其所有权转移必须办理登记手续;④ 房屋买卖合同属于法律规定的要式法律行为。

签订房屋买卖合同的重要意义表现在以下三个方面:一是确立了出卖人与买受人之间的买卖关系和权利义务关系。二是建立了出卖人与买受人之间纠纷和争议的机制。三是标志着房地产经纪活动取得重要进展。

(多选题)房屋买卖合同作为一种特殊的买卖合同,它的法律特征主要包括(   )。

A. 房屋买卖合同的标的物为不动产,其所有权转移必须办理登记手续

B. 属于法律规定的要式法律行为

C. 属于实践合同

D. 属于有偿合同

E. 属于单务合同

【答案】ABD

【解析】房屋买卖合同的法律特征包括:① 出卖人将所出卖的房屋所有权转移给买受人,买受人支付相应的价款;② 房屋买卖合同是诺成、双务、有偿合同;③ 房屋买卖合同的标的物为不动产,其所有权转移必须办理登记手续;④ 房屋买卖合同属于法律规定的要式法律行为。

【出处】《房地产经纪业务操作》(第四版)P203

核心知识点 4:签订存量房买卖合同

1. 再次审核房屋产权信息

在签订房屋买卖合同前,房地产经纪人应再次审核房屋产权信息,包括核实房屋是否有查封、抵押或以其他形式限制房地产权利的情形。房地产经纪人再次核实房屋是否正在出租。如果该房屋已经出租,则需要出售人提供该房屋的承租人出具的在同等条件下放弃优先购买权的声明。

2. 买卖合同签订前的准备工作

(1)再次确认合同条款细节

第一,明确双方异议所在,争取事先沟通好,房地产经纪人要积极帮助双方寻找解决办法。房地产经纪人在完成此环节工作时,一方面,注意避免双方私下交易;另一方面,业主临时涨价或买方二度议价时,经纪人需注意在谈判中一定要掌握主动,控制谈判的节奏,要保持客观冷静的态度,公正,不偏不倚,在出现僵局时要将买卖双方分开说服。

第二,房地产经纪人要设计谈判过程,把握谈判进度和强度,避免双方因重大分歧而发生严重的争执。

第三,房地产经纪人在签约前应与双方确认房屋买卖合同的主要内容,特别是付款方式和房屋交付的条件是否已经达成一致。

第四,履行告知职责。为了保护交易双方的利益以及整个交易过程的顺利进行,在合同签约前房地产经纪人要向交易双方再次确认一些事项是否已经告知,或将重要信息已经披露给相关方。例如,房屋抵押状况或其他权利状况是否已经如实告知,出租房屋是否已经与承租方签订了放弃优先购买权声明书,其他影响房屋价值或使用功能的其他信息。

第五,为交易双方准备好合同文本、收据和签字笔,并告知双方及委托代理人带齐各种身份证件和文件。

(2)证件审查

房地产经纪人需要认真审查的证件包括:不动产权证(房屋所有权证、房屋共有权证、房地产共有权证、国有土地使用权证)、身份证、户口簿、结婚证(或离婚证)、工商营业执照、委托书等必要证件;房地产经纪机构也应出示工商营业执照、备案证书,经纪人出示经纪人资格执业证书。

房地产经纪人如果承接的是无不动产权证的房屋买卖交易业务,在签订房屋买卖合同时需要注意以下几点:① 注明不动产权证领取的时间;② 禁止支付大额定金。③ 在房屋买卖合同中,应写明房屋出售人与房地产开发企业公司签署的商品房买卖合同编号。④ 鉴于无不动产权证交易风险较大,交房后还没取得不动产权证而购房客户要装修房屋,应建议购房客户尽量保留装修的相关票据。

3.签订存量房买卖合同

(1)合同文本讲解

房地产交易合同属于专业合同,一些合同条款需要由房地产经纪人向双方进行必要的解释。

(2)协助双方签订不动产买卖交易合同

订房地产买卖交易合同时,房地产经纪人要提示合同双方注意以下细节:

1)合同的填写应用钢笔或签字笔,涉及钱款金额的数字应注意大小写;

2)合同中关于"房屋所在地"、业主的姓名等有关物业基本内容的栏目必须和不动产权证上注明的一致;

3)查看房屋所有权人的身份证件;

4)合同的签约日期及生效日期一定要注明;

5)在合同填写完毕后,买卖双方及中介方签字盖章;

6)实行网上签约的,应将合同内容录入网上交易系统或者直接在网络系统里签订存量房交易合同，进行房屋买卖合同网签备案。

1. （单选题）房地产经纪人销售工作初步完成的重要标志是（   ）。
   A. 实地看房
   B. 交易撮合
   C. 物业交接的完成
   D. 房屋买卖合同的签订及各种款项的支付

【答案】D
【解析】房地产交易合同的签订及各种款项的支付是房地产经纪人销售工作初步完成的标志。
【出处】《房地产经纪业务操作》（第四版）P205

2. （单选题）在签订房屋买卖合同前，房地产经纪人应再次审核（   ）。
   A. 房屋产权信息   B. 客户的存款状况
   C. 业主的信用情况   D. 客户的教育程度

【答案】A
【解析】在签订房屋买卖合同前，房地产经纪人应再次审核房屋产权信息，包括核实房屋是否有查封、抵押或以其他形式限制房地产权利的情形。
【出处】《房地产经纪业务操作》（第四版）P205

核心知识点 5：房款及费用收支

1. 交割存量房交易房款

房地产买卖的房款支付需要控制风险。取得完税凭证后支付主要房款是稳妥的做法，拿到新不动产权证及最后交接完毕时再支付尾款；或通过银行办理资金托管业务，这是当前最安全的钱款交割方式。

房产买方应将资金存入或转入客户交易结算资金专用存款账户下的子账户，交易完成后，通过转账的方式划入房产卖方的个人银行结算账户。当交易未达成时，通过转账的方式划入房产买方的原转入账户；以现金存入的，转入房产买方的个人银行结算账户。客户交易结算资金专用存款账户不得支取现金。

2. 收取经纪服务费

佣金（中介费）是房地产经纪服务成果的回报，但必须以合法的方式收取。佣金的数额、支付方式、支付时间必须事先告知客户并在书面合同中明确；不可索取佣金之外其他形式的报酬、利益、茶钱等。收取佣金后应该向佣金支付方提供足额发票或收据。

3. 协助办理交纳存量房交易税费

目前，国家对存量房交易开征了契税、营业税、个人所得税、土地增值税等交易税费，而且根据权属性质、物业用途、购买年限的不同，所缴税费亦有所不同，交易税费计算比较复杂。

（单选题）房地产交易未达成时，对于买受人存入房地产经纪机构客户交易结算资金账户的资金，正确的处理方式是（　　）。

　　A. 将资金转入经纪机构账户　　B. 将资金转入买受人银行账户
　　C. 将资金转入卖方银行账户　　D. 提取现金返还买受人

【答案】B

【解析】当交易未达成时，通过转账的方式划入房产买方的原转入账户；以现金存入的，转入房产买方的个人银行结算账户。客户交易结算资金专用存款账户不得支取现金。

【出处】《房地产经纪业务操作》（第四版）P211

【真题实测】

一、单选题（每题的备选答案中只有 1 个最符合题意）。

1. 在房地产交易撮合中，房地产经纪人要解决的最主要问题是交易双方关于（　　）。
　　A. 付款方式　　　　　　　　B. 交房日期
　　C. 成交价格　　　　　　　　D. 税费承担方式

2. 签订不动产交易买卖合同时，合同中关于房屋所在地须和（　　）上注明的一致。
　　A. 不动产权证书　　　　　　B. 户口本
　　C. 身份证　　　　　　　　　D. 工作居住证

3. 房地产经纪人在撮合房地产交易时，针对交易双方的分歧点，做法错误的是（　　）。
　　A. 依照公平公正原则解决分歧　　B. 依照市场惯例解决分歧
　　C. 区分主要问题和次要问题　　　D. 让交易双方自行协调主要分歧

4. 关于签订房屋买卖合同重要意义的说法，错误的是（　　）。
　　A. 确立出售人与买受人的买卖关系
　　B. 明确出售人与买受人之前的权利和义务
　　C. 建立出售人与买受人之前的纠纷解决机制
　　D. 标志房地产经纪人完成本次房地产经纪业务

5. 房地产经纪人协助房屋交易双方签订交易合同时，错误的做法是（　　）。
　　A. 找出交易双方的异议　　　　B. 审查交易双方的证件
　　C. 为交易双方讲解交易合同　　D. 说服买受人承担所有税费

6. 在存量房买卖交易条件协商阶段，房地产经纪人需要处理的关键问题是（　　）。
　　A. 分析看房结果　　　　　　B. 磋商交易价格
　　C. 观察客户行为　　　　　　D. 准备回访资料

7. 房屋买卖合同签订前，房地产经纪人无需告知交易双方的事项是（　　）。
　　A. 承租人已签订了放弃优先购买权声明书
　　B. 房屋的交易记录
　　C. 房屋抵押状况或其他权利限制状况
　　D. 影响房屋价值和使用功能的其他信息

8. 在撮合买卖双方签订存量房买卖合同的过程中，房地产经纪人应该（　　）。
　　A. 专注实际鼓励客户做出购房决定　　B. 在客户做出购房决定后免收定金

C. 让客户自行做出购房决定　　　D. 让买卖双方自行商洽合同条款
9. 买卖双方在签订房屋买卖合同前，房地产经纪人应（　　）。
   A. 向资金出现困难的买方提供资金贷支持
   B. 再次审查卖方的不动产权证书等证明文件
   C. 告知卖方买方的最终心理报价
   D. 重点向买方解释房屋买卖合同中的重要条款
10. 存量房买卖的房款交付方式一般不包括（　　）。
    A. 一次性付款　　　　　　　　B. 以抵押贷款方式付款
    C. 以信用贷款方式付款　　　　D. 分期付款
11. 在讨论存量房买卖合同条款时，对于一些较为敏感的关键性条款，要在适当的时候提出，如果过早提出，就会（　　）。
    A. 提高房屋买卖成交的概率
    B. 让购房客户感觉房地产经纪人在维护卖方利益
    C. 打击客户购买的积极性
    D. 让购房客户或卖方对房地产经纪人产生了信任感
12. 下列房地产经纪人在协助存量房买卖双方磋商价格的做法中，错误的是（　　）。
    A. 分析买卖双方的价格心理底线
    B. 说服买方站在卖方的立场分析其要价的原因
    C. 说服卖方站在买方的立场分析其出价的原因
    D. 用不同的房价走势说服买卖双方各让一步，达成一致

二、多选题（每题的备选答案中有2个或2个以上符合题意）

13. 关于房地产买卖的定金和房款支付，说法正确的有（　　）。
    A. 房地产经纪人可以将客户定金存入个人账户后再转存公司账户
    B. 交易未达成时，以转账的方式转入"客户交易结算资金专用存款账户"下的子账户的资金会划入买方的原转入账户
    C. 交易达成时，以现金方式存入"客户交易结算自信专用存款账户"下的子账户的资金会转入经纪机构的银行结算账户
    D. 客户交易结算资金专用存款账户不得支取现金
    E. 通过银行办理资金托管业务，是非常安全的钱款交割方式
14. 在存量房买卖合同签订前应审查或出示的证件应包括（　　）。
    A. 买卖双方工作证明　　　　B. 不动产权证
    C. 经纪人资格证书　　　　　D. 买卖双方身份证明
    E. 经纪人学历证明

【真题实测答案】

1.【答案】C
【解析】购买价格的撮合是交易撮合阶段最难的一个过程。在撮合过程中最主要的问题就是价格的磋商。
【出处】《房地产经纪业务操作》（第四版）P193

2.【答案】A

【解析】合同中关于"房屋所在地"、业主的姓名等有关物业基本内容的栏目必须和不动产权证上注明的一致。

【出处】《房地产经纪业务操作》(第四版)P208

3.【答案】D

【解析】房地产经纪人在撮合房地产交易时，针对交易双方的分歧点，首先要分析双方的分歧点，区分是主要问题还是次要问题，经纪人要主导解决双方的分歧，不能让双方自行协调。

【出处】《房地产经纪业务操作》(第四版)P197

4.【答案】D

【解析】签订房屋买卖合同的重要意义包括：确立了出售人与买受人之间的买卖关系和权利义务关系；建立了出售人与买受人之间纠纷和争议的机制；标志房地产经纪活动取得重要进展。

【出处】《房地产经纪业务操作》(第四版)P203

5.【答案】D

【解析】买卖合同签订前的准备工作包括：(1)再次确认合同条款细节：① 明确双方异议所在，争取事先沟通好，房地产经纪人要积极帮助双方寻找解决办法；② 房地产经纪人要设计谈判过程，把握谈判进度和强度，避免双方因重大分歧而发生严重的争执；③ 房地产经纪人在签约前应与双方确认房屋买卖合同的主要内容，特别是付款方式和房屋交付的条件是否已经达成一致；④ 履行告知职责；⑤ 为交易双方准备好合同文本、收据和签字笔，并告知双方及委托代理人带齐各种身份证件和文件。(2)证件审查。(3)签订存量房买卖合同：合同文本讲解；协助双方签订不动产买卖交易合同。

【出处】《房地产经纪业务操作》(第四版)P206~208

6.【答案】B

【解析】购买价格的撮合是交易撮合阶段最难的一个过程。在撮合过程中最主要的问题就是价格的磋商。房地产经纪人应该积极协调二者的价差，说服购房客户站在卖方的角度上分析其要价的理由，也要说服业主站在对方的立场上分析其出价的根据。房地产经纪人应该分析双方的价格心理底线，耐心地与买卖双方分别进行协商，最终使二者达成一致。

【出处】《房地产经纪业务操作》(第四版)P193

7.【答案】B

【解析】为了保护交易双方的利益以及整个交易过程的顺利进行，在合同签约前房地产经纪人要向交易双方再次确认一些事项是否已经告知，或将重要信息已经披露给相关方。例如，房屋抵押状况或其他权利状况是否已经如实告知，出租房屋是否已经与承租方签订了放弃优先购买权声明书，其他影响房屋价值或使用功能的其他信息。

【出处】《房地产经纪业务操作》(第四版)P207

8.【答案】A

【解析】如果客户对所看房源十分满意，房地产经纪人可以建议购房客户与业主签订《房屋买卖定金合同》，并交纳一定金额的定金。

【出处】《房地产经纪业务操作》(第四版)P197

9.【答案】B

【解析】买卖合同签订前,除了要再次确认合同条款细节外,还需要对证件信息进行再次审查,包括不动产权证、身份证、户口簿、结婚证等。

【出处】《房地产经纪业务操作》(第四版)P207

10.【答案】C

【解析】存量房的价款一般只有总价,没有单价。价款支付方式一般有三种:以所购存量房抵押贷款的方式付款;一次性付款;分期付款。

【出处】《房地产经纪业务操作》(第四版)P204

11.【答案】C

【解析】房地产经纪人在与交易双方就合同条款商洽时,对于一些较为敏感、关键性的条款,要在适当的时候提出。过早提出,会打击客户购买的积极性;过晚提出,容易导致对经纪人的不信任。

【出处】《房地产经纪业务操作》(第四版)P202

12.【答案】D

【解析】房地产经纪人应该积极协调二者的价差,说服购房客户站在卖方的角度上分析其要价的理由,也要说服业主站在对方的立场上分析其出价的根据。房地产经纪人应该分析双方的价格心理底线,耐心地与买卖双方分别进行协商,最终使二者达成一致。

【出处】《房地产经纪业务操作》(第四版)P193

13.【答案】BDE

【解析】房产买方应将资金存入或转入客户交易结算资金专用存款账户下的子账户,交易完成后,通过转账的方式划入房产卖方的个人银行结算账户。当交易未达成时,通过转账的方式划入房产买方的原转入账户;以现金存入的,转入房产买方的个人银行结算账户。客户交易结算资金专用存款账户不得支取现金。房地产买卖的房款支付需要控制风险。取得完税凭证后支付主要房款是稳妥的做法,拿到新不动产权证及最后交接完毕时再支付尾款;或通过银行办理资金托管业务,这是当前最安全的钱款交割方式。

【出处】《房地产经纪业务操作》(第四版)P211

14.【答案】BCD

【解析】房地产经纪人需要认真审查的证件包括:不动产权证(房屋所有权证、房屋共有权证、房地产共有权证、国有土地使用权证)、身份证、户口簿、结婚证(或离婚证)、工商营业执照、委托书等必要证件;房地产经纪机构也应出示工商营业执照、备案证书,经纪人出示经纪人资格执业证书。

【出处】《房地产经纪业务操作》(第四版)P207

【章节小测】

一、单选题(每题的备选答案中只有1个最符合题意)

1.李某购买刘某一套房屋,双方签订了合同并约定房屋总价为600万元,李某向刘某支付了50万元定金,后李某以房价比市场价格高为由拒绝购买房屋,则定金的处理方法为(   )。

A. 刘某应该返还给李某 100 万元定金

B. 刘某应该返还给李某 50 万元定金

C. 刘某应该返还给李某 25 万元定金

D. 刘某不用将定金返还给李某

2. 在签订存量房买卖合同中，关于房屋所在地、业主的姓名等有关物业基本内容的栏目必须和（　　）。

A. 不动产权证注明的一致　　　　B. 居住证注明的一致

C. 身份证注明的一致　　　　　　D. 护照注明的一致

3. 在房地产交易中，最安全的钱款交割方式是（　　）。

A. 通过银行办理资金托管　　　　B. 买卖双方自行交割

C. 一次性付款　　　　　　　　　D. 分期付款

4. 房地产经纪服务报酬的形式是（　　）。

A. 差价　　　　　　　　　　　　B. 佣金

C. 信息费　　　　　　　　　　　D. 看房费

5. 定金合同的成立时间是（　　）。

A. 双方签订定金合同时　　　　　B. 实际支付定金时

C. 最后一方在合同上签字时　　　D. 双方意思表示一致时

6. 在房地产交易撮合中最难的过程是（　　）。

A. 价格的磋商　　　　　　　　　B. 房源的真实性

C. 客户的购买能力　　　　　　　D. 房地产经纪人的专业能力

二、多选题（每题的备选答案中有 2 个或 2 个以上符合题意）

7. 存量房房屋买卖合同签订前的准备工作主要有（　　）。

A. 提供项目查询服务　　　　　　B. 明确双方异议所在

C. 准备好合同文本　　　　　　　D. 履行告知职责

E. 合同文本讲解

8. 在签订房地产买卖合同时，房地产经纪人需要审查的证件不包括（　　）。

A. 居住证　　　　　　　　　　　B. 不动产权证

C. 身份证　　　　　　　　　　　D. 工作证

E. 户口簿

9. 下列关于定金的说法，正确的有（　　）。

A. 定金实质是为了确保合同的履行

B. 定金数量不能超过房屋总价款的 30%

C. 收受定金一方不履行约定义务的，如数返还定金

D. 收受定金一方不履行约定义务的，双倍返还定金

E. 给付定金一方不履行约定义务的，无权要求返还定金

【章节小测答案】

1.【答案】D

【解析】给付定金的一方不履行债务或者履行债务不符合约定，致使不能实现合同目

的的，无权请求返还定金；收受定金的一方不履行债务或者履行债务不符合约定，致使不能实现合同目的的，应当双倍返还定金。

【出处】《房地产经纪业务操作》（第四版）P201

2.【答案】A

【解析】合同中关于"房屋所在地"、业主的姓名等有关物业基本内容的栏目必须和不动产权证上注明的一致。

【出处】《房地产经纪业务操作》（第四版）P208

3.【答案】A

【解析】房地产买卖的房款支付需要控制风险。取得完税凭证后支付主要房款是稳妥的做法，拿到新不动产权证及最后交接完毕时再支付尾款；或通过银行办理资金托管业务，这是当前最安全的钱款交割方式。

【出处】《房地产经纪业务操作》（第四版）P211

4.【答案】B

【解析】佣金（中介费）是房地产经纪服务成果的回报，但必须以合法的方式收取。

【出处】《房地产经纪业务操作》（第四版）P212

5.【答案】B

【解析】当事人可以约定一方向对方给付定金作为债权的担保。定金合同自实际支付定金时成立。

【出处】《房地产经纪业务操作》（第四版）P201

6.【答案】A

【解析】购买价格的撮合是交易撮合阶段最难的一个过程。在撮合过程中最主要的问题就是价格的磋商。

【出处】《房地产经纪业务操作》（第四版）P193

7.【答案】BCD

【解析】当房地产交易双方对售房和购房全部细节达成一致后，就可以签署房屋买卖交易合同了，在签署合同前，房地产经纪人员应做好以下准备：① 明确双方异议所在，争取事先沟通好，房地产经纪人要积极帮助双方寻找解决办法；② 房地产经纪人要设计谈判过程，把握谈判进度和强度，避免双方因重大分歧而发生严重的争执；③ 房地产经纪人在签约前应与双方确认房屋买卖合同的主要内容，特别是付款方式和房屋交付的条件是否已经达成一致；④ 履行告知职责；⑤ 为交易双方准备好合同文本、收据和签字笔，并告知双方及委托代理人带齐各种身份证件和文件。

【出处】《房地产经纪业务操作》（第四版）P206~207

8.【答案】AD

【解析】房地产经纪人需要认真审查的证件包括：不动产权证（房屋所有权证、房屋共有权证、房地产共有权证、国有土地使用权证）、身份证、户口簿、结婚证（或离婚证）、工商营业执照、委托书等必要证件；房地产经纪机构也应出示工商营业执照、备案证书，经纪人出示经纪人资格执业证书。

【出处】《房地产经纪业务操作》（第四版）P207

9.【答案】ADE

【解析】B 选项中,定金数量不能超过房屋总价款的 20%;C 选项中,收受定金的一方不履行约定义务的,应双倍返还定金。

【出处】《房地产经纪业务操作》(第四版)P197、P201

第七章 存量房租赁经纪业务撮合

【章节导引】

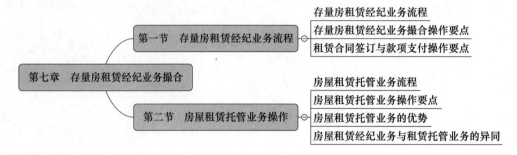

【章节核心知识点】

核心知识点1：存量房租赁经纪业务一般流程

存量房租赁经纪业务流程一般包括客户接待，出租（承租）委托，房源配对，房屋带看，达成交易意向，签订租赁合同，支付租金、押金和佣金，房屋交付八个环节。

1.（单选题）存量房租赁经纪业务的一般流程有以下八个环节：① 出租（承租）委托；② 房源配对；③ 房屋带看；④ 达成交易意向；⑤ 支付租金和佣金；⑥ 客户接待；⑦ 签订租赁合同；⑧ 房屋交付使用。其中正确的顺序是（   ）。

A. ⑥⑤①②③④⑦⑧ B. ⑥①⑤②③④⑦⑧
C. ⑥①②③④⑦⑤⑧ D. ⑥①②③④⑦⑧⑤

【答案】C

【解析】存量房租赁经纪业务流程一般包括客户接待，出租（承租）委托，房源配对，房屋带看，达成交易意向，签订租赁合同，支付租金、押金和佣金，房屋交付八个环节。

【出处】《房地产经纪业务操作》（第四版）P214

2.（单选题）一般来说，在存量房租赁经纪业务流程中，房源配对的下一个环节应该是（   ）。

A. 支付租金和佣金 B. 房屋交付使用
C. 签订租赁合同 D. 房屋带看

【答案】D

【解析】存量房租赁经纪业务流程一般包括客户接待，出租（承租）委托，房源配对，房屋带看，达成交易意向，签订租赁合同，支付租金、押金和佣金，房屋交付八个环节。

【出处】《房地产经纪业务操作》（第四版）P214

核心知识点 2：房屋租赁经纪业务关键环节分析

1. 客户接待

房屋出租客户一旦将房屋出租事项委托给房地产经纪人，房地产经纪人应与出租人签订房屋出租委托书（或房屋出租登记表），并告知出租人房屋租赁经纪服务的内容、收费标准和营销途径。房地产经纪人要对出租的房屋进行查验，编制《房屋状况说明书》（房屋租赁），还需结合区域内出租物业的租金价格行情，与出租人协商确定月租金额，编写出租物业广告信息。

对于不得出租的房屋，房地产经纪人不能承接租赁经纪业务。不能出租的房屋包括：① 属于违法建筑的；② 不符合安全、防火等工程建设强制性标准的；③ 违反规定改变房屋使用性质的；④ 法律、法规规定禁止出租的其他情形。

2. 房源配对

为了尽快寻找到承租人，房地产经纪人应将委托出租物业的信息，通过报纸、经纪机构门店广告、互联网、人员推荐等方式进行广告宣传。房地产经纪人传播房源信息需要经过委托人的书面同意后才能进行。

3. 房屋带看

房地产经纪人带承租人看房后，一般有两种结果：一种是承租人对所看房源不满意。这时房地产经纪人应进一步询问客户的房屋需求，总结客户对带看房屋不满意的地方，然后再从商圈房源信息中为客户寻找房源，再次约请承租人看房；另一种结果是承租人对所看房源十分满意，意味着房地产经纪人与承租人达成了房屋租赁意向。

4. 达成房屋租赁意向

房地产经纪人得知承租人对带看房源表示满意后，应再次核查出租人房源产权状况，查验建筑质量，确认房源可以交易。

5. 房屋租赁合同签订和收取租金、押金及佣金

在正式签约前，房地产经纪人提醒租赁双方签约注意事项，并查验身份证件、房屋产权证明文件。在租赁合同签订后 30 日内，房屋租赁双方当事人持《房屋租赁合同》、房屋租赁双方身份证明、房屋产权证明文件和政府主管部门要求的其他材料到市、县人民政府房产管理部门办理登记备案手续。房地产经纪人要帮助租赁双方在房屋租赁合同订立后，立即约定备案时间。

租赁双方签订合同后，承租人按照合同条款约定向出租人缴纳押金和租金，押金一般为 1 个月的租金；出租人向承租人开具《押金收据》和《租金收据》。无论租赁期限长短，房屋租赁经纪服务收费一般都按半个月至一个月租金额收取，具体金额以协商为主。

（单选题）房地产经纪人传播租售房源信息需要经过（　　）。

　　A. 委托人的口头同意后才能进行　　B. 委托人的书面同意后才能进行
　　C. 不需要经过委托的人同意即可发布　D. 房地产经纪机构的书面同意才能进行

【答案】B

【解析】房地产经纪人传播房源信息需要经过委托人的书面同意后才能进行。

【出处】《房地产经纪业务操作》（第四版）P216

核心知识点 3：存量房租赁经纪业务撮合操作要点

第一，房地产经纪人要十分熟悉和了解市场租金的变化。

第二，房地产经纪人要从多个角度撮合双方，包括房源紧俏、位置与交通情况、配套设施情况、周边环境、居住人口素质等。需要注意的是，无论房地产经纪人寻找何种理由，都应该是客观真实的，最好是租赁双方都很在意的方面，切忌为了促成交易而编造不实情况。

第三，与租赁双方协调租金交纳方式和租金水平。

（多选题）房地产经纪人在进行租赁业务撮合时，下列做法正确的有（　　）。
  A. 房地产经纪人在撮合时，最好是选择出租人在意的方面
  B. 为了促成交易而编造不实信息
  C. 与租赁双方协调租金交纳方式
  D. 从配套设施角度撮合双方
  E. 熟悉市场租金的变化

【答案】CDE

【解析】存量房租赁经纪业务撮合的要点包括：房地产经纪人要十分熟悉和了解市场租金的变化；房地产经纪人要从多个角度撮合双方；与租赁双方协调租金交纳方式和租金水平。无论房地产经纪人员寻找何种理由，都应该是客观真实的，最好是租赁双方都很在意的方面，切忌为了促成交易而编造不实情况。

【出处】《房地产经纪业务操作》（第四版）P218~219

核心知识点 4：签订房屋租赁合同的重要意义

第一，确立出租人与承租人之间的租赁关系。

第二，明确出租人与承租人的权利和义务。

第三，建立出租人与承租人之间纠纷和争议的机制。

第四，如果房屋租赁是通过房地产经纪机构服务实现的，签订房屋租赁合同或房屋租赁中介协议标志房地产经纪活动取得重要进展。

（单选题）房地产租赁业务活动取得重要进展的标志是（　　）。
  A. 交易配对　　　　　　　　　B. 收取佣金
  C. 签订房屋租赁合同　　　　　D. 办理房屋租赁登记备案手续

【答案】C

【解析】如果房屋租赁是通过房地产经纪机构服务实现的，签订房屋租赁合同或房屋租赁中介协议标志房地产经纪活动取得重要进展。房地产经纪机构和经纪人的主要工作就是促成房地产交易。当租赁双方签订了房屋租赁合同后，这就标志着房地产经纪活动取得重要进展，房地产经纪机构也就可以收取经纪服务的佣金。

【出处】《房地产经纪业务操作》（第四版）P219

核心知识点 5：房屋租赁合同的主要内容

1. 房屋租赁当事人的姓名（名称）和住所
2. 标的物

① 房屋的坐落；② 房屋的面积；③ 房屋的结构和附属设施；④ 家具和家电等室内设施状况。

3. 租金和押金数额、支付方式

押金在法律上称为"租赁保证金"，主要用于冲抵承租人应当承担但未缴付的费用或者由于房屋出现毁损而用于维修房屋预付的费用。押金应支付多少，应当按照租期长短、装修程度、家具家电数量和价值等因素来确定。对于出租人而言，押金数额越高，保障性能越强。

4. 租赁用途和房屋使用要求

承租人使用房屋用途只能是法定用途。例如，出租人以居住用途将住房出租给承租人，但承租人私自改变房屋用途，用于公司办公。若因此在房屋使用中出现的各种纠纷，应由承租人自行承担，出租人有权进行追责并解约。承租人应当妥善保管租赁物，因保管不善造成租赁物毁损、灭失的，应当承担赔偿责任。在租赁期间内因占有、使用租赁物获得的收益，归承租人所有，但是当事人另有约定的除外。

5. 房屋和室内设施的安全性能、维修责任

承租人因使用不当等原因造成承租房屋和设施损坏的，承租人应当负责修复或者承担赔偿责任。反之，正常使用环境下，房屋和设施发生毁坏，则由出租人负责修复。

6. 合同的期限与合同形式

租赁期限不得超过二十年。超过二十年的，超过部分无效。租赁期间届满，当事人可以续订租赁合同；但是约定的租赁期限自续订之日起不得超过二十年。租赁期限六个月以上的，应当采用书面形式。当事人未采用书面形式，无法确定租赁期限的，视为不定期租赁。

7. 合同应对转租加以约定

关于房屋转租有以下四个方面需要注意：

（1）转租行为有合法与非法之分，其根本区别是：合法转租是经出租人同意的，非法转租则是承租人擅自转手出租该房屋。承租人经出租人同意，可以将房屋转租给第三人。承租人转租的，承租人与出租人之间的房屋租赁合同继续有效。如果发生第三人在使用过程中造成房屋及其设施设备损失的，承租人应当赔偿损失。

（2）如果承租人未经出租人同意转租的，出租人可以解除房屋租赁合同。但是，出租人知道或者应当知道承租人转租房屋的，在六个月内未提出异议，视为出租人同意转租。

（3）在转租期间，承租人拖欠租金，次承租人（即房屋转租承租人）可以代承租人支付其欠付的租金和违约金，但是转租合同中对出租人不具有法律约束力的除外。次承租人代为支付其欠付的租金和违约金，可以充抵次承租人应当向承租人支付的租金；超出其应付的租金数额的，可以向承租人追偿。

（4）对于转租的约定，可以作为租赁合同的一部分，也可以在租赁合同订立之后另行约定。转租条款必须注明：转租期限、转租用途、转租房屋损坏时的赔偿与责任承担、转

租收益的分成、转租期满后原房屋租赁关系的处理原则以及违约责任。

8. 物业服务、水、电、燃气等相关费用的缴纳

一般以"谁使用谁承担"为主。

9. 争议解决办法和违约责任

争议解决方式一般分为四类：争议发生后当事人双方自行协商解决、调解、提交仲裁机构仲裁或向人民法院提起诉讼。

10. 其他事项约定

主要包括以下几个方面：

（1）房屋租赁期间内，因赠与、析产、继承或者买卖转让房屋的，原房屋租赁合同继续有效。"买卖不破租赁"原则是对房屋受让人的限制，同时也是对承租人利益的保护。根据该原则，在租赁期限内，租赁房屋的所有权发生变动的，原租赁合同对承租人和房屋受让人继续有效。

（2）承租人在房屋租赁期间死亡的，与其生前共同居住的人或者共同经营人可以按照原租赁合同租赁该房屋。

（3）房屋租赁期间出租人出售租赁房屋的，根据《民法典》相关规定，房屋租赁期间出租人出售租赁房屋的，应当在出售前合理期限内通知承租人，承租人在同等条件下有优先购买权。

（4）房屋租赁当事人应当在房屋租赁合同中约定房屋被征收或者拆迁时的处理办法。

（单选题）房屋租赁合同中不必约定的事项是（　　）。

　　A. 租金和押金数额、支付方式　　B. 房屋维修责任
　　C. 房屋的价格　　D. 租赁期限

【答案】C

【解析】房屋租赁合同的内容包括：房屋租赁当事人的姓名（名称）和住所；标的物；租金和押金数额、支付方式；租赁用途和房屋使用要求；房屋和室内设施的安全性能、维修责任；合同的期限与合同形式；合同应对转租加以约定；物业服务、水、电、燃气等相关费用的缴纳；争议解决办法和违约责任；其他事项约定。

【出处】《房地产经纪业务操作》（第四版）P220～224

核心知识点6：签订房屋租赁合同应注意的事项

第一，如果双方达成一致，经纪人核实租赁双方的身份及有关证件原件。

第二，合同应一式四份，租赁双方各执一份，经纪机构存档一份，一份合同交政府部门登记备案。

第三，合同字迹清楚，尽量避免涂改。如有涂改，双方应该在涂改之处共同签字。

第四，双方阅读合同，房地产经纪人对合同有关条款进行解释。主要包括：① 房屋坐落地点应与不动产权证相同，填后与出租人确认。② 用途条款要明确；③ 数字要大写；④ 租金及支付方式。⑤ 在租赁期内水、电、燃气、电话费及其他相关费用的缴付方式。

第五，经纪机构收取佣金、开具发票。

第六，协助租赁双方办理租赁合同登记备案。

（单选题）房地产经纪人在协助房屋租赁当事人签订房屋租赁合同时的做法，错误的是（　　）。
  A. 数字要大写
  B. 合同字迹清楚，尽量避免涂改
  C. 填写四份完全一致的房屋租赁合同
  D. 核实租赁双方的身份及相关身份证件复印件即可
【答案】D
【解析】如果双方达成一致，经纪人核实租赁双方的身份及有关证件原件。
【出处】《房地产经纪业务操作》（第四版）P224

核心知识点 7：房屋租赁托管业务流程及操作要点

1. 出租委托流程
（1）出租客户接待；
（2）实地查看房屋；
（3）租金价格谈判；
（4）签订《房屋出租托管合同》；
（5）物业交验（交房）；
（6）支付租金；
（7）标准化装修装饰。房屋租赁托管业务中，房屋租赁运营机构为了提升托管房屋在市场的竞争力，在出租客户同意的情况下，一般会对出租房屋进行一定的装修改造，配置家具家电等，为承租人提供更好的入住条件；
（8）发布房源广告。

2. 承租委托流程
（1）承租客户接待；
（2）房屋带看；
（3）达成房屋租赁意向；
（4）签订《房屋租赁合同（经纪机构代理成交版）》；
（5）支付租金、押金及其他费用；
（6）物业交验；
（7）提供增值服务。

3. 房屋租赁托管业务操作要点
第一，房屋租赁运营机构与业主（出租人）和承租人是分别签订房屋租赁合同，也就是说，这种租赁关系的建立是由两份合同组成的；一份是房屋租赁运营机构与业主（出租人）签订的《房屋出租托管合同》（俗称包租合同、收房合同）；另一份是房屋租赁运营机构与承租人签订的《房屋租赁合同（经纪机构代理成交版）》（俗称承租合同），这与所谓的"中介租赁"通过一份"三方合同"完成租赁业务的业务模式截然不同。

第二，因为房屋托管不是签"三方约"，房屋租赁运营机构与出租人约定的租金和房屋租赁运营机构与客户约定的租金没有必然相等的数学关系。

第三，房屋租赁运营机构向承租人收取租金的方式和期限与房屋租赁运营机构向业主支付租金的方式也不一定相同。

第四，房屋租赁运营机构为了最大限度地降低自身的空置风险，会向业主要求一段时间的所谓"空置期"（免租期），一般是30～60天不等。

第五，业主、客户和房屋租赁运营机构任何一方违约都要以不同的形式承担违约赔偿责任。

1. （多选题）在出租委托业务中，实地查看房屋时需要了解的内容包括（　　）。
   A. 实物状况　　　　　　　　B. 权属状况
   C. 邻居状况　　　　　　　　D. 周边环境状况
   E. 客户心理价格

【答案】ABD

【解析】实地查看房屋，主要包括出租房屋实物状况、权属状况、周边环境状况、交通状况以及配套设施等。

【出处】《房地产经纪业务操作》（第四版）P226

2. （单选题）在承租委托业务流程中，房屋带看的下一环节是（　　）。
   A. 支付租金、押金及其他费用　　B. 签订《房屋租赁合同》
   C. 达成房屋租赁意向　　　　　　D. 承租客户接待

【答案】C

【解析】承租委托业务流程一般包括承租客户接待、房屋带看、达成房屋租赁意向、签订《房屋租赁合同（经纪机构代理成交版）》、支付租金和其他费用、物业交验及房屋交付使用、提供增值服务共七个环节。

【出处】《房地产经纪业务操作》（第四版）P228

核心知识点8：房屋租赁托管业务的优势

1. 对出租人的好处

对业主即出租人而言，有以下四个方面的优势。

（1）保障出租人收益；

（2）免除不必要的电话骚扰；

（3）降低经济和时间成本；

（4）免除出租人与承租人之间的经济纠纷。

2. 对承租人的好处

对承租人而言，有以下五个方面的优势。

（1）提高了承租人的安全性；

（2）提高了房屋维修的及时性；

（3）租赁行为灵活性强；

（4）保障了承租人的私密性；

（5）为承租人提供增值服务。

（多选题）对于承租人说，房屋租赁托管业务的优势有（　　）。

　　A. 提高了房屋维修的及时性　　B. 为承租人提供增值服务
　　C. 免除不必要的电话骚扰　　　D. 降低经济和时间成本
　　E. 租赁行为灵活性强

【答案】ABE

【解析】租赁托管业务对承租人的好处有：①提高了承租人的安全性；②提高了房屋维修的及时性；③租赁行为灵活性强；④保障了承租人的私密性；⑤为承租人提供增值服务。

【出处】《房地产经纪业务操作》（第四版）P231

【真题实测】

一、单选题（每题的备选答案中只有1个最符合题意）。

1. 房地产经纪人带承租人看房时，应（　　）。
   A. 与出租人签订《看房确认书》
   B. 依据《住宅使用说明书》向承租人介绍房屋状况
   C. 督促承租人查验房屋建筑质量
   D. 与租赁双方协商房屋租赁价格

2. 下列房屋租赁运营机构开展房屋租赁托管业务时的做法中，错误的是（　　）。
   A. 与出租人签订《房屋出租托管合同》
   B. 因长期未能出租房屋造成的空置损失要由业主承担
   C. 与承租人签订《房屋租赁合同》
   D. 与出租人、承租人约定的租金可以不一样

3. 在房屋租赁期内，因煤气管道老化导致泄露并造成出租屋发生火灾，应由（　　）承担相应责任。
   A. 承租人　　　　　　　　　　B. 出租人
   C. 实际使用人　　　　　　　　D. 灶具厂商

4. 在指导房屋租赁当事人签订《房屋租赁合同》时，房地产经纪人应要求（　　）。
   A. 谁涂改合同谁在涂改之处签字
   B. 仅用阿拉伯数字写清租金数额
   C. 明确出租人将押金连本带息退还承租人
   D. 确认租金标准及支付方式

5. 房屋租赁托管专业机构在运营房屋租赁托管业务时，正确的做法是（　　）。
   A. 将承租来的房屋直接出租给承租人
   B. 要求出租人承租人直接签订房屋租赁合同
   C. 与出租人和承租人分别签订房屋租赁合同

D. 将承租人支付的房租划转给出租人
6. 房地产经纪人与房屋承租客户沟通时，应告知（   ）。
   A. 承租房屋的建筑结构与购买价格　　B. 出租人对房屋使用的限制要求
   C. 承租房屋用途变更的程序　　　　　D. 出租人的身份、职业和家庭人口情况
7. 房地产经纪人撮合房屋租赁双方达成房屋租赁合同的做法，不恰当的是（   ）。
   A. 协助租赁双方确认水、电、燃气等相关费用的缴纳义务
   B. 站在中间人立场与双方协商租赁价格
   C. 告知双方至市场监管部门办理房屋租赁备案
   D. 协助租赁双方查验身份证件
8. 房屋租赁运营机构对出租房屋进行装修改造、配置家具家电时，应（   ）。
   A. 改动房屋结构，增加房间数量　　　B. 向承租人收取家具家电购置费
   C. 征得房屋业主同意　　　　　　　　D. 向承租人提交房屋装修工程方案
9. 房地产经纪人在撮合存量房租赁经纪业务时，要协调租赁双方确定（   ）。
   A. 佣金发票样式　　　　　　　　　　B. 租赁合同备案地点
   C. 租赁期限　　　　　　　　　　　　D. 租金交纳方式
10. 在房地产经纪机构的撮合下，业主赵某将住房出租给李某居住，李某私自利用住房提供美容美发服务。在经营过程中，因李某在楼道堆放垃圾与邻居王某产生纠纷，该纠纷的责任人是（   ）。
    A. 王某　　　　　　　　　　　　　　B. 赵某
    C. 李某　　　　　　　　　　　　　　D. 房地产经纪机构
11. 以下内容中，不属于房屋租赁合同中"标的物"要素的是（   ）。
    A. 房屋的共有人情况　　　　　　　　B. 房屋的结构和附属设施
    C. 房屋的地址、门牌号　　　　　　　D. 房屋的面积
12. 下列房地产经纪人为房屋租赁双方提供经纪服务的做法中，不恰当的是（   ）。
    A. 协助租赁双方确认水、电、燃气等相关费用的缴纳责任
    B. 查验租赁双方的身份证件
    C. 站在中间人立场上与双方协商租赁价格
    D. 承租人对带看房屋屡次不满意，则放弃为其提供经纪服务
13. 关于房屋租赁押金的说法，错误的是（   ）。
    A. 与定金性质一样，对承租人具有担保作用
    B. 可以用于冲抵承租人应当承担但未支付的费用
    C. 数额越高，对出租人的保障性越强
    D. 押金数额可以根据房屋装修程度等因素确定
14. "押一付三"作为房屋租赁中资金的支付方式，其中"押"的性质是（   ）。
    A. 定金　　　　　　　　　　　　　　B. 租金
    C. 违约金　　　　　　　　　　　　　D. 保证金

二、多选题（每题的备选答案中有2个或2个以上符合题意）
15. 房屋租赁合同纠纷的解决方式主要有（   ）。
    A. 调解　　　　　　　　　　　　　　B. 自行协商

C. 行政机关强制执行　　　　　D. 提交仲裁机构仲裁
E. 向人民法院提起诉讼

16. 房屋出租客户一旦将房屋出租事项委托给房地产经纪人，房地产经纪人应与出租人签订房屋出租委托书（或房屋出租登记表），并告知出租人（　　）。
A. 房屋租赁经纪服务的内容　　B. 收费标准
C. 成交时间　　　　　　　　　D. 求租客户信息
E. 营销途径

17. 与存量房买卖经纪业务相比，存量房租赁经纪的业务流程中不涉及的交易环节有（　　）。
A. 代办抵押贷款　　　　　　　B. 代办不动产转移登记
C. 房屋交验　　　　　　　　　D. 代办合同备案
E. 房屋带看

【真题实测答案】

1.【答案】D

【解析】房地产经纪人得知承租人对带看房源表示满意后，应再次核查出租人房源产权状况，查验建筑质量，确认房源可以交易。房地产经纪人此时核心工作是站在中间人立场上，与租赁双方协商房屋租赁价格，直至达成租赁双方都能接受的合理交易价格。

【出处】《房地产经纪业务操作》（第四版）P217

2.【答案】B

【解析】在房屋租赁托管合同中，房屋租赁运营机构与出租人要约定时间长短不一的空置期。空置期内，房屋租赁运营机构将房屋出租出去而获得的收益，由房屋租赁运营机构获得；没有出租出去导致的损失，由房屋租赁运营机构承担。

【出处】《房地产经纪业务操作》（第四版）P232

3.【答案】B

【解析】正常使用环境下，房屋和设施发生毁坏，则由出租人负责修复。

【出处】《房地产经纪业务操作》（第四版）P222

4.【答案】D

【解析】A选项错误，合同如有涂改，双方应该在涂改之处共同签字；B选项错误，数字要大写；C选项错误，合同期满出租人无偿返还押金。

【出处】《房地产经纪业务操作》（第四版）P225

5.【答案】C

【解析】在房屋租赁托管业务中，房屋租赁运营机构与业主（出租人）和承租人是分别签订房屋租赁合同，也就是说，这种租赁关系的建立是由两份合同组成的；一份是房屋租赁运营机构与业主（出租人）签订的《房屋出租托管合同》（俗称包租合同、收房合同）；另一份是房屋租赁运营机构与承租人签订的《房屋租赁合同（经纪机构代理成交版）》（俗称承租合同）。

【出处】《房地产经纪业务操作》（第四版）P229

6.【答案】B

【解析】房地产经纪人与承租客户沟通时，也要围绕合同条款进行解释，主要包括：房屋坐落地点、用途条款（比如出租人以居住用途将住房出租给承租人，但承租人私自改变房屋用途，是需要承租人承担相应责任的）、租金及支付方式等。

【出处】《房地产经纪业务操作》（第四版）P225

7. 【答案】C

【解析】在租赁合同签订后 30 日内，房屋租赁双方当事人持《房屋租赁合同》、房屋租赁双方身份证明、房屋产权证明文件和政府主管部门要求的其他材料到市、县人民政府房产管理部门办理登记备案手续。

【出处】《房地产经纪业务操作》（第四版）P217

8. 【答案】C

【解析】房屋租赁托管业务中，房屋租赁运营机构为了提升托管房屋在市场的竞争力，在出租客户同意的情况下，一般会对出租房屋进行一定的装修改造，配置家具家电等，为承租人提供更好的入住条件。

【出处】《房地产经纪业务操作》（第四版）P227

9. 【答案】D

【解析】房地产经纪人在进行租赁业务撮合时，要注意以下三个要点：第一，房地产经纪人要十分熟悉和了解市场租金的变化。第二，房地产经纪人要从多个角度撮合双方，包括房源紧俏、位置与交通情况、配套设施情况、周边环境、居住人口素质等。第三，与租赁双方协调租金交纳方式和租金水平。

【出处】《房地产经纪业务操作》（第四版）P218~219

10. 【答案】C

【解析】出租人以居住用途将住房出租给承租人，但承租人私自改变房屋用途，用于公司办公。若因此在房屋使用中出现的各种纠纷，应由承租人自行承担，出租人有权进行追责并解约。

【出处】《房地产经纪业务操作》（第四版）P221

11. 【答案】A

【解析】房屋租赁的标的物是特定物，在租赁合同中应明确写明以下要素：房屋的坐落、房屋的面积、房屋的结构和附属设施、家具和家电等室内设施状况。

【出处】《房地产经纪业务操作》（第四版）220

12. 【答案】D

【解析】房地产经纪人带承租人看房后，一般有两种结果：一种是承租人对所看房源不满意。这时房地产经纪人应进一步询问客户的房屋需求，总结客户对带看房屋不满意的地方，然后再从商圈房源信息中为客户寻找房源，再次约请承租人看房；另一结果是承租人对所看房源十分满意，意味着房地产经纪人与承租人达成了房屋租赁意向。

【出处】《房地产经纪业务操作》（第四版）P217

13. 【答案】A

【解析】押金在法律上称为"租赁保证金"，主要用于冲抵承租人应当承担但未缴付的费用或者由于房屋出现毁损而用于维修房屋预付的费用。押金应支付多少，应当按照租期长短、装修程度、家具家电数量和价值等因素来确定。对于出租人而言，押金数额越高，保障性能越强。

【出处】《房地产经纪业务操作》(第四版) P220

14.【答案】D

【解析】押金在法律上称为"租赁保证金",主要用于冲抵承租人应当承担但未缴付的费用或者由于房屋出现毁损而用于维修房屋预付的费用。

【出处】《房地产经纪业务操作》(第四版) P220

15.【答案】ABDE

【解析】房屋租赁合同纠纷的解决方式主要有自行协商解决、调解、提交仲裁机构仲裁、向人民法院提起诉讼。

【出处】《房地产经纪业务操作》(第四版) P224

16.【答案】ABE

【解析】房屋出租客户一旦将房屋出租事项委托给房地产经纪人,房地产经纪人应与出租人签订房屋出租委托书(或房屋出租登记表),并告知出租人房屋租赁经纪服务的内容、收费标准和营销途径。

【出处】《房地产经纪业务操作》(第四版) P215

17.【答案】AB

【解析】存量房租赁经纪业务流程一般包括客户接待、出租(承租)委托、房源配对、房屋带看、达成交易意向、签订租赁合同、支付租金和佣金、房屋交付使用八个环节,除此之外房地产经纪人可以为租赁双方代办合同登记备案事项。

【出处】《房地产经纪业务操作》(第四版) P214

【章节小测】

一、单选题(每题的备选答案中只有1个最符合题意)

1. 王某为甲房地产经纪机构经纪人,王某带承租人钱某看房后,钱某对所看房源均不满意,此时,王某的做法错误的是(   )。

   A. 让钱某交纳看房费
   B. 进一步询问客户的房屋需求
   C. 总结客户对带看房屋不满意的地方
   D. 再次从商圈房源信息中为客户寻找房源

2. 存量房租赁经纪业务中,房屋租赁当事人双方达成租赁意向后,房地产经纪人应当站在(   )立场上,与租赁双方协商房屋租赁价格。

   A. 中间人   B. 承租人
   C. 盈利人   D. 出租人

3. 房屋租赁双方当事人应当在租赁合同签订后(   )日内,到市、县人民政府(   )管理部门办理登记备案手续。

   A. 15;税务   B. 30;房产
   C. 60;工商   D. 90;公安

4. 承租人因使用不当等原因造成房屋设施损坏的,应由(   )。

   A. 出租人承担赔偿责任   B. 转租人承担赔偿责任

C. 承租人承担赔偿责任　　　　D. 房地产经纪公司承担赔偿责任

5. 根据住房和城乡建设部发布的《商品房屋租赁管理办法》的规定，房屋租赁实行（　　）。
   A. 一房一价制度　　　　　　　B. 租金监管制度
   C. 出租房屋管理制度　　　　　D. 合同登记备案制度

6. 房屋租赁合同应至少一式（　　）份，其中要由租赁双方各执一份。
   A. 6　　　　　　　　　　　　B. 5
   C. 4　　　　　　　　　　　　D. 3

7. 存量房租赁经纪业务一般流程的第一个环节是（　　）。
   A. 客户接待　　　　　　　　　B. 房源配对
   C. 签订租赁合同　　　　　　　D. 出租（承租）委托

8. 房屋租赁合同期限最长不得超过（　　）。
   A. 30年　　　　　　　　　　 B. 20年
   C. 10年　　　　　　　　　　 D. 5年

9. 房屋出租人将房屋出租事项委托给房地产经纪人后，房地产经纪人应该做的工作不包括（　　）。
   A. 收取佣金　　　　　　　　　B. 对出租的房屋进行查验
   C. 编制《房屋状况说明书》　　D. 告知出租人房屋租赁经纪服务的内容

二、多选题（每题的备选答案中有2个或2个以上符合题意）

10. 下列房屋中，不能出租的有（　　）。
    A. 不符合安全、防火等工程建设强制性标准的
    B. 违反规定改变房屋使用性质的
    C. 共有房屋经共有权人同意的
    D. 空置5年以上的商品房
    E. 属于违法建筑的

11. 在房屋租赁托管业务的出租委托流程中，租金价格谈判之后的环节有（　　）。
    A. 签订《房屋出租托管合同》　B. 发布房源广告
    C. 实地查看房屋　　　　　　　D. 出租客户接待
    E. 支付租金

12. 房屋租赁托管业务对出租人的好处的有（　　）。
    A. 保障出租人收益　　　　　　B. 降低经济和时间成本
    C. 租赁行为灵活性强　　　　　D. 免除不必要的电话骚扰
    E. 减少了出租人与承租人之间的经济纠纷

13. 下列关于房屋租赁合同特征的说法，正确的有（　　）。
    A. 出租人转移了租赁物的所有权
    B. 房屋租赁合同是不动产租赁合同
    C. 租赁期限最长不得超过二十年，超过最长年限的部分失效
    D. 在租赁期限内，租赁房屋的所有权发生变动的，原租赁合同失效
    E. 房屋租赁期间出租人出售租赁房屋的，承租人在同等条件下具有优先购买权

【章节小测答案】

1.【答案】A

【解析】房地产经纪人带承租人看房后,一般有两种结果:一种是承租人对所看房源不满意。这时房地产经纪人应进一步询问客户的房屋需求,总结客户对带看房屋不满意的地方,然后再从商圈房源信息中为客户寻找房源,再次约请承租人看房;另一结果是承租人对所看房源十分满意,意味着房地产经纪人与承租人达成了房屋租赁意向。

【出处】《房地产经纪业务操作》(第四版)P217

2.【答案】A

【解析】房地产经纪人得知承租人对带看房源表示满意后,应再次核查出租人房源产权状况,查验建筑质量,确认房源可以交易。房地产经纪人此时核心工作是站在中间人立场上,与租赁双方协商房屋租赁价格,直至达成租赁双方都能接受的合理交易价格。

【出处】《房地产经纪业务操作》(第四版)P217

3.【答案】B

【解析】在租赁合同签订后30日内,房屋租赁双方当事人持《房屋租赁合同》、房屋租赁双方身份证明、房屋产权证明文件和政府主管部门要求的其他材料到市、县人民政府房产管理部门办理登记备案手续。

【出处】《房地产经纪业务操作》(第四版)P217

4.【答案】C

【解析】承租人因使用不当等原因造成承租房屋和设施损坏的,承租人应当负责修复或者承担赔偿责任。

【出处】《房地产经纪业务操作》(第四版)P222

5.【答案】D

【解析】根据2010年12月1日住房和城乡建设部发布的《商品房屋租赁管理办法》(住房和城乡建设部令第6号)的规定,房屋租赁实行合同登记备案制度。

【出处】《房地产经纪业务操作》(第四版)P225

6.【答案】C

【解析】合同应一式四份,租赁双方各执一份,经纪机构存档一份,一份合同交政府部门登记备案。

【出处】《房地产经纪业务操作》(第四版)P225

7.【答案】A

【解析】存量房租赁经纪业务流程一般包括客户接待,出租(承租)委托,房源配对,房屋带看,达成交易意向,签订租赁合同,支付租金、押金和佣金,房屋交付共八个环节。

【出处】《房地产经纪业务操作》(第四版)P214

8.【答案】B

【解析】租赁期限不得超过二十年。超过二十年的,超过部分无效。租赁期间届满,当事人可以续订租赁合同;但是约定的租赁期限自续订之日起不得超过二十年。

【出处】《房地产经纪业务操作》(第四版)P222~223

9.【答案】A

【解析】房屋出租客户一旦将房屋出租事项委托给房地产经纪人，房地产经纪人应与出租人签订房屋出租委托书（或房屋出租登记表），并告知出租人房屋租赁经纪服务的内容、收费标准和营销途径。房地产经纪人要对出租的房屋进行查验，编制《房屋状况说明书》（房屋租赁），还需结合区域内出租物业的租金价格行情，与出租人协商确定月租金额，编写出租物业广告信息。

【出处】《房地产经纪业务操作》（第四版）P215

10.【答案】ABE

【解析】根据 2010 年住房和城乡建设部颁布的《商品房屋租赁管理办法》的规定，不能出租的房屋包括：① 属于违法建筑的；② 不符合安全、防火等工程建设强制性标准的；③ 违反规定改变房屋使用性质的；④ 法律、法规规定禁止出租的其他情形。

【出处】《房地产经纪业务操作》（第四版）P215

11.【答案】ABE

【解析】出租委托业务流程一般包括出租客户接待、实地查看房屋、租金价格谈判、签订《房屋出租托管合同》、物业交验（交房）、支付租金、标准化装修装饰、发布房源广告共八个环节。

【出处】《房地产经纪业务操作》（第四版）P226

12.【答案】ABDE

【解析】租赁托管业务对出租人的好处有：保障出租人收益；免除不必要的电话骚扰；降低经济和时间成本；减少了出租人与承租人之间的经济纠纷。

【出处】《房地产经纪业务操作》（第四版）P230

13.【答案】BCE

【解析】房屋租赁转移的是使用权和收益权，所有权并不发生变动，故 A 选项错误。为了保护承租人的利益，法律确立了"买卖不破租赁"原则。根据该原则，在租赁期限内，租赁房屋的所有权发生变动的，原租赁合同对承租人和房屋受让人继续有效，故 D 选项错误。

【出处】《房地产经纪业务操作》（第四版）P219、P224

第八章　新建商品房租售代理业务操作

【章节导引】

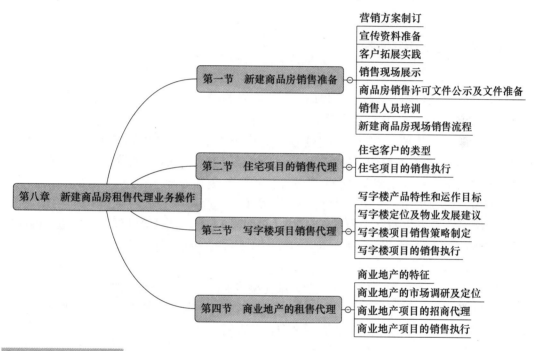

【章节核心知识点】

核心知识点 1：营销方案制定需要注意的问题

1. 做好市场定位

判断项目市场定位，是进行市场营销工作的第一步。

2. 制订推广策略

项目的市场定位明确后，根据其定位可以制定后续的宣传推广策略，包括项目形象展示、推广渠道、宣传资料以及活动组织等一系列销售执行活动。

3. 制订销售计划

营销方案的重要组成部分是制定销售计划。首先，销售计划可分解为项目入市前的预热期、公开销售期、持续在售期和尾盘销售期等关键时间节点。其次，针对每个关键时间节点确定销售团队应达成的销售金额、销售速度等总体目标。

在计划实施过程中，销售团队领导要对照实际执行效果与计划指标的差异，找出原因，及时解决问题，以保证总体销售目标的顺利达成。

（多选题）在制定新建商品房营销方案时，需要注意的内容包括（　　）。
A. 培训销售人员　　　　　　B. 进行行业公示
C. 制定销售计划　　　　　　D. 制定推广策略
E. 做好市场定位

【答案】CDE
【解析】在制定新建商品房营销方案时，需要注意的内容包括做好市场定位、制定推广策略、制定销售计划。
【出处】《房地产经纪业务操作》（第四版）P234～236

核心知识点 2：宣传资料准备

1. 项目楼书

项目楼书将项目的综合信息，以图片、文字及数据形式来描述。项目楼书包括形象楼书和功能楼书。

形象楼书多采用图片及较容易产生联想的感性语言，向客户传递项目的形象和卖点。形象楼书的内容主要包括楼盘的整体效果图、位置图、整体规划平面图、核心卖点、建筑风格、楼体形象、主力户型图、会所、物业管理服务等。

功能楼书专业性较强，可以理解为一本简单的"产品说明书"，主要介绍规划说明、小区交通组织、建筑要点、会所功能分区、完整户型资料、社区公共配套、周边基础设施配套、交楼标准等内容，目标是为了增加客户对项目的全面了解。

2. 户型手册

户型手册是一本将项目所有的户型详细完整展现出来的小册子。通常第一页有项目的总平面图，客户可以从总平面图清楚地了解项目的整体布局、不同户型所在的位置，更有利于销售人员向客户讲解，另外也方便客户自己查阅。

3. 宣传展板、销售导示牌、折页、单张

宣传展板和销售导示牌是将项目楼书上的核心卖点进一步提炼抽取，或将销售信息以展板的形式在销售现场展示，达到项目价值点渗透宣传、销售信息（如促销措施等）及时公布的作用。

折页和单张是项目楼书的简要版本，内容主要是形象定位、项目介绍与主力户型介绍等，一般主要在房地产销售展会、商业大厦周边大量派送。

1.（单选题）多采用图片及较容易产生联想的感性语言，向客户传递项目的形象和卖点的宣传资料是（　　）。
A. 功能楼书　　　　　　　　B. 户型手册
C. 宣传展板　　　　　　　　D. 形象楼书

【答案】D
【解析】形象楼书多采用图片及较容易产生联想的感性语言，向客户传递项目的形象和卖点。形象楼书的内容主要包括楼盘的整体效果图、位置图、整体规划平面图、核心卖点、建筑风格、楼体形象、主力户型图、会所、物业管理服务等。

【出处】《房地产经纪业务操作》(第四版) P236

2.(多选题)功能楼书主要介绍的内容包括( )。
　　A. 社区公共配套　　　　　B. 建筑要点
　　C. 楼体形象　　　　　　　D. 交楼标准
　　E. 核心卖点

【答案】ABD

【解析】功能楼书专业性较强,可以理解为一本简单的"产品说明书",主要介绍规划说明、小区交通组织、建筑要点、会所功能分区、完整户型资料、社区公共配套、周边基础设施配套、交楼标准等内容,目标是为了增加客户对项目的全面了解。

【出处】《房地产经纪业务操作》(第四版) P236

核心知识点 3:客户拓展实践

1. 线上渠道

自媒体、即时聊天工具等社交平台已逐渐成为拓客的流行方式,且常常在项目重要节点活动、节气活动等时发布楼盘信息,以吸引购房客户。互联网的房产信息频道和房源信息平台,通过发布楼盘信息,成为新建商品房开拓客户的主要渠道。

2. 线下渠道

(1)电话拜访客户

电话拜访客户是项目常用的拓客方式之一,案场销售人员通过拟定的电话说辞对客户进行项目信息推介,逐步挖掘客户需求并邀约客户来访。

(2)派单

派单作为房地产市场使用得最为广泛的一种拓客方式,它通过定点派单拓展的方式直接与客户接触进行楼盘推荐和宣传。

(3)巡展

巡展是一种低成本、高覆盖的拓客方式,它主要包括社区巡展、商圈巡展、路演等方式。

(4)大客户拓展

大客户拓展的依据主要来自项目客户地图和客户分析,针对项目所在区域内的大型企事业单位、政商机构等群体性客户进行拓展、挖掘和维系。

(5)客户拦截

客户拦截是所有拓客渠道中聚集目标客户最多的拓客方式之一。它主要是选择在主要竞品项目的关键营销节点时,在竞品项目、目标客户所在区域的主要干道或沿途必经之路对目标客户进行拦截,通过向客户灌输项目优势或与竞品项目优劣势对比信息,将竞品项目的客户带访至本项目。由于竞品看房的客户准确度较高,该方法能直接缩短客户成交周期。

(6)渠道电商

渠道电商是近几年迅速发展的一种新型电商,它的本质其实就是渠道整合。在房地产整体市场低迷的情况下,项目仅凭单一代理销售取单难以高效突破开发企业销售目标,更多的项目销售现场是将当地的主流的房地产经纪机构等一些分散的渠道整合起来,以达到为开发企业快速拓客、加速销售的目的,同时整合之后的集中渠道才有能力向开发企业拿到更多的优惠以及更快地结算佣金。目前,该方式在新房销售中应用非常广泛。

(7) 老带新

老带新是一种成本低、转化率高的客户拓展方式,即老业主成功推荐亲友购房,本质上是老客户推荐方式。在房地产整体市场低迷情况下,这是一种简单易行的方式。

1. (多选题) 新建商品房销售中,采取渠道电商销售模式的优势有(   )。

    A. 快速拓客   B. 提高回款速度
    C. 加速销售   D. 提高售价
    E. 降低代理费用

【答案】AC

【解析】渠道电商本质其实就是渠道整合。在房地产整体市场低迷的情况下,更多的项目销售现场是将当地的主流的房地产经纪机构等一些分散的渠道整合起来,以达到为开发企业快速拓客、加速销售的目的,同时整合之后的集中渠道才有能力向开发企业拿到更多的优惠以及更快地结算佣金。目前,该方式在新房销售中应用非常广泛。

【出处】《房地产经纪业务操作》(第四版) P238

2. (单选题) 在线下渠道的拓客方式中,成本低、转化率高的客户拓展方式是(   )。

    A. 电话拜访客户   B. 渠道电商
    C. 老带新   D. 巡展

【答案】C

【解析】老带新是一种成本低、转化率高的客户拓展方式,本质上是老客户推荐方式。

【出处】《房地产经纪业务操作》(第四版) P238

核心知识点 4:商品房销售许可文件公示及文件准备

1. 商品房销售许可文件公示

根据《城市房地产开发经营管理条例》和《城市商品房预售管理办法》的规定,房地产开发企业进行商品房预售时,应当在销售现场向商品房买受人公示《商品房预售许可证》,售楼广告和说明书应当载明《商品房预售许可证》的批准文号。

房地产开发企业在商品房销售现场应公示房地产开发企业取得的《企业法人营业执照》《房地产开发企业资质证书》《不动产权证》《建设用地规划许可证》《建设工程规划许可证》《建筑工程施工许可证》《房屋建筑工程竣工验收报告书》等文件。房地产开发企业销售商品住宅时,还应向买受人提供《住房质量保证书》和《住房使用说明书》。

如果委托房地产经纪服务机构销售商品房时,房地产经纪机构除了向买受人出示商品房销售的上述证明文件外,还要公示与房地产开发企业签署的商品房销售委托书和《房地产经纪服务机构备案证明》。

房地产开发企业在与买受人订立商品房买卖合同之前,应该向买受人明示《商品房销售管理办法》和《商品房买卖合同示范文本》。

商品房销售前要进行的价格及销售公示,是指经房地产开发企业盖章及物价局备案的价格信息及政府房地产交易联网的销售信息。房地产开发企业在销售现场还应向买受人公示本企业制定的《房地产买卖认购须知》《购房流程》《项目周边影响因素公示》《房源销售进度控制表》。

2. 销售文件

(1) 价目表

最终确定并用于销售的价目表需有房地产开发企业的有效盖章,以作为当期交易的价格依据。

(2) 置业计划

客户置业计划是根据购房者的需求,向其明确展示付款方式与支付金额的一种销售工具。置业计划应包括下列内容:推荐房号(单元)、户型、面积、价格、付款方式、首期款、月供、购房折扣、定金、备注以及购房者需要申明的事项。

(3) 购房须知和认购流程

项目通常采取一些更加规范的做法,在购楼须知书中增加了风险提示是指项目周边的配套设施可能存在的危险或不安全因素,如加油站、油库、垃圾(场)站等。

(4) 商品房认购协议书

销售人员在签署《房地产认购协议书》时应向购房者作如下提示:

第一,签订《房地产认购协议书》后是否可更名;

第二,签订《房地产认购协议书》后是否可换房;

第三,《房地产认购协议书》所指的单价是以套内面积还是建筑面积定价;

第四,应提示购房者认真阅读《房地产认购协议书》的所有内容;

第五,应提示购房者在确认购买前需了解的后续将要签署的相关文件及所展示的各项法律文书。

(5) 购房相关税费须知

(6) 抵押贷款须知

1.(多选题)房地产开发企业销售商品住宅时,应向买受人提供"两书","两书"主要包括(　　)。

　　A.《住宅质量保证书》　　　　B.《住宅使用说明书》
　　C.《住宅使用保证书》　　　　D.《住宅质量说明书》
　　E.《新建商品房认购协议书》

【答案】AB

【解析】房地产开发企业销售商品住宅时,还应向买受人提供《住房质量保证书》和《住房使用说明书》。

【出处】《房地产经纪业务操作》(第四版)P240

2.(多选题)新建商品房销售中,需要准备的销售文件包括(　　)。

　　A. 户型手册　　　　　　　　B. 置业计划
　　C. 销售导示牌　　　　　　　D. 抵押贷款须知
　　E. 购房相关税费须知

【答案】BDE

【解析】销售文件主要包括：价目表；置业计划；购房须知；商品房认购协议书；购房相关税费须知；抵押贷款须知；A、C选项属于宣传资料。

【出处】《房地产经纪业务操作》（第四版）P240

核心知识点5：现场接待

销售人员在现场接待客户的过程中，一是要根据项目特点，利用现场的销售工具，尽可能充分了解客户需求意向，适当地运用销售技巧及时捕捉成交信号。二是应注意风险防范。

销售现场接待关键环节与销售工具表

序号	关键环节	销售工具
1	上门客户信息确认、新旧房置换销售登记表	□《上门客户登记表》：记录客户基础信息 □《联动登记表》：记录联动客户信息
2	区域、沙盘、模型讲解；观看影像介绍	□竞争项目分析
3	参观园林、样板房	□项目手册
4	洽谈、沟通购房意向、算价	□竞品分析／项目手册 □房贷计算器 □算价单
5	告知购房流程、提示购房风险	□《购房须知》
6	（有限购情况下）购房、贷款资格了解	□《购房、贷款资格确认单》 □《某城市限购政策与购房资格说明》
7	记录客户信息	□《客户登记本》：详细记录客户信息

（单选题）观看影像介绍时，采用的销售工具为（　　）。

A. 项目手册　　　　　　　　B. 算价单
C. 购房须知　　　　　　　　D. 竞争项目分析

【答案】D

【解析】区域、沙盘、模型讲解；观看影像介绍时应采用的销售工具是竞争项目分析。

【出处】《房地产经纪业务操作》（第四版）P251

核心知识点6：商品房认购与合同签订

1. 商品房认购

房地产开发企业取得预售许可证后，应当在10日内开始销售商品房。未取得商品房预售许可证的项目，房地产开发企业不得非法预售商品房，也不得以认购（包括认订、登记、选号等）、收取预定款性质费用等各种形式变相预售商品房。

在签订商品房认购协议书时有三类风险：

风险1：房号销售与算价风险

（1）房号销售前，必须与项目经理仔细核对房号，避免错卖房号；
（2）利用房贷计算器算价，避免算错。

风险2：（针对限购未取消的城市）购买、贷款资格风险

（1）客户支付认购定金前，必须通过银行的征信系统进行信用情况查询，确认客户是否具备购房或贷款资格。

（2）客户支付认购定金前，须出示各地不动产档案资料查询大厅出具的《购房查档证明》。

风险3：变更风险

在签署认购协议书前须告知客户，认购协议书一旦签订并到房地产交易网上锁定房源，就不能随意进行增名、减名和改名，房号也不得随意变更。如果增名、减名或改名，需要办理相关手续，变更商品房买卖合同相关条款。

2. 商品房买卖合同签订

未满18周岁人士购房，须开具《监护公证》。

3. 商品房买卖合同签订中的风险

风险1：购房资金风险

风险2：变更风险

风险3：政策风险

1.（单选题）房地产开发企业取得预售许可证后，应当在（　　）。

A. 30日内开始销售商品房　　B. 20日内开始销售商品房
C. 10日内开始销售商品房　　D. 7日内开始销售商品房

【答案】C

【解析】房地产开发企业取得预售许可证后，应当在10日内开始销售商品房。

【出处】《房地产经纪业务操作》（第四版）P251

2.（单选题）在新建商品房认购中主要的风险不包括（　　）。

A. 购房资金风险　　B. 贷款资格风险
C. 购买资格风险　　D. 变更风险

【答案】A

【解析】在签订商品房认购协议书时有三类风险：房号销售与算价风险；购买、贷款资格风险；变更风险。

【出处】《房地产经纪业务操作》（第四版）P251～252

核心知识点7：住宅客户的类型

1. 依据购房面积划分客户

根据购房面积大小，客户表现出不同的消费特征。

（1）小户型客户特征

小户型客户，一种是首次置业客户，以满足刚性需求为购房目的，家庭结构相对简单，多为单身客、新婚小夫妻、异地养老客户。另一种客户是投资型客户，以满足获取出

租收益或转售增值收益为目的。由于小户型总价低、容易出租和转售,很多客户青睐于此而购买小户型。

(2) 中大户型客户特征

中大户型客户,多为二次或多次置业客户,目的多为改善居住条件。大中型客户通常家庭人口较多,多为三代人同住;对居住面积、产品户型及居住配套条件有更高的追求,关注生活便利性、舒适性,要求有较好的小区环境和物业服务。

(3) 大户型及别墅客户特征

大户型和别墅客户的置业经验相对比较丰富,对物业有自己独有的判断。他们表现比较低调,很讲道理,容易沟通,对自己的选择较自信,朋友的影响较关键,同时也接受销售人员提出的好建议。这类客户十分注重物业品质及物业形象,追求物业与客户身份地位的匹配度。

2. 依据置业目的划分客户

根据成交客户置业目的,可以将客户分为自用客户和投资客户。

(1) 自用客户特征

自用客户,购买的住房用于自己居住,其作为终极置业,看房非常仔细,关注建筑的每一个细节。客户会反复比较每栋房子的户型合理性、层高、采光、噪声、景观、室外花园、购房客户群等。朋友以及家人对客户购房决策有较大影响。

(2) 投资客户特征

投资客户,以获取租金收益和转售增值收益为目的,他们十分关注房产的保值增值空间和物业性价比,对房子的细节没有自用客户那么细。房屋总价低是吸引投资型客户购房的重要因素之一。

1.(单选题)首次置业客户,以满足刚性需求为购房目的客户类型为( )。
A. 小户型客户 B. 中大户型客户
C. 大户型客户 D. 别墅客户

【答案】A

【解析】小户型客户,一种是首次置业客户,以满足刚性需求为购房目的,家庭结构相对简单,多为单身客、新婚小夫妻、异地养老客户。另一种客户是投资型客户,以满足获取出租收益或转售增值收益为目的。

【出处】《房地产经纪业务操作》(第四版) P255

2.(单选题)自用客户和投资客户的分类标准是( )。
A. 购房面积 B. 置业目的
C. 客户需求 D. 客户性质

【答案】B

【解析】根据成交客户置业目的,可以将客户分为自用客户和投资客户。

【出处】《房地产经纪业务操作》(第四版) P255

核心知识点 8：住宅项目的销售方式

销售方式分为集中销售和自然销售两种，两者区别见下表。

内容	集中销售	自然销售
操作流程	确定前期积累客户选房顺序，正式发售前统一发出通知信息，客户凭借顺序号或现场摇号进行选房，未到或迟到者视为自动放弃	选房当天客户按照到场排队顺序进行选房，先到先得
开盘风险	当天到场选房的客户非常集中，若服务或购房流程设计不恰当，容易引起客户不满	热销盘客户会提前排队，维持秩序、解释规则所需的成本过高，容易引起客户情绪激化，风险较大
客户流失度	客户诚意度高，易于把握。但新客户很可能由于选不到心仪的房而流失	对客户没有约束力，客户诚意度难以把握，客户流失度高
市场关注度	只针对前期积累客户开盘，前期积累客户量多，具有一定的市场关注度	通过"先到先得"的形式引发客户了解欲、购买欲，市场关注度高
开盘销售率	由客户储备量和客户诚意度以及现场销售氛围决定	新老客户同等待遇，前期积累客户容易流失，对楼盘性质要求较高
适用楼盘	常规楼盘	产品类型、客户均少的楼盘

（多选题）下列关于集中销售和自然销售的说法，错误的有（　　）。
　　A. 自然销售适用于常规楼盘
　　B. 集中销售客户诚意度低，不易于把握
　　C. 集中销售适用于产品、客户均少的楼盘
　　D. 集中销售若服务或购房流程设计不当，容易引起客户不满
　　E. 自然销售对客户没有约束力，客户诚意度难以把握，客户流失度高
【答案】ABC
【解析】A 选项表述错误，集中销售适用于常规楼盘；B 选项表述有误，集中销售客户诚意度高，易于把握；C 选项表述错误，自然销售适用于产品、客户均少的楼盘。
【出处】《房地产经纪业务操作》（第四版）P261

核心知识点 9：写字楼定位及物业发展建议

1. 本体项目资源属性判断
（1）项目规划指标分析
项目规划指标主要包括项目四至、建设指标分析和地块形状分析。具体包括地块总用地面积、容积率、建筑面积、限高、建筑密度、退红线、地块形状、地块内部状况等。同时还要特别分析地块周边的现状情况、区域发展趋势，同时寻找地块的主昭示面，判断地块位置是否紧邻城市主要道路两侧，未来楼体位置是否吸引城市人流及便于车流的视觉关注。
（2）项目经济指标分析
写字楼项目经济指标涉及土地取得成本、建设成本、管理费用、销售费用、投资利息、销售税、开发利润。分析项目的收益性，可以通过计算年收益率、内部收益率、预期

销售价格、预期出售租金等分析项目的经济性。

（3）区域属性判断

（4）景观资源分析

（5）周边商业配套成熟度判断。判断地块周边区域与企业办公相关的商业服务设施的配套程度，重点考察餐饮服务配套、金融服务配套以及便利服务设施等，例如，餐厅、银行、电信服务厅、便利店等。

（6）路网情况判断

（7）其他资源优劣势判断

2．入市时机分析

（1）宏观经济

写字楼项目运作与宏观经济的正相关性决定了对写字楼市场的判断应当从城市宏观经济的发展大势入手。具体而言，写字楼市场的发展与城市 GDP 产值、CPI、第三产业、相关经济政策等有着极为密切的关系。

（2）城市规划分析

城市规划对写字楼的升值影响也格外重要，主要通过地区规划定位、城市规划定位、城市空间结构、城市产业规划、片区区域规划、其他利好信息等方面了解城市规划对该项目的影响。

3．写字楼项目的市场分析

与城市经济发展水平与城市定位相关，不同城市的写字楼市场发展阶段不同，客户构成也不同。对于一个城市的写字楼市场的把握可从产品、客户、售价／租金走势三大方面来分析。

4．项目市场定位与产品类型界定

（1）市场定位

综合考虑开发企业的开发目标、项目资源属性、地区经济与写字楼市场发展趋势以及区域写字楼市场发展现状后，应基于"核心目标导向、优质资源利用、客户需求支撑、市场风险最小化"原则，对项目进行科学的市场定位。

（2）产品类型的界定

办公用途物业伴随其企业客户群的核心需求变化不断演绎，形成了细分产品：

1）商务公寓。商务公寓以办公为主要用途的小面积办公空间，也可以作为城市中心区家庭居住，多设置独立卫生间，适合于小型企业办公需求，运营成本相对于纯正写字楼较低，物业硬件水平及形象档次亦较低。

2）写字楼。以办公为唯一用途的典型办公物业，根据建筑设计要求及软硬件配置水平，可分为超甲级、甲级、乙级等，不同档次的写字楼与不同发展阶段、规模实力的企业相匹配。

3）LOFT。LOFT 办公室指由旧厂房或仓库改造而成的空间形式，少有内墙隔断的高挑开敞空间。在现代写字楼产品链中，指层高满足室内可灵活搭建为两层甚至三层的办公空间，适合于文化创意产业类企业空间需求。

目前还出现了商务综合体，它是以商务功能为核心，将写字楼、商务公寓、商业、酒店、居住型公寓等产品类型有机结合为一体的综合物业类型，以规模化、高端化、多元化为核心竞争力。

5. 写字楼项目的物业发展建议

1.（单选题）判断未来楼体位置是否便于吸引城市人流与车流的视觉关注，属于写字楼资源属性判断中的（　　）。

　　A. 景观资源分析　　　　　　B. 路网情况判断
　　C. 项目规划指标分析　　　　D. 项目经济指标分析

【答案】C

【解析】项目规划指标主要包括项目四至、建设指标分析和地块形状分析。具体包括地块总用地面积、容积率、建筑面积、限高、建筑密度、退红线、地块形状、地块内部状况等。同时还要特别分析地块周边的现状情况、区域发展趋势，同时寻找地块的主昭示面，判断地块位置是否紧邻城市主要道路两侧，未来楼体位置是否吸引城市人流及便于车流的视觉关注。

【出处】《房地产经纪业务操作》（第四版）P264

2.（单选题）适合于文化创意产业类企业空间需求的写字楼产品类型为（　　）。

　　A. LOFT　　　　　　　　　　B. 写字楼
　　C. 商务公寓　　　　　　　　D. 商务综合体

【答案】A

【解析】LOFT是由旧工厂或仓库改造而成的空间形式，少有内墙隔断的高挑开敞空间，适合于文化创意产业类企业空间需求的写字楼。

【出处】《房地产经纪业务操作》（第四版）P267

核心知识点10：写字楼项目销售策略制定

1. 写字楼项目的形象定位

（1）项目属性定位

界定项目在当前写字楼市场的档次定位与特色属性，依据项目的产品特点和内外部资源优势。例如，"CBD首席商务综合体""商务地标""花园CBD""高端写字楼"等都精准地表达了项目的属性定位。

（2）目标客户定位

1）片区写字楼客户调查

房地产经纪机构代理写字楼项目的销售和出租，需要对片区正在运营中的写字楼客户进行调查。一般有三种调查方式：

第一种是楼层指引牌统计，即通过经纪人现场到每个写字楼大厅，记录各栋物业在企业标牌上登记的现有进驻企业名录，估算各企业的使用面积，整理分析片区企业客户的行业特征、办公面积需求、企业性质等；

第二种是电话访问客户，了解客户在产品购买、使用过程中的关注价值点；

第三种是大客户访谈，重点了解高端客户对区域写字楼的关注价值取向。通过翔实的调查数据，对片区企业客户的行业特征、规模实力、办公面积需求、来源区域、购买关注点、置业目的等进行总结和分析，描述客户的购买和使用特征，为项目客户定位提供支撑。

2）目标客户定位

① 核心客户群锁定：根据片区现有写字楼客户的调查分析，将主流行业（主导产业或者政府规划的主导产业方向）、主流发展规模（占比较大的企业发展规模）、主流来源区域（企业迁出的来源地）的企业作为项目核心客户群；

② 重要客户群锁定：根据片区现有写字楼客户的调查分析，将次主流行业、次主流来源区域的企业以及基于片区新增规划利好、项目产品特色吸引性等因素，判断可能新增的企业客户作为项目重点客户群；

③ 游离客户群界定：根据片区现有写字楼客户调查分析，将非主流行业、非主流来源区域的企业以及在非投资过热时期的纯投资型客户作为游离客户群。

（3）项目形象定位

结合项目的产品定位和客户定位，融合项目区域价值、本体价值及其他有利因素，如开发企业品牌价值，对项目进入市场的标志性形象进行描述，或提炼关键词。写字楼项目形象定位的注意要点有三个，即清晰的商务感、核心卖点体现、语句简练具有张力。

2. 写字楼项目的销售策略制定

（1）销售策略制定的出发点

1）以市场竞争优势为主导的销售策略制定

该方式适用于同期市场可能存在有力竞争对手的情况。

2）以目标客户需求为主导的销售策略制定

该方式适用于写字楼初始进入非成熟商务区域，或同期市场不存在明显竞争对手的情况。

3）以项目差异化特点为主导的销售策略制定

该方式适用于项目本身具有独特性、商务客户群体较为成熟的情况。

（2）销售推广策略

由于写字楼项目主流客户的企业属性与商务属性，在选择推广渠道以及制定相关设计及活动方案时，应当关注以下三个方面的内容：第一，营销渠道受众面重点为企业高层人员或社会高端人士；第二，在广告宣传的画面与文案设计方面，必须明确体现商务气质；第三，在活动主题的选择时，把握商务客户的敏感点，并在活动形式方面体现高端商务特色。

（3）销售展示策略

写字楼项目现场展示与住宅的差异主要源于主流客户的商务性与高端性，同时客户集中上门可能性较小，因此在现场包装设计、服务内容与流程制定时，应当确保提升品质感与尊贵感，体现商务气质，建立专业形象，即通过展示内容及服务交流内容的专业程度，建立与高端商务客户的对话平台。展示销售处及样板区展示同样重要，写字楼与住宅不同于产权单位内部实际使用方式与布局多元化，因此销售期内通常进行样板层展示，概念样板间或清水样板间引导，而非精细化的样板间展示。

（4）客户策略

写字楼项目中的客户销售策略，通常是基于锁定的目标客户群，结合相应推广渠道，形成针对细分客户类型的有效诉求点及销售解决方案。

（单选题）写字楼项目进行目标客户定位时，根据片区现有写字楼客户的调查分析，将主流行业、主流发展规模、主流来源区域的企业作为（　　）。

A. 游离客户群 B. 重要客户群
C. 普通客户群 D. 核心客户群

【答案】D

【解析】根据片区现有写字楼客户的调查分析，将主流行业（主导产业或者政府规划的主导产业方向）、主流发展规模（占比较大的企业发展规模）、主流来源区域（企业迁出的来源地）的企业作为项目核心客户群。

【出处】《房地产经纪业务操作》（第四版）P270

核心知识点 11：写字楼项目的销售执行

1. 制订销售推广计划

写字楼项目自销售团队进场至销售完成一般需要经历进场期、蓄客期、开盘期、持销期以及稳定消化期五大阶段，其中前三个阶段内由于涉及形象导入与推广以及集中开盘销售等重要环节，因此成为一个写字楼项目销售执行的重中之重。

2. 确定价格

确定写字楼项目价格可以依据第二章定价方法，对于写字楼而言，确定核心均价还有以下一些不同的地方：① 要基于项目目标。根据目标理性定价，兼顾利润及回款速度。② 要基于蓄客期现场客户反馈。③ 基于合理租金和收益率下测算销售价格。④ 基于竞争项目价格对比计算租金和销售价格。根据写字楼市场比较法一般方法论及本项目的具体情况，遵循同质、同片区、同时段、同客户的原则选择参照楼盘。一般可以选择 3 个及以上楼盘进行参照，通过市场调查分析，得出每个项目的核心租金值；然后再从区位优势、楼盘质素、品牌三大因素下的九项指标进行比准；选取加权平均租金作为参考租金。

3. 销售开盘准备

（1）积极与意向客户进行沟通

写字楼与住宅销售最大的不同在于其客户量相对较少，且集中上门可能性较低，写字楼产品单位形态相对统一，内部替代性较强，因此写字楼项目较少采取集中式开盘形式，而是在取得预售许可证后，采用大客户先行策略，先分批消化大客户及诚意客户，确保前期积累客户及时消化。

（2）开盘活动造势

1）开盘活动的时机

开盘活动必须在充分的蓄客准备以及前期一定量客户成交或准成交的基础之上举办。

2）开盘活动的场地选择

在通常情况下，若项目现场满足活动场地布置的需要，开盘活动均在项目现场举办，这样有利于销售引导与客户决策；如果项目现场不具备条件，写字楼开盘活动可租用临近项目现场的高级酒店会议厅举行，这种形式在卖方市场状态下较为适用。

3）开盘活动的形式

写字楼项目的开盘活动往往可以与产品发布会、封顶活动等相结合，增加开盘当日正向信息传递，提升客户信心。商务感与高端属性是把握写字楼开盘活动调性的两大原则。

4. 写字楼项目销售管理

（1）写字楼销售人员的筛选与培训

①商务气质形象；②具备丰富的综合知识面；③具备基本外语交流能力。

（2）写字楼销售流程的重点与难点

1）现场高端商务印象建立

2）房号销控

与住宅的最大不同，写字楼销控的难点是由于企业需求面积跨度较大，产品通常存在灵活的可拼合性。这对楼层销控与平面层不同房号单位的销控均提出较高要求。良好的写字楼销控往往应该保持整栋或整层销售的连续性，避免出现个别房号拆散滞销。

3）银行抵押贷款协助

4）制作写字楼销售手册内容

5）严格的成交和签约办理流程

整个成交签约过程分为三个环节：第一是现场接待；第二是认购；第三是签约，这一阶段是整个过程的核心。

（3）写字楼客户消费特征与心理分析

①客户更关注写字楼的形象。②写字楼客户对周边交通的便捷程度有较高要求，对到达机场、火车、港口的时间比较关注。③具有自用兼顾投资的心理特征。④购买决策更加理性。⑤后续使用成本的核算，包括物业服务、电梯、空调、停车、水电、网络等。

1.（多选题）对写字楼销售人员进行筛选与培训时，应注重销售人员的（　　）。

　　A. 商务形象与气质　　　　　　B. 商务决策意识
　　C. 业务代办能力　　　　　　　D. 具备基本外语交流能力
　　E. 具备丰富的综合知识面

【答案】ADE

【解析】写字楼销售人员的筛选与培训应注意的问题包括：①商务气质形象；②具备丰富的综合知识面；③具备基本外语交流能力。

【出处】《房地产经纪业务操作》（第四版）P279

2.（多选题）写字楼销售流程的重点与难点有（　　）。

　　A. 房号销控　　　　　　　　　B. 银行抵押贷款协助
　　C. 开盘活动场地的选择　　　　D. 现场高端商务印象建立
　　E. 对周边交通便捷度的要求

【答案】ABD

【解析】写字楼销售流程的重点与难点包括：现场高端商务印象建立；房号销控；银行抵押贷款协助；制作写字楼销售手册内容；严格的成交和签约办理流程。

【出处】《房地产经纪业务操作》（第四版）P279～280

核心知识点 12：商业地产的特征

1. 商业地产的定义和分类

商业地产是指用于各种零售、餐饮、娱乐、健身服务、休闲等经营用途的房地产形式，从经营模式、功能和用途上区别于普通住宅、公寓、写字楼、别墅等房地产形式。

2. 商业地产的特征

（1）收益多样性

（2）盈利模式多元化

1）只售不租。通过让渡商业地产产权，短期内回收投资。

2）只租不售。开发企业拥有产权，租赁经营，通过收取租金或提取折扣率赢得利润。

3）租售并举。部分出租，部分出售。

4）自行经营。同时赚取投资开发利润和商业经营利润。

（3）权益复杂与利益平衡

1．（多选题）商业地产的特征不包括（　　）。
　　A. 收益多样性　　　　　　B. 销售商务性
　　C. 盈利模式多元化　　　　D. 权益复杂与利益平衡

【答案】B

【解析】商业地产的特征主要包括：收益多样性；盈利模式多元化；权益复杂与利益平衡。

【出处】《房地产经纪业务操作》（第四版）P282

2．（多选题）商业地产的盈利模式包括（　　）。
　　A. 作价入股　　　　　　　B. 只售不租
　　C. 租售并举　　　　　　　D. 只租不售
　　E. 自行经营

【答案】BCDE

【解析】商盈利模式多元化包括：只租不售；只售不租；租售并举；自行经营。

【出处】《房地产经纪业务操作》（第四版）P282

核心知识点 13：商业综合体的定位

1. 客户定位

商业地产项目的客户有三类：消费者、经营者、投资者。

（1）消费者定位

找准周边环境中最具潜力的消费需求。周边环境中的人群包括居住者、工作族、经商人员、行人等。

（2）经营者定位

招揽什么样的商家进店，实际上在很大程度上决定项目"卖什么""卖给谁""怎么卖"等重要的经营和管理问题。要准确定位，就应结合以下五个方面考虑：

1）项目的目标消费群、商圈的范围；
2）项目的经营特色；
3）项目的建筑特点及各类指标限制；
4）项目所在地的消费文化、消费倾向；
5）市场消费的未来趋势。
（3）投资者定位
目前行业内的商铺供应主要有两类：一种是专业市场商铺；另一种是零售商铺。

2. 业态定位

商业业态指经营者为满足不同的消费需求而形成的经营模式或经营形态，即商业为满足消费需求而确立的经营形态，关注的是"怎么卖"才能更好地满足消费需求。

（1）业态定位

业态定位，就是商业地产项目引进什么样的零售业态，业态定位准确与否，很大程度决定商业地产项目的成功或失败。业态定位考虑因素有：
1）项目整体功能组合、单层功能组合设计；
2）各业态商家对楼层、位置、进深、面宽等要求；
3）项目整体市场需求；
4）商圈融合性。

（2）业种、业态组合定位

按照经营商品分类确定商业的类型，关注的是"卖什么"，重点是商品。

业态组合定位考虑因素有：
1）要有利于商业地产项目的销售及后期持续经营；
2）能聚集人气，形成商业氛围；
3）要适合市场的实际需求、消费者购物习惯、周边商业状况；
4）要做到同业差异化、异业互补，避免内部竞争。

业种组合的模式包括：
1）互补式，根据商品的不同属性，以相互补充为原则进行业种规划；
2）衍生式，属于同种业种，但是该业种的衍生产物；
3）综合式，商品品种多，品牌齐，形成交叉业种组合。

3. 功能定位

不同商业地产项目因业态定位组合的不同，决定了商业功能的差异，商业地产项目的功能一般有购物功能、休闲功能、娱乐功能、服务功能等，商业功能可以是单一的，也可以是多种功能。商业功能定位指导商业业态定位，商业业态定位决定了商业功能定位。

4. 规模定位

商业规模定位考虑的因素包括：
（1）周边购买力的支撑度；
（2）周边的商业配套完善性（如交通的可达性）；
（3）消费者每次持续购物的时间长度；
（4）商品品种的比例及要求。

5. 档次定位

商业地产项目形象定位实际是商业经营企业的形象定位，商业形象的定位不仅能提升商业竞争力，而且能成就商业物业无形的品牌资产。商业地产项目档次一般分为高级、中高级、中档、大众化等类型。而影响项目商业档次定位的因素又包括项目规模、项目位置及周边购买力、消费结构及消费习惯、竞争项目档次等。

1.（多选题）经营者定位应考虑的因素包括（　　）。
　　A. 商圈融合性　　　　　　　　B. 项目的经营特色
　　C. 项目的目标消费群　　　　　D. 市场消费的未来趋势
　　E. 项目所在地的消费文化、消费倾向

【答案】BCDE

【解析】经营者定位应考虑的因素包括：① 项目的目标消费群、商圈的范围；② 项目的经营特色；③ 项目的建筑特点及各类指标限制；④ 项目所在地的消费文化、消费倾向；⑤ 市场消费的未来趋势。

【出处】《房地产经纪业务操作》（第四版）P287

2.（多选题）业态定位应考虑的因素包括（　　）。
　　A. 项目所在地的消费文化　　　B. 项目的经营特色
　　C. 项目整体功能组合　　　　　D. 项目整体市场需求
　　E. 各业态商家对楼层、位置的要求

【答案】CDE

【解析】业态定位考虑因素有：① 项目整体功能组合、单层功能组合设计；② 各业态商家对楼层、位置、进深、面宽等要求；③ 项目整体市场需求；④ 商圈融合性。

【出处】《房地产经纪业务操作》（第四版）P287~288

核心知识点 14：商业地产项目的销售执行

1. 客户特性分析

客户购买商业地产项目的目的通常有 3 种：自营、租赁、转售（短期回报）。

投资客户一般要考虑以下四类因素：① 投资回报和项目的可持续发展前景。② 周边环境：地段位置、人流车流状况、商业氛围、片区政府规划。③ 升值潜力。④ 商业地产项目建筑结构及形态：开间进深、形状面积，以街铺为首选。

2. 商铺投资回报率

年投资回报率简化公式：投资回报率＝月租金×12（个月）/售价

商铺投资合理的年投资回报率一般为 8%~12%。

投资回收期简化公式：投资回收期＝售价/月租金×12（个月）

注：商铺投资合理的回收期限一般为 8~12 年。

（单选题）商业地产客户投资需要考虑的因素不包括（　　）。
　　A. 周边环境　　　　　　　　　B. 升值潜力

C. 投资回报　　　　　　　　D. 房号销控方式

【答案】D

【解析】商业地产投资客户一般要考虑以下四类因素：①投资回报和项目的可持续发展前景。②周边环境：地段位置、人流车流状况、商业氛围、片区政府规划。③升值潜力。④商业地产项目建筑结构及形态：开间进深、形状面积，以街铺为首选。

【出处】《房地产经纪业务操作》（第四版）P293

【真题实测】

一、单选题（每题的备选答案中只有 1 个最符合题意）。

1. 能够详细说明新建商品房建筑指标，并可理解为一本简单的"产品说明书"的宣传资料是（　　）。
   A. 形象楼书　　　　　　　　B. 功能楼书
   C. 户型手册　　　　　　　　D. 宣传单张

2. 房地产经纪人向新建商品房购房人解释客户《购房须知》中的风险提示时，应重点向购房人详细解释（　　）。
   A. 价目表中每个单位房号与实物的对应关系
   B. 项目周边是否有加油站、油库、垃圾站等配套设施
   C. 销售价格形成过程
   D. 项目的产品价值和户型价值

3. 房地产经纪人在新建商品房销售现场与购房客户洽谈和计算价格时，必须携带的销售工具是（　　）。
   A. 上门客户登记表　　　　　B. 贷款资格确认单
   C. 房贷计算器　　　　　　　D. 购房须知

4. 针对改善居住条件的二次置业客户，房地产经纪人应重点推介的房源是（　　）。
   A. 小户型　　　　　　　　　B. 中小户型
   C. 中大户型　　　　　　　　D. 独栋别墅

5. 在写字楼项目的目标客户定位中，根据片区现有写字楼客户的调查分析，一般将主流来源区域的企业作为项目的（　　）。
   A. 核心客户群　　　　　　　B. 重要客户群
   C. 普通客户群　　　　　　　D. 游离客户群

6. 在新建商品房销售中，房地产经纪机构对项目区域内的大型企事业单位等客户进行拓展的线下渠道是（　　）。
   A. 大客户拓展　　　　　　　B. 派单
   C. 巡展　　　　　　　　　　D. 客户拦截

7. 新建商品房的房地产销售工作的启动时点，一般是（　　）。
   A. 项目启动　　　　　　　　B. 项目竣工
   C. 客户上门　　　　　　　　D. 取得预售许可证

8. 新建商品房购房客户在签署认购协议书前，房地产经纪人须告知客户，认购协议

书一旦签订,并到房地产交易网上锁定房源,就不能(　　)。

　　A. 调整付款方式　　　　　　B. 单方增名、减名和改名
　　C. 选择纠纷法律解决途径　　D. 更改购房人联系方式

9. 为了做好写字楼目标客户定位,房地产经纪人对片区正在运营的写字楼进行调查,应(　　)。

　　A. 从城市写字楼发展报告中整理写字楼行情数据
　　B. 调查片区规划实施情况
　　C. 现场到写字楼大厅,记录各栋物业企业标牌上登记的入驻企业名称
　　D. 对中小客户进行访谈,了解客户对高端写字楼的需求

10. 房地产经纪人以"商户首选原则为高知名度主力商户"作为商业地产招商原则时,(　　)。

　　A. 主力商户的经营业态最好相同,以增加商户的竞争性
　　B. 可以适当降低核心主力商户的租金
　　C. 将主力商户集中放在经营轴线的中间
　　D. 至少引进两家核心主力商户,以提高商业地产的人流量

11. 相较于住宅销售,写字楼销售最大的不同点是(　　)。

　　A. 产品单位形态相对统一　　B. 客户集中上门可能性较低
　　C. 内部替代性较强　　　　　D. 客户量相对较少

12. 判断写字楼项目周边配套成熟度的要素中,不包括(　　)。

　　A. 便利服务设施　　　　　　B. 餐饮服务配套
　　C. 金融服务配套　　　　　　D. 蔬菜批发市场

13. 以图片、文字及数据形式来展示房地产开发项目的综合信息的宣传资料是(　　)。

　　A. 功能楼书　　　　　　　　B. 项目楼书
　　C. 户型手册　　　　　　　　D. 形象楼书

14. 下列客户类型中,通常不会购买小户型住宅的客户是(　　)。

　　A. 单身客　　　　　　　　　B. 生育二胎的家庭
　　C. 新婚小夫妻　　　　　　　D. 异地养老客户

15. 房地产经纪机构在代理销售写字楼项目时,在广告画面、推广语、活动主题、售楼处装修风格等方面均需明确体现写字楼的(　　)。

　　A. 客户属性　　　　　　　　B. 区域属性
　　C. 商务属性　　　　　　　　D. 资源属性

16. 关于新建商品房认购协议书的说法,错误的是(　　)。

　　A. 认购协议书是开发企业用以锁定客户的一种方式
　　B. 不同开发企业所使用的认购协议书的内容不尽相同
　　C. 认购协议书可视为商品房买卖合同
　　D. 认购协议书有时也称为购房意向书

二、多选题(每题的备选答案中有2个或2个以上符合题意)。

17. 关于购买新建商品住房客户特征的说法,正确的有(　　)。

　　A. 投资客户十分关注房屋质量

B. 自用客户期待房屋保值增值空间
C. 首次置业的客户对房价十分敏感
D. 购买别墅的客户通常有丰富的置业经验
E. 购买大户型住房的客户对小区环境有较高要求

18. 在交易双方签订新建商品房认购书时，房地产经纪人应注意的风险有（　　）。
A. 房号误配，错卖房号　　　　B. 房贷计算错误
C. 客户不具有购房资格　　　　D. 合同主体随意变更
E. 市场类似房屋价格下跌

19. 在签订商品房认购协议书时，销售人员要防范的风险主要有（　　）。
A. 房号销售与算价风险　　　　B. 商品房质量风险
C. 购房主体变更风险　　　　　D. 客户购买资格和贷款资格风险
E. 工程进度风险

【真题实测答案】

1．【答案】B
【解析】功能楼书专业性较强，可以理解为一本简单的"产品说明书"。
【出处】《房地产经纪业务操作》（第四版）P236

2．【答案】B
【解析】项目通常采取一些更加规范的做法，在购楼须知书中增加了风险提示，它是指项目周边的配套设施可能存在的危险或不安全因素，如加油站、油库、垃圾（场）站等。
【出处】《房地产经纪业务操作》（第四版）P242

3．【答案】C
【解析】房地产经纪人在新建商品房销售现场与购房客户洽谈和算价时，必须携带的销售工具是房贷计算器。
【出处】《房地产经纪业务操作》（第四版）P251

4．【答案】C
【解析】中大户型客户，多为二次或多次置业客户，目的多为改善居住条件。
【出处】《房地产经纪业务操作》（第四版）P255

5．【答案】A
【解析】核心客户群锁定是指根据片区现有写字楼客户的调查分析，将主流行业、主流发展规模、主流来源区域的企业作为项目核心客户群。
【出处】《房地产经纪业务操作》（第四版）P270

6．【答案】A
【解析】大客户拓展的依据主要来自项目客户地图和客户分析，针对项目所在区域内的大型企事业单位、政商机构等群体性客户进行拓展、挖掘和维系。
【出处】《房地产经纪业务操作》（第四版）P237

7．【答案】A
【解析】房地产销售工作一般在项目开始时就启动，因此，经纪机构通常会介入房

地产项目开发经营的全过程，包括为房地产开发企业提供市场调查、产品定位、客户定位、营销推广、销售组织以及协助物业交付和代办不动产产权登记、融资贷款等一系列服务。

【出处】《房地产经纪业务操作》（第四版）P234

8.【答案】B

【解析】在签署认购协议书前须告知客户，认购协议书一旦签订并到房地产交易网上锁定房源，就不能随意进行增名、减名和改名，房号也不得随意变更。如果增名、减名或改名，需要办理相关手续，变更商品房买卖合同相关条款。

【出处】《房地产经纪业务操作》（第四版）P252

9.【答案】C

【解析】房地产经纪机构对片区正在运营中的写字楼客户进行调查，一般分为三种调查方式：① 楼层指引牌统计，通过现场到每个写字楼大厅，记录各栋物业在企业表牌子上登记的现有进驻企业名录，估算各企业的使用面积；② 电话访问客户；③ 大客户访谈，重点了解高端客户对区域写字楼的关注价值取向。

【出处】《房地产经纪业务操作》（第四版）P269

10.【答案】B

【解析】相对于非主力零售商户的招商条件，核心主力零售店必须引入知名度高的大商家，故核心主力零售店的招商较困难且招商条件放得较宽，造成核心主力零售店的提成或租金收入偏低。

【出处】《房地产经纪业务操作》（第四版）P289

11.【答案】D

【解析】写字楼与住宅销售最大的不同在于其客户量相对较少，且集中上门可能性较低，写字楼产品单位形态相对统一，内部替代性较强，因此写字楼项目较少采取集中式开盘形式，而是在取得预售许可证后，采用大客户先行策略，先分批消化大客户及诚意客户，确保前期积累客户及时消化。

【出处】《房地产经纪业务操作》（第四版）P278

12.【答案】D

【解析】判断地块周边区域与企业办公相关的商业服务设施的配套程度，重点考察餐饮服务配套、金融服务配套以及便利服务设施等，例如，餐厅、银行、电信服务厅、便利店等。

【出处】《房地产经纪业务操作》（第四版）P264

13.【答案】B

【解析】项目楼书将项目的综合信息，以图片、文字及数据形式来描述。项目楼书包括形象楼书和功能楼书。

【出处】《房地产经纪业务操作》（第四版）P236

14.【答案】B

【解析】小户型客户，一种是首次置业满足刚性需求为购房目的，家庭结构相对简单，多为单身客、新婚小夫妻、异地养老客户；另一种是投资型客户。生育二胎的家庭一般以改善居住条件为目的，往往追求中大型住宅。

【出处】《房地产经纪业务操作》(第四版) P255

15.【答案】C

【解析】基于写字楼客户的企业客户属性以及写字楼购买的企业行为特征,针对该类客户的项目销售各个环节均需明确体现商务属性。例如,在项目案名、广告画面、推广语、售楼处装修风格、活动主题、销售人员形象、销售流程与销售语言等方面均以突出商务属性为核心原则。

【出处】《房地产经纪业务操作》(第四版) P263

16.【答案】C

【解析】购房者通过销售人员的介绍,对所购房物业全面了解后,选定自己购买的房屋单元,这时需以缴纳定金并签订《房地产认购协议书》的形式,来确定购房者对该房号的认购权以及正式签订《商品房买卖合同》的时间。自认购书签订一段时间内,买卖双方正式签订了商品房买卖合同,则一旦合同签订,认购书效力即为终止。

【出处】《房地产经纪业务操作》(第四版) P244

17.【答案】CDE

【解析】A 选项,投资客户更关注房产的保值增值空间和物业性价比;B 选项,自用客户比较关注房屋的细节,而非保值增值空间。

【出处】《房地产经纪业务操作》(第四版) P255

18.【答案】ABCD

【解析】在签订商品房认购书时的风险包括:房号销售与算价风险;购买、贷款资格风险;变更风险。

【出处】《房地产经纪业务操作》(第四版) P251～252

19.【答案】ACD

【解析】在签订商品房认购协议书时有三类风险:房号销售与算价风险;针对限购未取消的城市购买、贷款资格风险;变更风险。

【出处】《房地产经纪业务操作》(第四版) P251～252

【章节小测】

一、单选题(每题的备选答案中只有 1 个最符合题意)

1. 将项目所有户型详细完整展现出来的小册子,通常第一页有项目的总平面图的宣传资料是(   )。

   A. 户型手册　　　　　　　　B. 形象楼书
   C. 折页　　　　　　　　　　D. 单张

2. 新建商品房销售准备的宣传资料不包括(   )。

   A. 销售导示牌　　　　　　　B. 宣传展板
   C. 户型手册　　　　　　　　D. 价目表

3. 以办公为唯一用途的典型办公物业的产品类型为(   )。

   A. LOFT　　　　　　　　　　B. 写字楼
   C. 商务公寓　　　　　　　　D. 商务综合体

4. 同时赚取投资开发利润和商业经营利润的盈利模式为(   )。

A. 只租不售 B. 自行经营
C. 租售并举 D. 只售不租

5. 属于同种业种，但是该业种的衍生产物，属于业种组合模式中的（ ）。
A. 互补式 B. 衍生式
C. 集中式 D. 综合式

6. 商品品种多，品牌齐，形成交叉业种组合属于业种组合模式中的（ ）。
A. 综合式 B. 分散式
C. 集中式 D. 互补式

7. 告知购房流程、提示购房风险时，应使用的销售工具是（ ）。
A. 项目手册 B. 购房须知
C. 房贷计算器 D. 购房、贷款资格确认单

8. 二次或多次客户置业，目的多为改善居住条件的住宅客户类型为（ ）。
A. 别墅客户 B. 小户型客户
C. 大户型客户 D. 中大户型客户

9. 写字楼项目进行目标客户定位时，根据片区现有写字楼客户的调查分析，将非主流行业、非主流来源区域的企业作为（ ）。
A. 核心客户群 B. 重要客户群
C. 普通客户群 D. 游离客户群

10. 决定销售人员数量的因素不包括（ ）。
A. 销售价格 B. 销售阶段
C. 销售目标 D. 项目销售量

11. 功能楼书所介绍的内容不包括（ ）。
A. 社区公共配套 B. 建筑要点
C. 核心卖点 D. 交楼标准

12. 下列客户拓展实践的渠道中，属于线上渠道拓客的是（ ）。
A. 即时聊天工具 B. 渠道电商
C. 大客户拓展 D. 电话拜访客户

13. 目前市场上积累客户的方式有通过渠道拓展和（ ）。
A. 户外广告 B. 现场营销
C. 老客户介绍 D. 客户主动上门

14. 确定住宅项目核心价格的常用方法是（ ）。
A. 市场比较法 B. 目标利润法
C. 成本法 D. 收益法

二、多选题（每题的备选答案中有2个或2个以上符合题意）

15. 项目的经济指标主要涉及（ ）。
A. 容积率 B. 投资利息
C. 管理费用 D. 销售费用
E. 地块总用地面积

16. 写字楼的产品特性包括（ ）。

A. 收益多样性 B. 项目运作专业性
C. 盈利模式多元化 D. 与宏观经济的正相关性
E. 购房或承租客户多为企业

17. 写字楼项目的运作目标包括（　　）。
A. 服务目标 B. 均衡目标
C. 品牌目标 D. 快速回收成本目标
E. 综合利益最大化目标

18. 按照置业目的，可以将客户分为（　　）。
A. 自用客户 B. 投资客户
C. 别墅客户 D. 大户型客户
E. 中大户型客户

19. 目前市场上积累客户的方式包括（　　）。
A. 户外广告 B. 老客户介绍
C. 客户主动上门 D. 现场营销
E. 通过渠道拓展

【章节小测答案】

1.【答案】A

【解析】户型手册是一本将项目所有的户型详细完整展现出来的小册子。通常第一页有项目的总平面图，客户可以从总平面图清楚地了解项目的整体布局、不同户型所在的位置，更有利于销售人员向客户讲解，另外也方便客户自己查阅。

【出处】《房地产经纪业务操作》（第四版）P236

2.【答案】D

【解析】宣传资料准备包括项目楼书、户型手册、宣传展板、销售导示牌、折页、单张。

【出处】《房地产经纪业务操作》（第四版）P236

3.【答案】B

【解析】写字楼是以办公为唯一用途的典型办公物业。

【出处】《房地产经纪业务操作》（第四版）P267

4.【答案】B

【解析】自行经营是指同时赚取开发利润和商业经营利润的行为。

【出处】《房地产经纪业务操作》（第四版）P282

5.【答案】B

【解析】业种组合的模式包括：① 互补式，根据商品的不同属性，以相互补充为原则进行业种规划；② 衍生式，属于同种业种，但是该业种的衍生产物；③ 综合式，商品品种多，品牌齐，形成交叉业种组合。

【出处】《房地产经纪业务操作》（第四版）P288

6.【答案】A

【解析】业种组合的模式包括：① 互补式，根据商品的不同属性，以相互补充为原则进行业种规划；② 衍生式，属于同种业种，但是该业种的衍生产物；③ 综合式，商品品种多，品牌齐，形成交叉业种组合。

【出处】《房地产经纪业务操作》（第四版）P288

7.【答案】B

【解析】告知购房流程、提示购房风险时，应使用的销售工具是购房须知。

【出处】《房地产经纪业务操作》（第四版）P251

8.【答案】D

【解析】中大户型客户，多为二次或多次客户置业，目的多为改善居住条件。

【出处】《房地产经纪业务操作》（第四版）P255

9.【答案】D

【解析】根据片区现有写字楼客户调查分析，将非主流行业、非主流来源区域的企业以及非投资过热时期的纯投资客户类型作为游离客户群。

【出处】《房地产经纪业务操作》（第四版）P270

10.【答案】A

【解析】一般根据项目的销售阶段、项目销售量、销售目标、宣传推广等因素决定销售人员数量。

【出处】《房地产经纪业务操作》（第四版）P246

11.【答案】C

【解析】功能楼书专业性较强，可以理解为一本简单的"产品说明书"，主要介绍规划说明、小区交通组织、建筑要点、会所功能分区、完整户型资料、社区公共配套、周边基础设施配套、交楼标准等内容，目标是为了增加客户对项目的全面了解。

【出处】《房地产经纪业务操作》（第四版）P236

12.【答案】A

【解析】自媒体、即时聊天工具等社交平台已逐渐成为拓客的流行方式，且常常在项目重要节点活动、节气活动等时发布楼盘信息，以吸引购房客户。互联网的房产信息频道和房源信息平台，通过发布楼盘信息，成为新建商品房开拓客户的主要渠道。

【出处】《房地产经纪业务操作》（第四版）P237

13.【答案】D

【解析】目前市场上积累客户的方式有两种，即客户主动上门、通过渠道拓展的客户。

【出处】《房地产经纪业务操作》（第四版）P255

14.【答案】A

【解析】目前确定住宅项目核心价格常用方法是市场比较法。

【出处】《房地产经纪业务操作》（第四版）P259

15.【答案】BCD

【解析】写字楼项目经济指标涉及土地取得成本、建设成本、管理费用、销售费用、投资利息、销售税、开发利润。

【出处】《房地产经纪业务操作》（第四版）P264

16.【答案】BDE

【解析】写字楼的产品特性包括与宏观经济的正相关性、购房或承租客户多为企业、产品硬件设施技术性、销售商务性、项目运作专业性。

【出处】《房地产经纪业务操作》(第四版) P262~263

17.【答案】CDE

【解析】写字楼项目运作目标包括综合收益最大化目标、快速回收成本目标、品牌目标。

【出处】《房地产经纪业务操作》(第四版) P263~264

18.【答案】AB

【解析】依据置业目的划分客户，可分为自用客户和投资客户。

【出处】《房地产经纪业务操作》(第四版) P255

19.【答案】CE

【解析】目前市场上积累客户的方式有两种：客户主动上门、通过渠道拓展的客户。

【出处】《房地产经纪业务操作》(第四版) P255

第九章　房屋交验与经纪延伸业务

【章节导引】

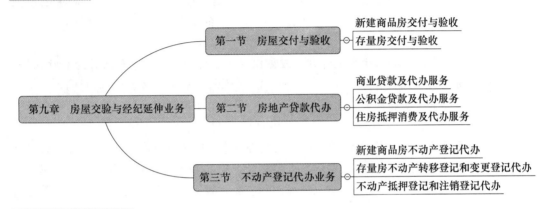

【章节核心知识点】

核心知识点1：新建商品房交付与验收

1. 新建商品房交付的内涵

房地产开发企业交付新建商品房分两类：一类是将签署了新建商品房买卖合同的商品房交付给买受人；另一类是房地产开发企业将签署了租赁合同的不动产交付给承租人使用。前者是房屋实物的转移占有，即开发企业先将房屋实体交付给买受人，后办理不动产产权转移手续，未来需要向买受人交付房产证。后者只交付房屋实体给承租人，不转移产权，即只租不售。

房地产经纪人在协助房地产开发企业办理房屋交付时，应注意房屋实物交付（俗称交房）和不动产权证的交付（俗称拿证）是两个时间。

2. 新建商品房交付的条件

首先，该商品房已取得建设工程竣工验收备案证明文件和房屋测绘报告。如果商品房是住宅的，需提供《住宅质量保证书》和《住宅使用说明书》。

其次，商品房相关设施设备要具备交付条件、相应的使用标准。设施设备包括两大类：

一是基础设施设备，包括供排水、供电、供暖、燃气、电话通信、有线电视、宽带网络。这些设施设备中，前三项由开发企业负责办理开通手续并承担相关费用，其他则由买受人自行办理开通手续。

二是公共服务及其他配套设施。这些配套设施是否建设以《建设工程规划许可证》标注的为准。在买卖合同中要约定小区内绿地率、小区内非市政道路、规划的车位或车库、物业服务用房、医疗卫生机构、幼儿园、学校等的交付时间和交付标准。

3. 买受人查验交付商品房的项目

第一，以双方签订的《商品房买卖合同》条款作为依据，买受人按照合同约定的条款对房屋面积、公摊面积、公用设施、配套设施、房屋配套等进行验收。

第二，买受人根据《商品房买卖合同（预售）示范文本》GF-2014-0171 第十一条内容查验其他项目，包括：① 屋面、墙面、地面渗漏或开裂等；② 管道堵塞；③ 门窗翘裂、五金件损坏；④ 灯具、电器等电气设备不能正常使用；⑤ 其他需要查验的项目。以上项目如果存在质量问题，房地产开发企业应自查验次日起一定时期内负责修复，并承担修复费用。房屋修复后，再向买受人交付房屋。对于房屋地基基础和主体结构质量问题，则不在买受人查验范围内。查验房屋后，买受人与开发企业应当签署商品房交接单。

（单选题）新建商品房在物业交付时，应该以双方签订的（　　）条款作为验收依据。

A.《房屋状况说明书》　　　　B.《住宅质量保证书》
C.《商品房买卖合同》　　　　D.《住宅使用说明书》

【答案】C

【解析】根据交易书房签订的《商品房买卖合同》，开发商应在约定的时间内将房屋交付给买方。房屋交付的时候，应该以双方签订的《商品房买卖合同》条款作为依据，买受人按照合同约定的条款对房屋面积、公摊面积、公用设施、配套施舍、房屋配套等进行验收。

【出处】《房地产经纪业务操作》（第四版）P299

核心知识点2：租赁物业的交付与验收

针对租赁物业交验，房地产经纪人应注意以下四点：

第一，如果双方在物业交验过程中产生矛盾，房地产经纪人应主导解决双方的分歧，不能让双方自行协调。分歧的解决要依照公平、公正的原则和市场惯例，当分歧较大时尝试将双方分开进行协调。

第二，房地产经纪人要与租赁双方仔细核对出租物业中的各种设施和设备，注明品牌、型号和数量。与出租人做物业交验时，要检查家具电器能否正常使用，外观是否完好，电器的品牌和尺寸登记到物业交验单上，同时，也应该试一试所有附送的家具、电器是否损坏。检查上下水、电路、马桶是否正常。房间所有物品应一一登记到物业交验单。

第三，出租房的钥匙交验很重要，要把房门、防盗门及卧室、卫生间、厨房门的钥匙在物业交验单上做好登记。

第四，承租人退租时，与承租人进行物业交验，要带着门店留存的出租人物业交验单与承租人对物品及品牌一一查证。同时，也要试一试所有的家具、电器是否完好如初，上下水、电路、马桶等是否正常等。对于在退租时发生的租赁合同以外发生的费用，当时无法确认由哪方缴纳的费用，应协助双方制定解决办法。

（单选题）在租赁业务的房屋交接中，房地产经纪人做法错误的是（　　）。

A. 如果双方在物业交验过程中发生矛盾，应主导解决双方的分歧
B. 解决双方的分歧依照公平、公正的原则和市场惯例
C. 当分歧较大时尝试将双方进行分开协调
D. 依照效率优先和强势的原则解决分歧

【答案】D

【解析】D选项表述错误，分歧的解决要依照公平、公正的原则和市场惯例，当分歧较大时尝试将双方分开进行协调。

【出处】《房地产经纪业务操作》（第四版）P305

核心知识点3：商业贷款的概念及贷款条件

1. 商业房地产抵押贷款的申请对象

商业房地产抵押贷款借款人必须是具有中华人民共和国国籍和完全民事行为能力的自然人，年满18周岁，男女不超过65周岁，并且能够提供稳定的收入证明，个人征信纪录良好等。外籍人申请商业房地产贷款可以在外资银行办理相关手续。

2. 商业贷款的评估值

商业贷款额是房产评估值和房产成交价取低原则来决定的，评估值一般低于成交价。贷款成数则根据房产性质、房龄、借款人综合条件等而定。

3. 贷款的申请成数

一般来说，首次向银行申请贷款购房的被称之为首次购房客户，其贷款首付款为30%，利率为基准利率。

4. 商业贷款的还款方式

等额本息适合教师、公务员等收入稳定的工薪阶层；等额本金适合那些前期能够承担较大还款压力的借款人群，这种还款方式相对于前者更能节省利息；双周供适合周结工资或者是夫妻双方月中和月底发工资的借款人。

等额本息和等额本金还款方式比较

还款方式	优点	特点	计算公式	适合人群
等额本息（月等额）	准确掌握每月的还款额，有计划地安排家庭收支	在整个还款期内，每个月的还款额保持不变（遇调整利率除外）	贷款本金×[月利率×(1+月利率)^还款月数]/[(1+月利率)^还款月数－1]	资金不宽裕的购房者
等额本金（月等本）	适合还款初期还款能力较强，并希望在还款初期归还较大款项来减少利息支出的借款人	本金在整个还款期内平均分摊，利息按贷款本金余额逐日计算，每月还款额在逐渐减少，但偿还本金的速度是保持不变	贷款本金/还款期数+(贷款本金－累计已还累计本金)×月利率	（1）打算提前还贷者；（2）当前收入尚可的中年人或公司

5. 存量房商业贷款的贷款年限

借贷期限是指按揭贷款分期偿还的期限，目前人民币贷款期限最长不超过30年，且借款人评估还款年限是以其年龄作为基础，与购房者年龄相关。比如有的银行规定贷款期限加购房客户年龄不超过65年，即年龄越小，其贷款年限越长，反之年龄越大，贷款年

限则较短。

1. （单选题）教师、公务员等收入稳定的工薪阶层适合（　　）还款方式。
   A. 等额本息　　　　　　　　B. 等额本金
   C. 双周供　　　　　　　　　D. 固定利率
   【答案】A
   【解析】等额本息还款法适合教师、公务员等收入稳定的工薪阶层。
   【出处】《房地产经纪业务操作》（第四版）P307

2. （单选题）资金不宽裕的购房人宜采用的还款方式为（　　）。
   A. 等额本息　　　　　　　　B. 等额本金
   C. 双周供　　　　　　　　　D. 固定利率还款法
   【答案】A
   【解析】资金不宽裕的购房者宜采用等额本息还款法还款。
   【出处】《房地产经纪业务操作》（第四版）P307

核心知识点4：商业贷款的流程及银行抵押贷款存在的风险

1. 商业贷款的流程
借款人贷款资格预审→借款人提交房地产买卖合同→借款人与贷款银行签订个人住房抵押贷款合同→办理房地产抵押登记→贷款银行划款。

2. 银行抵押贷款存在的风险
（1）无力继续偿还贷款本息风险；
（2）房屋贬值风险；
（3）利率变化风险；
（4）购房者房屋处置风险。

1. （单选题）银行抵押贷款的程序包括：① 借款人提交房地产买卖合同；② 借款人贷款资格预审；③ 借款人与贷款银行签订个人住房抵押贷款合同；④ 办理房地产抵押登记；⑤ 贷款银行划款。其中正确的顺序为（　　）。
   A. ①②③④⑤　　　　　　　B. ②①③④⑤
   C. ②①③⑤④　　　　　　　D. ③①②④⑤
   【答案】B
   【解析】商业贷款的具体流程为：借款人贷款资格预审→借款人提交房地产买卖合同→借款人与贷款银行签订个人住房抵押贷款合同→办理房地产抵押登记→贷款银行划款。
   【出处】《房地产经纪业务操作》（第四版）P309～311

2. （多选题）银行抵押贷款的风险包括（　　）。
   A. 利率变化风险　　　　　　B. 房屋贬值风险
   C. 重复抵押风险　　　　　　D. 购房者房屋处置风险
   E. 无力继续偿还贷款的风险

【答案】ABDE

【解析】银行抵押贷款存在的风险包括：无力继续偿还贷款本息风险；房屋贬值风险；利率变化风险；购房者房屋处置风险。

【出处】《房地产经纪业务操作》（第四版）P314~315

核心知识点 5：住房抵押消费贷款

家庭中只有唯一一套住房的借款人申请抵押消费贷款，在无法按期偿还银行贷款的情况下，从法院的执行力度来说也不能够强行收回、拍卖、变卖或者抵债。一旦应抵押权人即借款人无法偿还贷款的银行一方申请，确实需要依法拍卖、变卖或者抵债，那么银行或者被执行人的家属也必须要提供给借款人相应的保障其居住需求的房屋，以便解决其基本生活问题。

人民法院对已经设定抵押的被执行人及其所扶养家属居住的房屋，在裁定拍卖、变卖或者抵债后，应当给予被执行人 6 个月的宽限期。在此期限内，人民法院不得强制被执行人及其扶养家属迁出该房屋。只有 6 个月的宽限期届满后，被执行人仍未迁出的，人民法院才能强行迁出。强制迁出时，被执行人无法自行解决居住问题的，应由申请执行人为被执行人及其所扶养家属提供临时住房。

（单选题）人民法院对已经设定抵押的被执行人及其抚养家属居住的房屋，在裁定拍卖、变卖或者抵债后，应当给予被执行人（　　）的宽限期。

A. 9 个月　　　　　　　　　　B. 6 个月
C. 3 个月　　　　　　　　　　D. 1 个月

【答案】B

【解析】人民法院对已经设定抵押的被执行人及其所扶养家属居住的房屋，在裁定拍卖、变卖或者抵债后，应当给予被执行人 6 个月的宽限期。

【出处】《房地产经纪业务操作》（第四版）P321

核心知识点 6：个人住房抵押消费贷款和企业抵押经营贷款产品的亮点和区别

1. 个人住房抵押消费贷款

（1）产品介绍

一般情况下，个人住房抵押消费贷款是指以个人或者他人名下的房产做抵押，向银行申请用于各种消费用途，如装修、买车、出国、旅游、留学等。

主要适用人群为：① 全款购房，现有资金需求的借款人；② 贷款购房但已经将贷款还清，且又有资金需求的借款人。

该产品亮点是：① 贷款金额足：依据抵押物的评估价值，可贷 10 万元至上千万元。② 贷款年限较长：1~10 年；③ 提前还款灵活：抵押消费贷款提前还款方便，借款人手中有余钱即能还贷款，无需提前预约；④ 循环授信：借款人获得银行一定的贷款额度后，在期限内可分次提款、循环使用，支取不超过可用额度的单笔用款时，无需申请即可再次提款。

（2）执行利率

个人住房抵押消费贷款的执行利率按照中国人民银行的基准利率上浮10%～35%。

（3）额度使用有效期

个人住房抵押消费贷款的额度使用有效期最长为30年，且额度有效期和楼龄之和不超过30年，借款人年龄与额度期限之和不超过65岁。单笔用款的期限一般不超过5年，对于优质高端客户最长不超过10年，且单笔用款期限最长不得超过个人抵押循环贷款额度剩余有效期。

（4）贷款用途

个人抵押循环贷款额度可用于一切合法个人消费支出，不得用于国家法律和金融法规明确禁止经营的项目，如股票、证券投资等，不得用于无指定用途的个人支出。

2. 企业抵押经营贷款

企业抵押经营贷款是指以中小企业所有者或者企业的高级管理者房产做抵押，然后向银行申请贷款，将资金用于购买原材料、办公设备或者企业经营用途的一种资金周转方式。

主要适用人群为：一般多为中小企业主、公司管理人员及个体经营者。

该产品亮点是：① 贷款金额足：根据抵押物的评估价值，可贷十万元至上千万元；② 循环授信：借款人获得银行一定的贷款额度后，在期限内可分次提款、循环使用，支取不超过可用额度的单笔用款时，无需申请即可再次提款；③ 提前还款灵活：个人经营性贷款提前还款方便，借款人手中有余钱即能还贷款，无需提前预约。

3. 个人住房抵押消费贷款和企业抵押经营贷款的区别

① 贷款主体与贷款用途不同；② 贷款政策不同；③ 银行放款方式不同；④ 银行考核侧重点不同。

（单选题）个人住房抵押消费贷款产品的亮点不包括（　　）。

A. 借款人的资质要求较低　　B. 贷款年限较长

C. 提前还款灵活　　　　　　D. 循环授信

【答案】A

【解析】个人住房抵押消费贷款的亮点是：① 贷款金额足；② 贷款年限长；③ 提前还款灵活；④ 循环授信。

【出处】《房地产经纪业务操作》（第四版）P321～322

核心知识点7：新建商品房不动产登记代办

1. 新建商品房不动产首次登记代办

（1）新建商品房不动产首次登记需提交的材料有：

1）不动产登记申请书；

2）申请人身份证明；

3）国有土地使用权证或不动产权证书；

4）建设工程规划许可证；
5）建设工程竣工验收备案表；
6）人防工程证明；
7）委托书，受证人身份证；
8）不动产权籍调查成果或者测绘报告；
9）法律、行政法规及《不动产登记实施细则》规定的其他必要材料。
（2）流程
申请→受理→审核、公告→登簿、缮证→交费、发证→归档
2. 新建商品房不动产转移登记代办
（1）新建商品房不动产转移登记需提交的材料有：
1）不动产登记申请书；
2）开发企业营业执照；
3）开发企业的授权委托书及代理人身份证；
4）购房客户身份证明；
5）不动产权证书（或土地证、房产证）；
6）商品房买卖合同（已办理预告登记的需提供不动产登记证明）；
7）完税凭证；
8）宗地图、房屋平面图。
（2）流程
申请→受理→审核→交费、发证

（多选题）办理新建商品房不动产首次登记需要提供的材料包括（   ）。
　　A. 不动产权籍调查成果或者测绘报告　B. 国有土地使用权证或不动产权证
　　C. 建设工程竣工验收备案表　　　　　D. 不动产登记申请书
　　E. 商品房买卖合同
【答案】ABCD
【解析】新建商品房不动产首次登记需提交的材料有：① 不动产登记申请书；② 申请人身份证明；③ 国有土地使用权证或不动产权证书；④ 建设工程竣工规划许可证；⑤ 建设工程竣工验收备案表；⑥ 人防工程证明（涉及人防工程的，出具人防工程证明明确人防范围和面积）；⑦ 委托书，受证人身份证；⑧ 不动产权籍调查成果或者测绘报告；⑨ 法律、行政法规以及《不动产登记实施细则》规定的其他必要材料。E选项为新建商品房不动产转移登记办理所需材料。
【出处】《房地产经纪业务操作》（第四版）P328

【真题实测】

一、单选题（每题的备选答案中只有1个最符合题意）
1. 为避免风险，存量房买卖双方进行房屋交付和验收的时间，通常选择在（   ）后若干工作日。
　　A. 双方签订了存量房买卖合同　　　　B. 购房人支付全部首付款

C. 出卖人收到全部购房款　　　　D. 购房人办理了不动产转移登记手续

2. 商品房在转让时，公共维修资金账户中的剩余款额（　　）。
A. 全额退还给出卖人　　　　　　B. 部分退还给出卖人
C. 不能变更所有人　　　　　　　D. 不予退还给出卖人

3. 下列住房商业贷款申请人信息中，不会对贷款申请构成障碍的是（　　）。
A. 年龄　　　　　　　　　　　　B. 征信记录
C. 收入证明　　　　　　　　　　D. 技术职称

4. 下列费用中，房地产经纪机构可以收取并为其所有的是（　　）。
A. 代办贷款服务费　　　　　　　B. 房屋评估费
C. 权属信息查询费　　　　　　　D. 抵押担保费

5. 业主办理经济适用住房产权转移时，应提供补交（　　）的证明原件。
A. 物业服务费　　　　　　　　　B. 房价费
C. 土地使用权出让金　　　　　　D. 土地使用税

6. 在新建商品房交付与验收环节中，买受人根据《商品房买卖合同示范文本》应该查验的房屋项目不包括（　　）。
A. 管道堵塞　　　　　　　　　　B. 门窗翘裂
C. 电器灯具等电气设备　　　　　D. 房屋地基基础

7. 在办理不动产转移登记时，因产权性质特殊需要另行提交相关证明材料的是（　　）。
A. 正在出租的房屋　　　　　　　B. 自用的普通住宅
C. 商住两用公寓　　　　　　　　D. 已购经济适用房

8. 关于新建商品住宅交付条件的说法，错误的是（　　）。
A. 需提供《住宅质量保证书》和《住宅使用说明书》
B. 需取得建设工程竣工验收备案证明的房屋测绘报告
C. 房地产开发企业已办理开通燃气、通信、电视、网络的手续并承担相关费用
D. 公共服务及其他配套设施是否建设以《建设工程规划许可证》标注的为准

9. 对于"在不动产产权转移登记手续前，买卖双方办理交付房屋"的情况，房地产经纪人应提示（　　）。
A. 卖方要收取买方一定数量的房租　B. 买方客户已支付全部房款
C. 提醒买方不要提前进行房屋装修　D. 卖方保留门锁钥匙

二、多选题（每题的备选答案中有2个或2个以上符合题意）。

10. 关于新建商品房交付条件的说法，正确的有（　　）。
A. 买受人支付了物业服务费
B. 房屋实物交付和不动产权交付可以是两个时间点
C.《住宅质量保证书》和《住宅使用说明书》是交付的必备文件
D. 供排水、供电、供暖等设施设备达到交付条件
E. 在买卖合同中约定的小区绿地率、非市政道路在规定交付时间达到交付标准

11. 在新建商品房交付中，由开发企业负责开通手续的有（　　）。
A. 燃气　　　　　　　　　　　　B. 排水

C. 有线电视 D. 供电
E. 供暖

12. 在新建商品房的交付中，属于买受人自行办理开通手续的有（　　）。
    A. 电话通信 B. 集中供暖
    C. 宽带网络 D. 排水
    E. 燃气

13. 在新建商品房交付过程中，买受人应查验的项目包括（　　）。
    A. 门窗翘裂 B. 建筑主体结构质量
    C. 管道堵塞 D. 建筑地基基础
    E. 屋面、墙面、地面渗漏或开裂

14. 关于住房抵押贷款还款方式的说法，正确的有（　　）。
    A. 月还款额保持不变的还款方式是等额本金
    B. 等额本金还款方式适合还款初期资金不宽裕的购房者
    C. 同等条件下，等额本息还款方式的初期还款额较低
    D. 同等条件下，等额本金还款方式的末期还款额较高
    E. 同等条件下，等额本金还款方式的整体利息总额低于等额本息还款方式

【真题实测答案】

1.【答案】D
【解析】通常情况下，存量房买卖当事人都会选择办理房屋所有权转移登记手续后再进行房屋交付。
【出处】《房地产经纪业务操作》（第四版）P302

2.【答案】D
【解析】结余的住宅专项维修资金随房屋所有权同时过户给购房人。受让人（即购房人）应当持住宅专项维修资金过户的协议、房屋权属证书、身份证等到专户管理银行办理分户账更名手续。
【出处】《房地产经纪业务操作》（第四版）P303

3.【答案】D
【解析】在住房商业贷款中，技术职称不会对贷款申请产生影响。
【出处】《房地产经纪业务操作》（第四版）P306～309

4.【答案】A
【解析】多数购房人选择委托贷款服务机构代为办理商业贷款，代办机构按照国家规定的收费标准按件收取相应服务费用。
【出处】《房地产经纪业务操作》（第四版）P311

5.【答案】C
【解析】成本价、经济适用住房、按经济适用住房管理、限价商品房房屋转移的，提交补交土地出让金的证明原件。
【出处】《房地产经纪业务操作》（第四版）P332

6.【答案】D

【解析】根据《商品房买卖合同示范文本》，地面开裂渗漏、管道堵塞、门窗翘裂、灯具电器等设备是否可正常使用，都包含在房屋查验的环节当中。对于房屋地基基础和主体结构质量问题，则不在买受人查验范围内。

【出处】《房地产经纪业务操作》（第四版）P299

7.【答案】D

【解析】已购经济适用住房、限价商品房取得契税完税凭证或房屋不动产权证未满5年的，不得按市场价出售；确需出售的，需提交户口所在区县住房保障管理部门出具的确定符合条件的购房客户的证明原件；满5年出售，需提交产权人户口所在区县住房保障部门开具的放弃回购权的证明。

【出处】《房地产经纪业务操作》（第四版）P331

8.【答案】C

【解析】新建商品房住宅交付需要具备交付条件和相应标准。基础设施设备，包括供排水、供电、供暖、燃气、电话通信、有线电视、宽带网络。这些设施设备中，前三项由开发企业负责办理开通手续并承担相关费用，其他则由买受人自行办理开通手续。

【出处】《房地产经纪业务操作》（第四版）P298

9.【答案】C

【解析】如果买方因种种原因，在没有办理了房屋不动产产权转移变更手续、并获得其本人名下的不动产权利证书前，与卖方业主提前进行房屋交付，房地产经纪人应提示买方防范后续风险，最好不要提前进行房屋装修，待最终办理了不动产转移登记手续后，再进行房屋的装修。

【出处】《房地产经纪业务操作》（第四版）P303~304

10.【答案】BCDE

【解析】新建商品房交付的条件包括已经取得了建设工程竣工验收备案证明文件和房屋测绘报告，如果商品房是住宅的，需提供《住宅质量保证书》和《住宅使用说明书》；商品房相关设施设备要具备交付条件和满足相应的使用标准。买受人支付了物业服务费不是商品房交付的必要条件。

【出处】《房地产经纪业务操作》（第四版）P298

11.【答案】BDE

【解析】基础设施设备包括供排水、供电、供暖、燃气、电话通信、有线电视、宽带网络，这些设施设备中前三项由开发企业负责办理开通手续并承担相关费用，其他则由买受人自行办理开通手续。

【出处】《房地产经纪业务操作》（第四版）P298

12.【答案】ACE

【解析】商品房相关设施设备要具备交付条件、相应的使用标准。在基础设施设备中，包括供排水、供电、供暖、燃气、电话通信、有线电视、宽带网络。这些设施设备中，前三项由开发企业负责办理开通手续并承担相关费用，其他则由买受人自行办理开通手续。

【出处】《房地产经纪业务操作》（第四版）P298

13.【答案】ACE

【解析】买受人查验的项目，包括：①屋面、墙面、地面渗漏或开裂等；②管道堵塞；③门窗翘裂、五金件损坏；④灯具、电器等电气设备不能正常使用；⑤其他需要查验的项目。对于房屋地基基础和主体结构质量问题，则不在买受人查验范围内。

【出处】《房地产经纪业务操作》（第四版）P299

14.【答案】CE

【解析】等额本息适用于资金不宽裕的购房者。其特点为：每月以相等的金额偿还借款本息，每月还款额固定。这种还款方式下借款人可准确掌握收支预算。在总额不变的情况下，还款初期本金少利息多，还款末期本金逐渐增多利息逐步减少。等额本金适合那些前期能够承担较大还款压力的借款人群。特点为：每月以相等的金额偿还本金，利息按剩余本金逐月结清。这种还款方式下，还款初期月还款额较等额本息还款法略高，但可节省整体利息支出。

【出处】《房地产经纪业务操作》（第四版）P307

【章节小测】

一、单选题（每题的备选答案中只有1个最符合题意）

1. 房产评估价值和房产成交价取低原则可以决定（　　）。
   A. 存量房贷款年限　　　　　　B. 存量房贷款成数
   C. 存量房贷款金额　　　　　　D. 存量房还款比率

2. 购房人选择委托贷款服务机构代为办理贷款业务，其相应的服务费应按照（　　）。
   A. 行业组织规定按面积收取　　B. 行业组织规定按件收取
   C. 国家规定按面积收取　　　　D. 国家规定按件收取

3. 根据交付房屋类型的差异，房屋交付分为新建商品房交付和（　　）。
   A. 出租房屋交付　　　　　　　B. 存量房交付
   C. 商铺交付　　　　　　　　　D. 住宅交付

4. 前期能够承担较大还款压力的借款人群适合（　　）。
   A. 双周供还款方式　　　　　　B. 等额本金还款方式
   C. 等额本息还款方式　　　　　D. 固定利率还款方式

5. 新建住宅商品房在交付使用时，需要提供（　　）。
   A. 住宅质量保证书和住宅使用说明书　B. 房地产开发企业资质证书
   C. 建设工程规划许可证　　　　　　　D. 不动产权证书

二、多选题（每题的备选答案中有2个或2个以上符合题意）

6. 个人住房抵押消费贷款和企业抵押经营贷款的区别，主要包括（　　）。
   A. 银行考核侧重点不同　　　　B. 贷款主体不同
   C. 贷款用途不同　　　　　　　D. 贷款政策不同
   E. 贷款银行不同

7. 企业抵押经营贷款产品的亮点包括（　　）。
   A. 提前还款灵活　　　　　　　B. 贷款年限较长
   C. 贷款金额足　　　　　　　　D. 循环授信
   E. 固定还款

8. 权利人应当申请抵押权注销登记的情形包括（　　）。
   A. 主债权消灭　　　　　　　　B. 主债权转让
   C. 抵押权已经实现　　　　　　D. 抵押权人放弃抵押权
   E. 抵押权人顺位发生变化

【章节小测答案】

1.【答案】C
【解析】商业贷款额是房产评估值和房产成交价取低原则来决定的，评估值一般低于成交价。
【出处】《房地产经纪业务操作》（第四版）P306

2.【答案】D
【解析】多数购房人选择委托贷款服务机构代为办理，代办机构按照国家规的收费标准按件收取相应服务费，所谓"花钱买服务"。
【出处】《房地产经纪业务操作》（第四版）P311

3.【答案】B
【解析】根据交付房屋的类型不同，房屋交付分为新建商品房交付和存量房交付。
【出处】《房地产经纪业务操作》（第四版）P297

4.【答案】B
【解析】等额本金适合前期能够承担较大还款压力的借款人群；等额本息还款法适合教师、公务员等收入稳定的工薪阶层；双周供适合周结工资或夫妻双方月中和月底发工资的借款人。
【出处】《房地产经纪业务操作》（第四版）P307

5.【答案】A
【解析】新建商品房交付应具备一定的条件。首先，该商品房已取得建设工程竣工验收备案证明文件和房屋测绘报告。如果商品房是住宅的，需提供《住宅质量保证书》和《住宅使用说明书》。
【出处】《房地产经纪业务操作》（第四版）P298

6.【答案】ABCD
【解析】个人住房抵押消费贷款和企业抵押经营贷款的区别：贷款主体与贷款用途不同；贷款政策不同；银行放款方式不同；银行考核侧重点不同。
【出处】《房地产经纪业务操作》（第四版）P324

7.【答案】ACD
【解析】企业抵押经营贷款的亮点有：①贷款金额足；②循环授信；③提前还款灵活。
【出处】《房地产经纪业务操作》（第四版）P323

8.【答案】ACD
【解析】有下列情形之一，当事人可申请抵押权注销登记：主债权消灭；抵押权已经实现；抵押权人放弃抵押权；法律、行政法规规定抵押权消灭的其他情形。
【出处】《房地产经纪业务操作》（第四版）P339

第十章 房地产经纪业务中的沟通与礼仪

【章节导引】

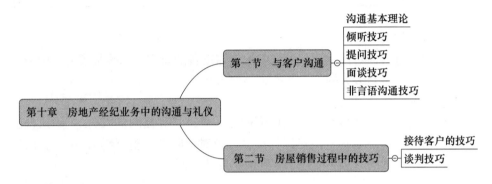

【章节核心知识点】

核心知识点 1：沟通基本理论

沟通是按照一定的目标，将信息、观念和情感在个人、群体或组织之间进行传递，并达成共识的过程。

1. 沟通过程

（1）单向沟通和双向沟通

沟通可以是单向的，也可以是双向的。在单向沟通中，信息从发送者甲传递到信息接收者乙，没有反馈。例如，买方房地产经纪人将买方的报价以传真方式告知卖方，但卖方置之不理，这就是单向沟通。如果信息再一次从接受者乙通过产生意图和进行编码等过程将信息再次传递给接收者甲时，就实现了双向沟通。还以买方房地产代理为例，当卖方接到经纪人的价格传真后，根据房屋建筑质量情况，向经纪人以电话形式给出了还价，这样就实现了双向沟通。

（2）减少无效沟通

在实际沟通过程中，很容易发生沟通问题，造成无效沟通。因此，房地产经纪人在与委托人或者其他信息接收者进行沟通时，应尽量遵循信息的准确性、完整性和及时性原则。

2. 沟通方式

（1）沟通方式

房地产经纪人进行的沟通通常是人际沟通，可采用的方式包括语言沟通（包括口头沟通和书面沟通）和非言语沟通。口头沟通是房地产经纪人最常用到的方式，例如电话营销和面对面营销。

三种沟通方式的优缺点

沟通方式	优点	缺点
口头沟通	有问有答，可以马上得到对方的反馈，相互之间可以体会双方之间的情感	没有记录，容易失真
书面沟通	信息准确，永久被记录和保存，接收者有充分的时间进行信息分析	不能及时得到反馈，不知道信息接收者是否能理解信息的意义
非言语沟通	辅助或强化了言语沟通，更充分地表达了信息传递者的情绪和态度信息	使信息更加复杂

（2）选择合适的沟通方式

房地产经纪人进行面对面沟通和借助电子传输设备的口头沟通是最多的，因为这两种沟通方式承载的信息量是最大的。

（3）养成良好的沟通习惯

第一，确保自己所说的内容对方能听懂的方法（重复和提问）；第二，确认自己所发的电子档文件对方已收到（这一点可以保证客户及时接收到完整资料）；第三，跟对方确认自己是否理解得正确的方法（复述、收到信息要及时回复）。

3．提高沟通效果应具备能力

① 表达能力；② 观察能力；③ 社交能力；④ 良好品质。

1．（多选题）房地产经纪业务中，良好的沟通可以提高（　　　）。
　　A．对顾客的回应力度　　　　B．沟通效率
　　C．改进质量　　　　　　　　D．沟通技巧
　　E．加强创新

【答案】ABCE

【解析】良好的沟通可以提高效率、改进质量、提高对顾客的回应力度和加强创新。

【出处】《房地产经纪业务操作》（第四版）P342

2．（单选题）口头沟通的缺点是（　　　）。
　　A．不能及时得到反馈
　　B．不知道信息接收者是否能理解信息的意义
　　C．使信息更加复杂
　　D．没有记录，容易失真

【答案】D

【解析】口头沟通的缺点是没有记录，容易失真。

【出处】《房地产经纪业务操作》（第四版）P343

核心知识点 2：倾听技巧

1．倾听的概念和意义

倾听的目的主要在于：① 获得委托人关于房地产交易委托事项的事实、想法和数据；

② 理解委托人对于房地产、房地产交易、房地产市场、住房问题、住房偏好等方面的价值观、情感和判断；③ 对委托人陈述的事项进行判断，例如，当委托人告诉经纪人希望获知买方最低出价底线时，经纪人基于职业道德而要专业对待和引导；④ 肯定委托人的价值。

2. 掌握良好的倾听技巧

积极的倾听技巧有两种：一种是投入式倾听，另一种是鼓励式倾听。投入式倾听要求倾听者保持一个良好的精神状态，集中精力、排除干扰，公正地获得完整的信息内容。鼓励式倾听通过启发、提问、复述与反馈和必要的沉默达到获得信息的目标。房地产经纪人两种倾听技巧都要使用，前者主要是达到获得完整信息的目的，后者则通过互动式的沟通，使经纪人与委托人对某些问题能够进行深入的探讨，获得更多的信息。

3. 克服阻碍倾听的因素

（1）客观因素

在客观方面，谈话场合的光线、颜色、空气、噪声和空间位置等都会从不同角度影响房地产经纪人从委托人那里倾听信息内容。

（2）主观因素

在主观方面，房地产经纪人作为听话者，其理解信息的能力和倾听的态度对最终的沟通效果产生影响。

房地产经纪人应积极克服这些问题。在理解信息能力方面，经纪人应该提高对某一观点或问题的阐述和解释能力，同时经纪人特别要通过大量阅读来提高对语言文字的理解力。

（单选题）为达到良好的倾听效果，房地产经纪人要从主观因素和（　　）克服阻碍倾听的因素。

A. 空间因素　　　　　　　　B. 客观因素
C. 环境因素　　　　　　　　D. 个人因素

【答案】B

【解析】为达到良好的倾听效果，房地产经纪人员要从主观因素和客观因素克服阻碍倾听的因素。

【出处】《房地产经纪业务操作》（第四版）P348～349

核心知识点 3：问题的类型

1. 开放式问题和封闭式问题

开放式问题包括范围广阔、不要求有固定结构回答的问题。问题的回答人不能简单用"是"或"不是"来回答，答案一般无法预料。这类问题有助于房地产经纪人与客户敞开心扉，共同探讨与委托事项相关的问题。

开放式问题是一种有助于经纪人获得客户暴露其关于房屋的态度、感觉、观点、对所喜欢的房屋预期等真实想法的问题类型，但过于开放的问题一方面可能会耗用客户很多时间来回答问题，时间不充裕的客户会感到不耐烦。另一方面难以聚焦，遇到不善言辞的客户容易冷场。遇到思维发散的客户又容易天马行空，甚至引发对其他楼盘或房子的遐想和好感，反而对销售不利。

封闭式问题的优点是经纪人可以控制与客户探讨的进度和话题的方向，客户需要按照经纪人的提问做出快速反应，效率高。其缺点是限制了客户的思路、情感和选择，不利于经纪人获得大量信息。这种问题可以用到经纪人与客户进行交互信息性交谈中。

2．主要问题和次要问题

房地产经纪人可以基于提问的逻辑顺序对客户进行提问，可以先问主要问题，再引出次要问题。主要问题和次要问题也可以理解为标准化问题和具体问题之间的关系，即经纪人可以先询问客户标准化问题，再询问与标准化问题相关的具体问题。

3．试探型问题、镜像型问题和指引型问题

（1）试探型问题

试探型问题集中在特定信息上，经纪人通过耐心地询问，可以获得客户对某个事项的态度和偏好。

（2）镜像型问题

镜像型问题是含有经纪人精心组织的短语或对客户已使用的关键词进行重复的问题。这类问题可以引发客户对某一个事项做进一步的解释和说明，以让经纪人更深入地了解客户做出决策的更深层次的理由。

（3）指引型问题

指引型问题是引导客户对问题做出预期的回答，即引导购房者做出特定的反应。经纪人可以通过指引型问题确认额外信息或者得到确切性答案。

（单选题）"您感觉这套房屋的装修风格怎么样？"这一问题属于（　　）。

A．开放式问题　　　　　　　　B．封闭式问题
C．指引型问题　　　　　　　　D．镜像型问题

【答案】A

【解析】开放式问题包括范围广阔、不要求有固定结构回答的问题。问题回答不能简单用"是"或"不是"来回答，答案一般无法预料。

【出处】《房地产经纪业务操作》（第四版）P350

核心知识点 4：面谈技巧

1．面谈的原则

目的性原则、情境性原则和正确性原则。

2．面谈的组成部分

环节	名称	主要内容
第一步	预先计划	（1）尽可能约见客户； （2）通过电话、电子邮件等了解客户需求或房屋需求； （3）为初次面谈准备好客户资料、房源资料等； （4）约定见面地点和时间

环节	名称	主要内容
第二步	开场白	（1）与客户进行寒暄； （2）切入谈话主题，向客户提问。例如，"昨天接到您关于买房的电话，您能否再进一步详细说明一下您的购房意愿？"
第三步	主体	（1）切入面谈主题后，与客户积极沟通； （2）积极倾听客户需求，借助提问和评论获得最大信息
第四步	收尾	（1）选择恰当时机结束谈话； （2）回顾本次谈话内容，总结要点； （3）谈话控制在1个小时左右； （4）安排下次面谈时间，向客户致谢
第五步	结束	（1）多种形式回访客户； （2）建立长期关系，达到实现销售、增加销量的目标

3. 面谈中的技巧

技巧	内容
初次见面展示自我	（1）适度寒暄，不要过于热情，也不要过于生硬，神态表情自然而丰富； （2）尊重和体谅客户，让客户感觉受到重视； （3）要有礼貌，切忌粗俗，体现一个房地产专业人士的品位
认真倾听适时提问	（1）观察客户的形态、语调、语音、肢体语言，体会客户需求的迫切性、价值倾向等信息； （2）根据谈话进展，使用提问技巧，适时提问，引导谈话进程，获得更多信息
诚实回答客户提问	（1）以客户的立场理解客户提问和客户需求； （2）以专业的态度诚实、认真并耐心地回答客户提问；不知道或不清楚的问题，得到确切答案后再告知； （3）让客户感觉其提问得到支持或认同，从而让客户提供更多的与此相关的其他信息
总结谈话要点	（1）及时找到谈话中已达成的共识，与客户进行要点总结； （2）采用以退为进、将心比心、以情感化、寻求一致等技巧说服客户

（多选题）下列关于房地产经纪人和客户面谈的做法，正确的有（　　）。

A. 以"您能再重复一遍您的购房需求吗？"的提问方式确认客户的购房需求

B. 在执行与客户面谈计划前准备好客源和房源资料

C. 在面谈收尾阶段与客户安排下次面谈时间

D. 在谈话中过多使用专业术语

E. 谈话时间尽量控制在2~3小时以内

【答案】BC

【解析】A选项，要求客户重复会给客户一种没有认真倾听的感觉；D选项，谈话过程中可以使用规范的专业用语，但要注意数量，注意言语使用要与环境一致，语言平实；E选项，谈话时间尽量控制在1小时左右。

【出处】《房地产经纪业务操作》（第四版）P355

核心知识点 5：房地产经纪服务的 5S 技巧

1. 速度（speed）

房地产经纪人必须做到在最短的时间及时接听电话、及时通知变化事项、尽快预约及准时赴会，并使交款等待与办理手续及时配合等。

2. 微笑（smile）

职业的微笑是健康的、体贴的，表现出心灵上的理解和宽容，而不是做作的、讨好的、游移的、虚伪的。

3. 真诚（sincerity）

真诚是做人做事之本，是事务处理和人际沟通的润滑剂。真诚的努力是一方面，让客户感受到你的真诚是另一方面。房地产经纪人要树立形象必须从真诚开始。

4. 机敏（smart）

敏捷、漂亮的接待方式源自充分的准备及对服务内容和服务对象的全面认识。以小聪明、小技巧应付客户的方式，都不可能实质性解决客户问题，甚至还可能给公司和本人带来纠纷和损失。

5. 研学（study）

为了更好地为客户提供优质服务，房地产经纪人需要不断地研究学习房地产经纪理论及市场调研、客户心理和接待技巧等知识，进而提高经纪业务的成交率。

（多选题）房地产经纪服务的 5S 技巧包括（　　）。
A. 公平　　　　　　　　　B. 真诚
C. 双赢　　　　　　　　　D. 速度
E. 研学

【答案】BDE

【解析】5S 分别是指：速度；微笑；真诚；机敏；研学。

【出处】《房地产经纪业务操作》（第四版）P357

核心知识点 6：房地产经纪人的商务礼仪

1. 电话礼仪

在电话礼仪方面，房地产经纪人要注意：① 电话铃响三声内接听；② 始终保持热诚、亲切、耐心的语音语调；③ 注意说话的音量，传递出必要信息；④ 回答问题要准确流畅；⑤ 后挂电话，留下快乐的结尾；⑥ 如果是客户来电，尽量留下客户电话及客户咨询内容的基础信息；⑦ 如代接电话，应及时反馈给相应的同事，并叮嘱其回电。

2. 名片礼仪

在名片礼仪方面，房地产经纪人要注意：① 忌过早递名片；② 忌将过脏、过时或有缺点的名片给人；③ 忌将对方的名片放入裤兜或在手中玩弄或在其上记备忘事情；④ 忌先于上司向客户递名片；⑤ 应双手接过对方的名片；将名片递给对方时应双手，至少也是右手，且印有名字的面应朝上正对客户。

3. 介绍礼仪

在介绍礼仪方面，房地产经纪人要注意：①先介绍位卑者给位尊者认识；②先介绍年轻者给年长者认识；③先将男士介绍给女士；④先将本公司的人介绍给外公司的人。

4. 握手礼仪

在握手礼仪方面，房地产经纪人要注意：①迈前半步，上身微倾，面带微笑、注视对方；②先伸手者为：长辈、上级、女士；③力度适中，男士之间握至手掌，男士与女士握手只握手指部分，女士尽量不要主动用力握住男士的手掌，同时也不要用力摇晃；④握手时间约2～3秒；⑤忌戴手套或手不清洁。

5. 电梯礼仪

在电梯礼仪方面，房地产经纪人要注意：①乘坐电梯要遵循先进后出的原则，然后一手扶着电梯门一侧或一手按住电梯开门按钮；②电梯内忌大声谈话；③上下楼梯时，为客户带路应走在客户前面，位于客户右前方2～3步距离，配合手势指引，提醒客户注意拐弯处和台阶。

6. 落座礼仪

在落座礼仪方面，房地产经纪人要注意：①为客户拉座椅，请其就座；②忌与客户正对相坐，应坐在客户的身边与其沟通；③会客室切记将正对门的位置作为尊位。

7. 其他应注意的礼仪

①置业计划的填写应工整清晰、精准细致，切记数字不可有任何涂抹。

②带客户在看楼过程中，要时刻关注客户的安全，老人和儿童忌乘坐施工电梯看房。

③注意与客户谈话的语气，维护公物时应是亲和地提醒，而非指责或恐吓，转移其注意力。

④带领多位客户看房时要灵活周到，随机应变，眼到口到。

⑤忌将后背面向客户，送客出门后要目送客户离去至客户消失再转身。

⑥无论客户是否与你成交，只要他置业成功，都要衷心地向其道一声：恭喜您！因为得体的细节处理会实现推荐购买和重复购买。

1. （多选题）下列关于房地产经纪人电话礼仪的说法，错误的有（   ）。

　　A. 通话完毕，为不浪费客户时间，最好先挂断电话

　　B. 如果是客户来电，不用留下客户电话及咨询内容

　　C. 注意说话的音量，传递出必要信息

　　D. 电话铃声响起五声再接起

　　E. 尽量留下客户电话号码

【答案】ABD

【解析】A选项错误，通话完毕，经纪人应后挂电话；B选项错误，如果是客户来电，尽量留下客户电话及客户咨询内容的基础信息；D选项错误，电话铃声响三声内必须要接起。

【出处】《房地产经纪业务操作》（第四版）P359

2. （多选题）一般来说在握手的时候，先伸手者为（   ）。

　　A. 上级　　　　　　　　　　　　B. 长辈

C. 女士 D. 下级
E. 晚辈

【答案】ABC
【解析】在握手礼仪方面，先伸手者为长辈、上级、女士。
【出处】《房地产经纪业务操作》（第四版）P360

核心知识点 7：接待客户的技巧

（1）留住客户，适时招呼
（2）推荐房屋应从总价低的开始
（3）掌握客户需求
（4）推荐时注意用语
（5）把握成交的契机

（单选题）关于接待客户技巧的说法，错误的是（　　）。
A. 把握成交的契机 B. 推荐时注意用语
C. 留住客户，适时招呼 D. 推荐房屋应从总价高的开始

【答案】D
【解析】推荐房屋应从总价低的开始。
【出处】《房地产经纪业务操作》（第四版）P361

核心知识点 8：谈判技巧

1. 房地产经纪谈判的特点

房地产经纪谈判是商务谈判的一种，是房地产交易过程中的双方、多方，为了达成房地产交易、进行合作、消除分歧、签订合同、要求索赔、处理争议等进行会晤和磋商，谋求达成某种程度的妥协、达成共识。

总体上房地产经纪谈判的特点是以经济利益谈判为核心，标的物价值相对比较大，需要以国家颁布的房地产法律法规和规范文本合同为依据，注重合同条款的准确性、合法性和严密性。

2. 房地产经纪谈判技巧

（1）谈判初期的技巧

在谈判初期，房地产经纪人首先要判断谈判的难度，如果售房人的要价太高，而购房客户的出价又太低，购房客户又十分喜爱售房人的房产，这时作为买方代理人的房地产经纪人的谈判难度是最大的。房地产经纪人要预测交易双方的分歧点和分歧的距离，以安全和稳妥的方式询问双方偏好和需求，以制定谈判计划弥补分歧。

（2）谈判中后期的技巧

在房地产交易谈判的中后期，主要谈判内容都围绕价格（房租）问题，可能卖方坚持价格一分不降，买方坚持最多提高一成，卖方提出的价格还有很大的距离。

（单选题）下列关于房地产经纪谈判的说法，错误的是（　　）。
    A. 房地产经纪谈判的特点是以经济利益谈判为核心
    B. 谈判技巧以扎实的专业知识为基础
    C. 从当事人的角度制定谈判策略
    D. 谈判中后期的主要内容为佣金问题
【答案】D
【解析】房地产经纪谈判的特点是以经济利益谈判为核心，在具体谈判过程中，房地产经纪人员要充分展现个人魅力和谈判技术，以扎实的专业知识为基础，恰当运用谈判策略和谈判实力，实现谈判目标。房地产经纪人员尽可能从买方和卖方的角度制定谈判策略，在房地产交易谈判的中后期，在房地产交易谈判的中后期，主要谈判内容都围绕价格（房租）问题。
【出处】《房地产经纪业务操作》（第四版）P362～363

【真题实测】

一、单选题（每题的备选答案中只有1个最符合题意）

1. 房地产经纪人接听咨询电话时，不恰当的做法是（　　）。
    A. 礼貌道别，并主动挂断电话
    B. 带着微笑，在电话铃响三声之内接听
    C. 准确回答对方提问，并做好记录
    D. 先问好，再报公司或项目名称，然后询问对方需求
2. 书面沟通相对口头沟通的优点是（　　）。
    A. 信息完整　　　　　　　　B. 反馈迅速
    C. 易保存记录　　　　　　　D. 易建立互动
3. 房地产经纪人最常用的沟通方式是（　　）。
    A. 书面沟通　　　　　　　　B. 口头沟通
    C. 表情语言沟通　　　　　　D. 肢体语言沟通
4. 为与委托人就某些问题进行深入探讨以获得更多信息，房地产经纪人应采用（　　）。
    A. 投入式倾听　　　　　　　B. 开放式倾听
    C. 鼓励式倾听　　　　　　　D. 封闭式倾听
5. 房地产经纪人对房地产经纪谈判特点的理解，正确的是（　　）。
    A. 以客户利益为核心　　　　B. 以房地产经纪机构的利益为核心
    C. 以经济利益谈判为核心　　D. 以业主利益为核心
6. 下列关于房地产经纪人为提高倾听效果的说法，错误的是（　　）。
    A. 避免争论和批评，仔细倾听客户也许是不合理的要求
    B. 打断客户"专业性"叙述，让客户长话短说
    C. 不要害怕艰难的解释，努力倾听委托人复杂的陈述
    D. 完全理解了委托人的意思后再作评价，不要任意反驳

7. 下列房地产经纪人接待购房客户的做法中，不恰当的是（　　）。
   A．站在客户立场上解答客户问题
   B．接连不断地单方面询问其购房需求和购买能力
   C．对初次到店看宣传单的客户，主动询问其需求
   D．利用微信沟通时，措辞要严谨无歧义

二、多选题（每题的备选答案中有2个或2个以上符合题意）。

8. 房地产经纪人与客户正式面谈时，收尾环节的谈话内容主要有（　　）。
   A．积极倾听客户需求　　　　B．回顾本次谈话内容
   C．安排下次面谈时间　　　　D．向客户表达诚挚谢意
   E．借助提问获得较多信息

9. 房地产经纪人在为客户提供经纪服务过程中的做法，符合基本礼仪规范的有（　　）。
   A．与客户一起乘坐电梯时先进后出，为客户按住电梯开关门按钮
   B．客户递名片时应双手接过对方的名片，并及时收入裤兜
   C．落座时，在条件允许的前提下尽量坐在客户的正对面
   D．先介绍年轻者给长者认识
   E．客户来电话时，一般在电话铃声响三声内接听

10. 房地产经纪人在门店接待客户落座时，正确的做法有（　　）。
    A．安排买卖双方同侧而坐　　　B．让客户先行自行落座
    C．坐在客户身边，方便交谈　　D．为客户拉椅，请其入座
    E．安排客户背对门而坐

【真题实测答案】

1．【答案】A
【解析】考点考查的是房地产经纪人商务礼仪中电话礼仪，在挂断电话的时候要求：后挂电话、留下快乐的结尾，不可以主动地先于顾客挂断电话。
【出处】《房地产经纪业务操作》（第四版）P359

2．【答案】C
【解析】书面沟通的优点是信息准确，永久被记录和保存，接收者有充分的时间进行信息分析。
【出处】《房地产经纪业务操作》（第四版）P344

3．【答案】B
【解析】口头沟通是房地产经纪人最常用到的方式。
【出处】《房地产经纪业务操作》（第四版）P343

4．【答案】C
【解析】鼓励式倾听通过启发、提问、复述与反馈和必要的沉默达到获得信息的目的，通过互动式沟通，使经纪人与委托人就某些问题能够进行深入的探讨，获得更多的信息。
【出处】《房地产经纪业务操作》（第四版）P348

5．【答案】C

【解析】总体上房地产经纪谈判的特点是以经济利益谈判为核心,标的物价值相对比较大,需要以国家颁布的房地产法律法规和规范文本合同为依据,注重合同条款的准确性、合法性和严密性。

【出处】《房地产经纪业务操作》(第四版)P362

6.【答案】B

【解析】经纪人提高倾听效果要懂得寻找兴趣点、评判内容、沉着、学会领会要点,关注客户陈述,完全理解了委托人意思后再做评价,不要任意反驳和评价。

【出处】《房地产经纪业务操作》(第四版)P348

7.【答案】B

【解析】对房地产经纪人而言,更需要双向沟通,因为房地产经纪的媒介作用,使经纪人需要不断地向对方发出信息,并获得接收方经过分析、讨论、研究过的反馈信息。只有这样,房地产经纪人才能更准确地理解自己发出的信息是否正确,接收者是否也准确地理解了信息的意义。

【出处】《房地产经纪业务操作》(第四版)P342

8.【答案】BCD

【解析】正式面谈收尾工作的主要内容包括:选择恰当时机结束谈判;回顾本次谈话的内容总结要点;谈话控制在1个小时左右;安排下次面谈时间,向客户致谢。

【出处】《房地产经纪业务操作》(第四版)P355

9.【答案】ADE

【解析】递名片礼仪中,忌将对方的名片放在裤兜或在手中玩弄或在其上记备忘事情;落座礼仪中,忌与客户正对相座,应坐在客户的身边与其沟通。

【出处】《房地产经纪业务操作》(第四版)P360

10.【答案】CD

【解析】在落座礼仪方面,房地产经纪人要注意:① 为客户拉座椅,请其就座;② 忌与客户正对相坐,应坐在客户的身边与其沟通;③ 会客室切记将正对门的位置作为尊位。

【出处】《房地产经纪业务操作》(第四版)P360

【章节小测】

一、单选题(每题的备选答案中只有1个最符合题意)

1. 下列关于房地产经纪人介绍礼仪的说法,正确的是(   )。
   A. 先将女士介绍给男士
   B. 先将位尊者介绍给位卑者认识
   C. 先将年长者介绍给年轻者认识
   D. 先将本公司的人介绍给外公司的人

2. 非言语沟通的缺点是(   )。
   A. 使信息更加复杂
   B. 不能及时得到反馈
   C. 没有记录,容易失真
   D. 不知道信息接收者是否能理解信息的意义

3. 在客户沟通技巧中,口头沟通的优点是(   )。
   A. 可以马上得到对方的反馈

B. 信息准确，永久被记录和保存
C. 接收者有充分的时间进行信息分析
D. 充分地表达了信息传递者的情绪和态度信息

4. 在房地产销售过程中，面谈的原则不包括（　　）。
   A. 目的性原则　　　　　　　　B. 严谨性原则
   C. 正确性原则　　　　　　　　D. 情境性原则

二、多选题（每题的备选答案中有 2 个或 2 个以上符合题意）

5. 为了减少与委托人的无效沟通，房地产经纪人员应尽量保证信息具有（　　）。
   A. 完整性　　　　　　　　　　B. 准确性
   C. 及时性　　　　　　　　　　D. 时效性
   E. 潜在性

6. 为提高沟通效果，房地产经纪人应具备的能力包括（　　）。
   A. 倾听能力　　　　　　　　　B. 提问能力
   C. 观察能力　　　　　　　　　D. 社交能力
   E. 表达能力

【章节小测答案】

1. 【答案】D
【解析】A 选项错误，应先将男士介绍给女士；B 选项错误，应先将位卑者介绍给位尊者认识；C 选项错误，应先将年轻者介绍给年长者认识。
【出处】《房地产经纪业务操作》（第四版）P360

2. 【答案】A
【解析】非言语沟通的缺点是使信息更加复杂。
【出处】《房地产经纪业务操作》（第四版）P344

3. 【答案】A
【解析】口头沟通的优点是有问有答，可以马上得到对方的反馈，相互之间可以体会双方之间的情感。
【出处】《房地产经纪业务操作》（第四版）P343

4. 【答案】B
【解析】面谈的原则包括目的性原则、情境性原则和正确性原则。
【出处】《房地产经纪业务操作》（第四版）P354

5. 【答案】ABC
【解析】房地产经纪人员在与委托人或者其他信息接收者进行沟通时，应尽量遵循信息的准确性、完整性和及时性原则。
【出处】《房地产经纪业务操作》（第四版）P343

6. 【答案】CDE
【解析】提高沟通效果应具备的能力包括表达能力、观察能力、社交能力和良好品质。
【出处】《房地产经纪业务操作》（第四版）P346～347

特殊考点汇总

一、关于日期

1. 租赁合同的期限：房屋租赁合同约定的租赁期限最长不得超过20年。租赁期限超过20年的，超过部分无效。
2. 租赁合同的备案期限：在租赁合同签订后30日内，房屋租赁双方当事人持《房屋租赁合同》、房屋租赁双方身份证明、房屋产权证明文件和政府主管部门要求的其他材料到市、县人民政府房产管理部门办理登记备案手续。
3. 房屋租赁托管业务中空置期的时限：房屋租赁运营机构为了最大限度地降低自身的空置风险，会向业主要求一段时间的所谓"空置期"（免租期），一般是30~60天不等。
4. 房地产开发企业取得预售许可证后，应当在10日内开始销售商品房。

二、关于概念

1. 准交易资料：准交易资料是当事人拟出售（购买）房地产的单方面意愿的报价资料，凡处于未促成供求双方一致意愿阶段的资料都称为"准交易资料"。
2. STP营销战略：房地产市场营销主体需要设计顾客导向的市场营销战略方案，对市场进行细分，寻找要服务的消费者，即选择目标市场，最终进行市场定位，为消费者提供完美的差异化不动产产品和服务。这个过程被称为STP营销。
3. 独家委托：主要是指业主授予经纪人就其所委托出售房产独家的、排他性的代理权。
4. 房屋租赁托管：是指由专业机构统一运营管理的住房租赁，租赁运营机构可以通过新建租赁住房或购买社会房源，拥有住房产权，持有运营；也可以通过长期租赁社会房源，拥有租赁经营权，统一进行租赁运营。
5. 价目表：最终确定并用于销售的价目表需有房地产开发企业的有效盖章，以作为当期交易的价格依据。价目表的内容应包含楼盘名、楼栋号、单元号、房号、户型、建筑面积、套内面积、公摊面积、单价、总价以及重要提示。
6. 置业计划：客户置业计划是根据购房者的需求，向其明确展示付款方式与支付金额的一种销售工具。包置业计划应包括下列内容：推荐房号（单元）、户型、面积、价格、付款方式、首期款、月供、购房折扣、定金、备注以及购房者需要申明的事项。

三、关于原则

1. 房源信息的获取原则：真实性原则、及时性原则和集中性原则。
2. 房源信息分类原则：按级分类原则、简单实用原则和主次分明原则。
3. 房源营销的原则：房源内容真实图片清晰、房源信息完整、及时性、区别对待、卖点突出、广泛推广、广告形式多样。

4. 客户信息管理原则：有效原则、合理使用原则、重点突出原则。
5. 减少无效沟通的原则：准确性原则、完整性原则和及时性原则。
6. 面谈的原则：目的性原则、情境性原则和正确性原则。

房地产经纪业务操作模拟卷（一）

一、单项选择题（共 50 题，每题 1 分。每题的备选答案中只有 1 个最符合题意）

1. 有购买意向的客户可能因为某种原因打消购买意向，这体现了客源具有（　　）。
   A. 潜在性　　　　　　　　　　B. 差异性
   C. 指向性　　　　　　　　　　D. 模糊性

2. 高品质地准确分析市场情况，在最短时间内提供了海景房信息属于客户总价值中的（　　）。
   A. 产品价值　　　　　　　　　B. 服务价值
   C. 人员价值　　　　　　　　　D. 形象价值

3. 新建商品房市场中，房地产开发周期较长，供给增加往往需要相当长的时间，体现的是房地产市场的（　　）。
   A. 区域性　　　　　　　　　　B. 交易复杂性
   C. 供给滞后性　　　　　　　　D. 不完全竞争市场

4. 在新建商品房市场营销中，房地产经纪人员开始全程介入，主要工作是确定项目市场定位的营销阶段是（　　）。
   A. 项目筹划与地块研究　　　　B. 产品设计与规划
   C. 项目策划与销售　　　　　　D. 传递不动产交易信息

5. 将商圈调查分为初步调查、深入调查和个案调查的分类标准是（　　）。
   A. 调查内容的深入程度　　　　B. 调查内容的性质
   C. 调查内容的形式　　　　　　D. 调查内容的特征

6. 企业针对一个或几个目标市场的需求并结合企业所具有的资源优势，为目标客户提供满足其需求和欲望产品的过程属于（　　）。
   A. 目标定位　　　　　　　　　B. 产品定位
   C. 客户定位　　　　　　　　　D. 市场定位

7. 房地产经纪机构进行内部资源分析，主要是找出（　　）。
   A. 机构的经营战略　　　　　　B. 组织的核心竞争力
   C. 机构自身条件　　　　　　　D. 人力资源状况

8. 房地产经纪业务中的商圈是指房地产经纪人或房地产经纪公司从事房地产经纪业务和服务对象的（　　）。
   A. 地域范围　　　　　　　　　B. 业务种类
   C. 时间期限　　　　　　　　　D. 辐射能力

9. 通过多个营销渠道将房地产产品和服务销售到同一个目标市场的分销渠道类型属于（　　）。

A. 直销 B. 利用中间商进行销售
C. 多重分销 D. 选择性分销

10. 具有相似地段、相似建筑类型、相似户型的房屋是不唯一的，这说明了房源具有（   ）。
A. 可替代性 B. 动态性
C. 唯一性 D. 区域性

11. 经济适用住房的产权人在购买住房（   ）年后可以上市交易。
A. 2 B. 3
C. 5 D. 10

12. 对于目标市场的核心商圈，需要在以经纪人所在工作地点为中心，半径（   ）。
A. 300m 范围内 B. 500m 范围内
C. 1000m 范围内 D. 2000m 范围内

13. 开发客户成本低、信息准确度高、较易展示企业能力和形象的客源开拓方法是（   ）。
A. 广告法 B. 门店接待法
C. 互联网开发法 D. 团体揽客法

14. 每一套房屋都具有自己独特的使用价值，这说明房源具有（   ）。
A. 法律指标 B. 社会指标
C. 物理指标 D. 心理特征

15. 下列信息描述中，不属于客源信息的是（   ）。
A. 李某急需要承购一间两居室房屋
B. 李某的联系方式为 150＊＊＊＊2345
C. 房主李某的职业是一名律师
D. 一套建筑面积 60m^2，临近地铁的房屋

16. 下列客户开发方式中，不属于互联网开发法的是（   ）。
A. 付费的房源信息发布平台 B. 免费的公共网络信息发布平台
C. 客户俱乐部 VIP 会员挖掘 D. 房地产经纪机构门户网站

17. 当客户的地址、联系方式和需求变化时，房地产经纪人需要对客户信息及时调整更新，这体现了客户信息管理的（   ）。
A. 合理使用原则 B. 有效原则
C. 重点突出原则 D. 准确性原则

18. 委托出售相关业务信息调查中，属于房屋出售条件调查内容的是（   ）。
A. 是否有共有权 B. 当前居住状况
C. 是否设定抵押 D. 房屋产权性质

19. 王某夫妇婚后共同出资购买了一套住房，并将该房屋登记在他们的 2 岁女儿名下。2 年后欲将房屋出售，有资格签署房屋买卖合同的是（   ）。
A. 王某女儿 B. 王某
C. 王某妻子 D. 王某夫妇代签

20. 业主委托出售房屋时，房地产经纪人将通过询问、上门勘查等方式，对待售房屋

进行信息调查和了解,并编制( )。

A.《房屋使用说明书》 B.《房屋销售委托书》
C.《房屋状况说明书》 D.《房屋质量鉴定书》

21. 对于有明确意向,对市场行情非常了解的客户,正确的引导方式是( )。

A. 提供最符合客户要求的房源
B. 提供咨询服务,创造专业服务形象
C. 帮助客户分析购房能力、市场行情,制定购房方案
D. 提供好、中、差三类不同房源进行展示,引导客户明确购房意向

22. 房地产经纪服务的完成标准一般是( )。

A. 房地产交易合同签订 B. 房地产经纪机构收取佣金
C. 房地产经纪服务合同签订 D. 委托人向房地产经纪人支付佣金

23. 房地产经纪机构所提供的服务中,基本服务的内容不包括( )。

A. 房地产抵押贷款代办 B. 提供房地产信息
C. 实地看房 D. 代拟房地产交易合同

24. 如果客户实地看房后的反映是"对房源满意,但觉得价格高"时,房地产经纪人应采取的对策是( )。

A. 分析房源具有的优势 B. 明确客户的购房需求
C. 分析客户的购买能力 D. 及时了解客户在价格上的心理底线

25. 房地产经纪人张某根据客户王某的需求匹配了一套房源,王某在实地看房后,很满意,并很快向业主支付了定金5万元,约定于一周后签订买卖合同,由于近期房价上涨,之后业主拒绝签订买卖合同,则王某支付的定金( )。

A. 业主如数返还 B. 业主双倍返还
C. 业主返还一半 D. 返还金额双方协商

26. 甲房地产开发公司为推广宣传本公司开发的新型数字化智能别墅,分别召开了新闻发布会和产品说明会,建造了新型产品展示样板间。依据产品生命周期理论,甲房地产开发公司采取的这一市场营销策略属于( )策略。

A. 衰退期 B. 引入期
C. 成熟期 D. 成长期

27. 按照房地产经纪服务流程,《看房确认书》的签订时间是( )。

A. 看房前 B. 看房后
C. 看房中 D. 签订房屋交易合同时

28. 房地产交易撮合阶段最难的过程是( )。

A. 购买价格的撮合 B. 分析客户的心理
C. 合同条款商洽 D. 引导客户做出购买决策

29. 关于存量房市场营销活动的说法,错误的是( )。

A. 待售房屋坐落分散,营销成本增加
B. 待售房屋价格浮动空间大,房地产经纪人需要协调交易双方议价
C. 待售房屋为现房,其优缺点一目了然,降低了房地产经纪人工作的重要性
D. 待售房屋实体特征差异大,销售难度增大

30. 下列事项中，不属于房地产消费行为调查的是（   ）。
    A. 消费者对房地产商品价格的要求　　B. 消费者对房屋设计的要求
    C. 现实与潜在消费者的数量及其结构　D. 购买行为主要决策者的情况

31. 对于业主出租的房屋，房地产经纪人在实地调查时应查看的内容不包括（   ）。
    A. 房屋配置的家具、家电　　B. 水电费的缴纳标准
    C. 业主的性格和经济状况　　D. 业主是否同意承租人转租房屋

32. 房地产租赁活动中的押金本质上是（   ）。
    A. 租赁定金　　B. 租赁订金
    C. 租赁诚意金　D. 租赁保证金

33. 专业性较强，可以理解为一本简单的"产品说明书"的宣传资料是（   ）。
    A. 功能楼书　　B. 形象楼书
    C. 户型手册　　D. 宣传展板

34. 根据购房者的需求，向其明确展示付款方式与支付金额的销售工具是（   ）。
    A. 价目表　　　B. 客户置业计划
    C. 购房须知　　D. 商品房认购协议书

35. 在商品房买卖合同签订中的主要风险不包括（   ）。
    A. 购房资金风险　B. 变更风险
    C. 政策风险　　　D. 贷款资格风险

36. 还款初期月还款额较高，但可节省整体利息支出的还款方式为（   ）。
    A. 等额本息　　B. 等额本金
    C. 双周供　　　D. 固定利率还款法

37. 下列关于新建商品房销售代理业务中集中销售的说法，错误的是（   ）。
    A. 适用于常规楼盘
    B. 客户诚意度低，不易把握
    C. 若服务或购房楼成设计不当，容易引起客户不满
    D. 开盘销售率由客户储备量、客户诚意度以及现场销售氛围决定

38. 以办公为主要用途的小面积办公空间，也可作为城市中心区家庭居住，多设置独立卫生间，适合于小型企业办公需求，运营成本相对于纯正写字楼较低，物业硬件水平及形象档次亦较低的写字楼产品类型为（   ）。
    A. 商务公寓　　B. 写字楼
    C. LOFT　　　 D. 商业综合体

39. 以目标客户需求为主导的销售策略制定适用于（   ）。
    A. 同期市场存在明显竞争对手的情况　B. 写字楼初始进入非成熟商务区
    C. 项目本身具有独特性的情况　　　　D. 商务客户群体较为成熟的情况

40. 同时赚取投资开发利润和商业利润的盈利模式为（   ）。
    A. 只租不售　　B. 只售不租
    C. 租售并举　　D. 自行经营

41. 是否需要建设商品房公共服务及其他配套设施以（   ）标注的为准。
    A.《建筑工程施工许可证》　B.《建设工程规划许可证》

C.《住宅质量保证书》　　　　　D.《住宅使用说明书》

42. 下列房源获取渠道中，不属于直接开发方式的是（　　）。
    A. 报纸广告　　　　　　　　B. 门店接待
    C. 派发宣传单　　　　　　　D. 社区活动

43. 存量房借款人为自然人时，必须符合能够提供稳定的收入证明，个人征信记录良好，且满（　　）周岁的要求。
    A. 16　　　　　　　　　　　B. 18
    C. 20　　　　　　　　　　　D. 21

44. 关于商业贷款的说法，错误的是（　　）。
    A. 借款人必须年满18周岁
    B. 能提供稳定的收入证明
    C. 等额本金还款法适合收入稳定的工薪阶层
    D. 借款人个人征信记录良好

45. 银行在为借款人评估还款年限时应以（　　）作为基础。
    A. 房龄　　　　　　　　　　B. 收入
    C. 年龄　　　　　　　　　　D. 信用

46. 关于个人住房抵押消费贷款的说法，错误的是（　　）。
    A. 贷款金额足　　　　　　　B. 贷款年限较长
    C. 使用用途不受限制　　　　D. 提前还款灵活

47. 书面沟通相对口头沟通的优点是（　　）。
    A. 信息完整　　　　　　　　B. 反馈迅速
    C. 易保存记录　　　　　　　D. 易建立互动

48. 下列行为中，符合房地产经纪人销售礼仪的是（　　）。
    A. 通话完毕先挂电话　　　　B. 先将男士介绍给女士
    C. 先于上司向客户递名片　　D. 先介绍年长者给年轻者

49. 为与委托人就某些问题进行深入探讨以获得更多信息，房地产经纪人应采用（　　）。
    A. 投入式倾听　　　　　　　B. 开放式倾听
    C. 鼓励式倾听　　　　　　　D. 封闭式倾听

50. 与初次见面的客户面谈时，房地产经纪人应（　　）。
    A. 模棱两可地回答客户提出的尖锐问题
    B. 主动寒暄，表现异常热情
    C. 站在门店的立场，回答客户的询问
    D. 做好与各种客户打交道的心理准备

二、多项选择题（共30题，每题2分，每题备选答案中有2个或2个以上符合题意。错选不得分，少选且正确，每个选项得0.5分）

51. 客户总价值包括（　　）。
    A. 产品价值　　　　　　　　B. 服务价值
    C. 人员价值　　　　　　　　D. 历史价值

E. 形象价值

52. 交通流量调查时段的选择应注意（　　）。
    A. 假日　　　　　　　　　　B. 非假日
    C. 上班前　　　　　　　　　D. 下班后
    E. 单号日与双号日

53. 市场营销组合的4P策略指的是（　　）。
    A. 定位　　　　　　　　　　B. 产品
    C. 价格　　　　　　　　　　D. 渠道
    E. 促销

54. 房地产广告促销中，网络广告的优点有（　　）。
    A. 传播面广　　　　　　　　B. 速度快
    C. 信赖感较强　　　　　　　D. 固定性
    E. 表现力丰富

55. 在新建商品房营销活动中，房地产经纪人可参与的工作有（　　）。
    A. 项目施工与监理　　　　　B. 项目市场定位
    C. 项目筹划与地块研究　　　D. 确定价格策略
    E. 制定项目价目表

56. 下列属于房源信息获取原则的有（　　）。
    A. 真实性原则　　　　　　　B. 集中性原则
    C. 权威性原则　　　　　　　D. 及时性原则
    E. 独立性原则

57. 利用门店接待方式进行房源开发，需要注意的点有（　　）。
    A. 保持店面形象的整洁和干净
    B. 见到上门客户，经纪人员应第一时间热情接待、微笑服务
    C. 应筹划好所需物料，如展板、名片等
    D. 要提前准备问题清单，避免沟通时被拒绝的受挫心理
    E. 需要引领客户至接待区

58. 私盘制的优点有（　　）。
    A. 有利于保障收集房源信息的经纪人的利益
    B. 快速联系匹配业主及时带看，提高工作效率
    C. 有利于专人服务业主，避免多人联系带来困扰
    D. 有利于调动经纪人收集房源信息的积极性
    E. 信息完全共享，有利于新入职经纪人进入工作状态

59. 对于有购房计划，但不十分急迫的客户，经纪人可以采取的应对策略有（　　）。
    A. 重点跟踪，提供周到而专业的服务　B. 重点培养，不断了解客户的特征
    C. 帮助客户分析购房能力、市场行情　D. 留好联系方式，待有购房计划后再联系
    E. 断绝联系，不必维护

60. 房地产经纪人建立与客户的长期联系，可以采取的策略有（　　）。
    A. 与老客户保持联系　　　　B. 把眼光放在长期潜在的客户身上

C. 吸引最有价值的客户　　　　　D. 建立广泛的社会联系
E. 与服务提供商建立广泛联系

61. 为掌握购房客户的有关信息，房地产经纪人调查的内容有（　　）。
    A. 客户的身份信息　　　　　　B. 客户的需求范围
    C. 客户的特殊需求　　　　　　D. 客户的文化程度
    E. 客户的购房资格

62. 关于委托出售经纪业务的相关信息调查项目有（　　）。
    A. 所处商圈环境　　　　　　　B. 房屋权属状况
    C. 房屋物理属性　　　　　　　D. 房屋销售状况
    E. 物业管理水平

63. 导致房地产经纪纠纷产生的主要原因是（　　）。
    A. 合同未履行　　　　　　　　B. 信息不透明
    C. 合同内容不明确　　　　　　D. 必要事项告知不清
    E. 合同有效期未标明

64. 为掌握客户的支付能力，房地产经纪人调查的内容有（　　）。
    A. 客户的收入水平　　　　　　B. 客户的付款方式
    C. 客户的贷款方式　　　　　　D. 客户的购买动机
    E. 客户的职业类型

65. 房地产经纪人在进行配对时应注意的核心问题是（　　）。
    A. 房源信息　　　　　　　　　B. 客户信息
    C. 工作效率　　　　　　　　　D. 工作进度
    E. 工作时长

66. 下列关于公盘制的说法，正确的有（　　）。
    A. 公盘制有利于保障收集房源信息的经纪人利益
    B. 公盘制只适合在一个房地产经纪机构内部执行
    C. 公盘制有利于新入职房地产经纪人进入工作状态
    D. 公盘制可以使房源信息管理更为安全
    E. 公盘制提高了房源信息使用效率

67. 在正式签署买卖合同前，房地产经纪人在谈判中需要注意（　　）。
    A. 掌握主动，控制谈判节奏　　B. 保持客观冷静的态度
    C. 保证交易一方利益的最大化　D. 出现僵局要将买卖双方分开说服
    E. 公正，不偏不倚

68. 在配对过程中，房地产经纪人向客户推荐房源的要点有（　　）
    A. 事先向客户收取信息服务费　B. 向客户提出自己的专业观点
    C. 将房源信息列表后向客户推荐　D. 只介绍房源的优点
    E. 重点介绍与客户需求有关的信息

69. 当租赁合同当事人之间对合同履行情况产生纠纷时，争议的解决方式有（　　）。
    A. 协商　　　　　　　　　　　B. 调解
    C. 威胁　　　　　　　　　　　D. 仲裁

E．诉讼

70．在房屋租赁合同中，应明确的内容有（　　）。
A．租赁双方的姓名和证件号码　　B．租赁房屋的坐落位置
C．租金的数额及其支付方式　　　D．房屋租赁用途与期限
E．租赁房屋的周边环境景观

71．形象楼书的主要内容包括（　　）。
A．社区公共配套　　B．建筑要点
C．楼体形象　　　　D．交楼标准
E．核心卖点

72．银行抵押贷款的风险包括（　　）。
A．重复抵押风险　　　　B．房屋贬值风险
C．利率变化风险　　　　D．购房者房屋处置风险
E．无力继续偿还贷款本息风险

73．依据购房面积可将客户划分为（　　）。
A．小户型客户　　　　B．中大户型客户
C．大户型及别墅客户　D．自用客户
E．投资客户

74．写字楼形象定位的注意要点包括（　　）。
A．清晰的商务感　　　　B．核心卖点体现
C．语句简练具有张力　　D．卓越的设计理念
E．多元的核心竞争力

75．购买写字楼客户的心理特征与购买住宅的客户有较大的差异，主要体现在（　　）。
A．客户更关注写字楼的形象　　B．对周边交通便捷程度有较高要求
C．购买决策更加理性　　　　　D．后续使用成本的核算
E．客户更关注房号销控方式

76．在商品房基础设施设备中，由开发商负责办理开通手续的有（　　）。
A．燃气　　B．电话
C．排水　　D．供暖
E．供电

77．承租人通过房屋租赁托管方式承租房屋的好处有（　　）。
A．可为承租人提供增值服务　　B．提高了房屋维修的及时性
C．降低了承租人的最新支出　　D．提高了房屋的市场价值
E．保障了承租人的私密性

78．银行对于个人抵押消费贷款考核的侧重点是（　　）。
A．个人资质　　B．学历
C．征信　　　　D．身份
E．户口

79．商品房房屋查验项目中，不在买受人查验范围的内容有（　　）。
A．房屋地基基础　　B．主体结构和质量

C. 管道堵塞 D. 五金件损坏
E. 地面渗漏或开裂

80. 关于房地产经纪人面谈技巧的说法，正确的有（ ）。
   A. 寒暄应适度不过分 B. 神态表情自然而丰富
   C. 引导面谈的进程和话题 D. 以自己的立场理解客户的问题
   E. 对自己不清楚的问题可模糊回答

三、综合分析题（共20题，每小题2分。每小题的备选答案中有1个或1个以上符合题意。错选不得分，少选且选择正确的，每个选项得0.5分。）

（一）

王某通过甲房地产经纪机构（以下简称甲机构）购买一套房屋，要求必须一个月内成交，刘某为甲机构经纪人，为王某提供经纪服务，刘某带领王某遴选了多处房源，最后决定购买一套质量较好的学区房，王某手中资金较宽裕，前期能够承担较大还款压力，后在经纪人刘某的服务下，王某和业主完成了此套房屋的过户手续。因王某对甲机构和经纪人的服务比较满意，后推荐自己的朋友朱某来甲机构购房，并顺利成交，因甲机构业务发展不断壮大，客源越来越多，为有效地管理客源，甲机构考虑构建客户数据库。

81. 王某要求一个月内必须成交体现的客源特征为（ ）。
   A. 指向性 B. 时效性
   C. 潜在性 D. 现时性

82. 王某通过甲机构购房，在签订经纪服务合同时，甲机构应书面告知的事项有（ ）。
   A. 房屋的升值空间 B. 是否与委托房屋有利害关系
   C. 房屋交易涉及的税费 D. 经纪服务的内容及完成标准

83. 经纪人刘某因自己的服务能力得到王某的认可，后王某推荐其朋友朱某到甲机构购房，此时刘某使用的客源开拓渠道为（ ）。
   A. 门店接待法 B. 广告法
   C. 老客户推荐 D. 人际关系法

84. 王某适用的银行抵押贷款还款方式为（ ）。
   A. 等额本息还款法 B. 等额本金还款法
   C. 双周供还款法 D. 固定利率还款法

85. 甲机构在构建客户数据库时，应考虑的因素不包括（ ）。
   A. 原始资料的完整保存
   B. 企业内部获得的客户资料与其他渠道获得的外部资料区分开来
   C. 重视数据库管理的安全性
   D. 老客户信息的删除

（二）

2018年2月甲房地产开发公司（以下简称甲公司）申请立项，投资开发了一个新建商品房开发项目，甲公司针对国家出台提高房地产首付款比例，大城市高收入青年晚婚晚育的情况，利用资金和品牌优势在 A 城市推出了市场畅销的小户型住宅，该项目于 2020 年 6 月开始预售，甲企业委托乙房地产经纪公司（以下简称乙机构）代理销售，乙机构在推销手段上，采用广告和新闻发布会来扩大影响，与此同时，加强对市场的调查和预测。

86. 2018 年 2 月甲公司申请项目立项，并于 2020 年 6 月开始预售，这说明房地产市场具有（　　）。

   A．区域性特征　　　　　　　B．交易复杂性
   C．供给滞后性特征　　　　　D．不完全竞争市场特征

87. 甲公司将项目委托给乙机构代理销售，在项目策划与销售阶段，乙机构房地产经纪人的主要工作有（　　）。

   A．项目定价　　　　　　　　B．项目市场推广
   C．项目销售　　　　　　　　D．确定项目的市场定位

88. 甲公司针对国家出台提高房地产首付款比例，大城市高收入青年晚婚晚育的情况，利用资金和品牌优势在 A 城市推出了市场畅销的小户型住宅，甲企业采用的是 SWOT 分析定位法中的（　　）。

   A．WT 对策　　　　　　　　B．WO 对策
   C．ST 对策　　　　　　　　D．SO 对策

89. 乙机构在推销手段上，采用广告和新闻发布会来扩大影响，与此同时，加强对市场的调查和预测，这说明该项目处于房地产生命周期中的（　　）。

   A．成长期　　　　　　　　　B．引入期
   C．成熟期　　　　　　　　　D．衰退期

90. 甲公司推出了市场畅销的小户型住宅，购买小户型客户的特征为（　　）。

   A．首次置业客户，以满足刚性需求为购房目的
   B．二次或多次置业客户，目的多为改善居住条件
   C．置业经验相对比较丰富，对物业有自己独有的判断
   D．投资型客户，以满足获取出租收益或转售增值收益为目的

（三）

叶某经过甲房地产经纪机构（以下简称甲公司）门店时，看中了一套位置较好，性价比比较高的房屋，后叶某进店咨询房屋相关信息，经纪人周某接待了叶某，了解房屋基本信息后，周某便带领叶某实地查看了房屋，实地看房后，叶某对房屋非常满意，后叶某与甲公司签订了房地产经纪服务合同，周某对叶某说："我们可以先向卖方支付 5 万元定金，您看这个数额高不高？"，叶某回复说与家人协商后确定，后经与家人协商，叶某决定购买此房屋，经甲公司撮合后，叶某与房主吴某签订了《房屋买卖合同》，并办理了产权过户手续。

91. 叶某与甲公司签订的房地产经纪服务合同类型为（　　）。

   A．《房屋出售经纪服务合同》　　B．《房屋出租经纪服务合同》
   C．《房屋承购经纪服务合同》　　D．《房屋承租经纪服务合同》

92. 下列关于叶某与甲公司签订房地产经纪服务合同说法，正确的为（　　）。

A. 应当以书面形式签订
B. 房地产经纪服务合同应由委托人签章
C. 房地产经纪服务合同应由从事该业务的一名房地产经纪人协理签字
D. 房地产经纪服务合同应由从事该业务的一名房地产经纪人签字

93. 周某在门店接待叶某时，接待流程的第一步为（   ）。
A. 站立迎接，微笑待人，使用标准问候语
B. 引领客户入店
C. 确定接待主体
D. 了解客户需求

94. 叶某看房后表示对这套房屋非常满意，此时周某的策略为（   ）。
A. 及时了解客户在价格上的心里底线   B. 分析房源优缺点，客户的承受力
C. 进一步明确客户的购房需求   D. 客户一般仍然会继续讨论价格

95. 叶某对房屋非常满意，周某对叶某说："我们可以先向卖方支付5万元定金，您看这个数额高不高？"，此时周某引导叶某做出购买决策的方法为（   ）。
A. 假设法   B. 总结法
C. 直接法   D. 对比法

（四）

李某将夫妻双方共有的一套住房委托给甲房地产经纪机构（以下简称甲机构）出租，赵某通过甲机构房地产经纪人张某承租了该住房，赵某与李某签订了为期一年的房屋租赁合同，并向李某交了一年的租金，6个月后，李某因其妻子车祸重伤昏迷，急需用钱，委托甲机构出售该住房，张某在报纸和网络上发布了该房源信息，徐某在甲机构网站上看到了该房源信息后，对此房源很满意，经张某撮合，李某与其签订了《房屋买卖合同》。

96. 张某为出售该房屋采用的促销策略为（   ）。
A. 人员销售   B. 公共关系促销
C. 销售促进   D. 广告促销

97. 下列张某在撮合徐某与李某签订《房屋买卖合同》的做法中，正确的为（   ）。
A. 张某让李某直接代其妻子在买卖合同上签署妻子名字
B. 在买卖合同签字栏上，张某让李某帮助其妻子按手印
C. 张某让李某在买卖合同上只签署自己的名字
D. 张某让李某为其妻子办理监护权公证，并请监护人签署买卖合同

98. 徐某成为新业主后，下列关于赵某与李某签订的房屋租赁合同的说法中，正确的为（   ）。
A. 徐某单方要求与赵某重新签订房屋租赁合同
B. 赵某可以继续承租该住房
C. 徐某要求赵某按照当前市场租金行情向其补交租金差额
D. 赵某需搬出房屋

99. 李某委托甲机构出售房产后，关于告知赵某房屋出售信息的说法，正确的为（   ）。

    A. 成交后告知 B. 无须告知
    C. 成交当日告知 D. 成交前合理期限内告知
100. 徐某与李某签订的房屋买卖合同为（　　）。
    A. 诺成合同 B. 实践合同
    C. 双务合同 D. 单务合同

房地产经纪业务操作模拟卷（二）

一、**单项选择题**（共50题，每题1分。每题的备选答案中只有1个最符合题意）

1. 关于房地产经纪服务费的说法，错误的是（　　）。
   A. 经纪服务费收取后向支付方开具发票
   B. 经纪服务费的数额要在书面合同中明确
   C. 经纪服务费是房地产经纪服务成果的回报
   D. 经纪服务费包括看房费

2. 商圈深入调查的内容不包括（　　）。
   A. 有效商圈周边的生活配套设施
   B. 主要房型和建筑面积、车位情况及管理费用
   C. 附近楼盘的价格对比、成本活跃性调查
   D. 房地产开发企业的地址、公司名称和联系方式

3. 当房地产产品处于衰退期时，房地产开发企业应采取的最佳营销策略是（　　）。
   A. 突出产品的差异化属性　　　　B. 通过新市场扩大市场渗透
   C. 制定灵活机动的销售策略　　　D. 召开新闻发布会扩大影响

4. 房地产经纪机构因政府加强宏观调控而改变市场营销策略。这说明房地产市场营销具有（　　）的特征。
   A. 受区域影响大　　　　　　　　B. 花费时间较长
   C. 受消费者预期影响大　　　　　D. 受法规政策影响大

5. 刘某有意购买王某的住房，因为王某出价太高迟迟没有成交，房地产经纪人向客户提供了与王某住房质量相似的李某住房，其价格更便宜，因此客户最终决定购买李某住房。这体现了房源的特征是（　　）。
   A. 可操作性　　　　　　　　　　B. 动态性
   C. 相似性　　　　　　　　　　　D. 可替代性

6. 房源信息由接受业主（委托人）委托的房地产经纪人录入，其他经纪人只能看到房源的基本信息，业主的联系方式只有接受委托的房地产经纪人拥有，这种房源信息共享方式是（　　）。
   A. 混合制　　　　　　　　　　　B. 公盘制
   C. 分区公盘制　　　　　　　　　D. 私盘制

7. 市场营销的简单和扩展模型环节包括：①建立营销性的关系和创造顾客愉悦；②构建传递卓越价值的整合营销计划；③理解市场和顾客的需求与欲望；④从顾客处获得价值以创造利润和顾客权益；⑤设计顾客导向的营销战略。其中，正确的顺序为（　　）。

A. ③⑤②①④ B. ③⑤①②④
C. ①②④⑤③ D. ①②③④⑤

8. 客源开拓方法中，优势是开发客户成本低、信息准确度高、较易展示企业能力和企业形象的方法是（　　）。
　　A. 广告法　　　　　　　　B. 门店接待法
　　C. 互联网开发法　　　　　D. 团体揽客法

9. 房地产经纪人驻守居住小区开拓客源的优点是（　　）。
　　A. 受众面广　　　　　　　B. 客户准确率高
　　C. 与客户沟通效果好　　　D. 易与客户建立关系

10. 房地产经纪机构与委托人签订房地产经纪服务合同的类型，由（　　）确定。
　　A. 房屋用途　　　　　　　B. 交易方式
　　C. 委托目的　　　　　　　D. 预期成交价格

11. 房地产经纪人在带领客户实地看房时，下列做法中，错误的是（　　）。
　　A. 看卧室衣柜前，询问业主是否可以察看
　　B. 控制看房时间，提醒客户在房屋内客观评价房屋
　　C. 在看房时间之前10~15分钟到达约定地点迎接客户
　　D. 征得业主同意后进入房间，向业主自我介绍和介绍客户

12. 看房前，房地产经纪人让客户签订实地看房确认书的主要目的是（　　）。
　　A. 确认房地产经纪人员的工作量　　B. 让客户掌握房源实物状况
　　C. 防止客户和业主自行交易　　　　D. 展示所在机构的专业形象

13. 房地产经纪人在存量房租赁托管业务中，进行房屋实地查看，主要是（　　）。
　　A. 掌握出租人意向　　　　B. 了解房屋实物和权属状况
　　C. 传播房屋租赁信息　　　D. 促进签订房屋租赁合同

14. 房屋租赁托管业务对出租人的好处不包括（　　）。
　　A. 保障出租人收益　　　　B. 降低经济和时间成本
　　C. 租赁行为灵活性强　　　D. 免除不必要的电话骚扰

15. 在新建商品房销售的宣传资料中，功能楼书的作用是（　　）。
　　A. 展现项目品牌与形象　　B. 展现项目产品特点
　　C. 实现项目价值点渗透　　D. 展现项目规划说明

16. 房地产经纪人在代理新建商品房销售业务中，为了让购房人明晰购买程序，事先应准备的销售文件是（　　）。
　　A. 价目表　　　　　　　　B. 项目楼书
　　C. 购房须知　　　　　　　D. 置业计划

17. 下列住房商业贷款申请人信息中，不会对贷款申请构成影响的是（　　）。
　　A. 年龄　　　　　　　　　B. 征信记录
　　C. 收入证明　　　　　　　D. 技术职称

18. 房地产开发企业首次进入非成熟商务区域开发写字楼，应采用以（　　）为主导的销售策略。
　　A. 市场竞争优势　　　　　B. 目标客户需求

C. 企业品牌营销 　　　　　　　D. 项目差异化特点

19. 购买商铺的投资者重点关注商铺的（　　）。
    A. 经营特色 　　　　　　　　B. 投资回报
    C. 目标消费群 　　　　　　　D. 商品销售方式

20. 下列货币政策中，能够直接刺激购房者产生不动产购买欲望的是（　　）。
    A. 下调利率 　　　　　　　　B. 下调准备金率
    C. 上调利率 　　　　　　　　D. 上调准备金率

21. 自然销售新建商品住宅，其优点是（　　）。
    A. 客户诚意度高 　　　　　　B. 市场关注度高
    C. 前期积累的客户多 　　　　D. 客户满意度高

22. 通常指公交路线集结的地区，可以转换而形成交通辐射的地区称为（　　）。
    A. 邻里中心型 　　　　　　　B. 大地区中心型
    C. 副城市中心型 　　　　　　D. 城市中心型

23. 关于房地产卖点应具备的特点的说法，错误的是（　　）。
    A. 卖点能够展示出来 　　　　B. 卖点一般容易被竞争对手模仿
    C. 卖点是房地产自身独有的优势 　　D. 卖点必须能够得到目标客户的认同

24. 传播面广、速度快、可查询、诉求力强、表现力丰富、更新便捷、定位精准、信息存储方便的广告媒介是（　　）。
    A. 网络广告 　　　　　　　　B. 广播广告
    C. 直接函件广告 　　　　　　D. 电视广告

25. 当房地产经纪人实地勘查一套住宅房源后，发现该住宅所有权证所载面积小于实际面积时，该房地产经纪人员正确的做法是（　　）。
    A. 删除该房源信息
    B. 建议房源业主提高出售报价
    C. 隐瞒该情况以加快成交速度
    D. 向房源业主说明并在房屋状况说明书中标注

26. 下列属于采用门店接待法开发房源缺点的是（　　）。
    A. 方式消极 　　　　　　　　B. 对经纪人专业度要求较高
    C. 房源信息准确度低 　　　　D. 不易和客户建立关系

27. 适合采用总结法引导客户做出购买决策的情形是（　　）。
    A. 客户具有丰富的购房经验 　　B. 客户已经遴选了多处房源
    C. 客户仅对房源少许部分不满意 　D. 客户已决定购买看好的房源

28. 房地产经纪人在询问客户需求时，适宜采用的提问方式是（　　）。
    A. 开放式 　　　　　　　　　B. 封闭式
    C. 诱导式 　　　　　　　　　D. 自由式

29. 房地产经纪机构在建立客户数据库时，错误的做法是（　　）。
    A. 尽可能保存客户原始资料 　　B. 重视数据库管理的安全性
    C. 将外部数据作为最重要资料 　D. 及时整理和更新客户资料

30. 房地产经纪人采用网络方式接待客户，务必在推荐房源信息时注意其（　　）。

A. 集中性 B. 多样性
C. 全面性 D. 真实性

31. 针对客户实地看房后认为房源基本满意，但还要考虑的情形，房地产经纪人应采取的对策是（   ）。
    A. 分析房源的优缺点 B. 明确客户的购房动机
    C. 了解客户的兴趣爱好 D. 找到客户关注的问题

32. 房地产经纪人在撮合房地产交易时，针对交易双方的分歧点，做法错误的是（   ）。
    A. 依照公平公正原则解决分歧 B. 依照市场惯例解决分歧
    C. 区分主要问题和次要问题 D. 让交易双方自行协调主要分歧

33. 决定商业项目功能定位的主要前提是（   ）。
    A. 商业业态定位 B. 规模定位
    C. 形象档次定位 D. 价格定位

34. 某类客户对商品房价格敏感，低价是促成其购房的直接原因。这类客户大多属于（   ）客户。
    A. 小户型 B. 中户型
    C. 大户型 D. 超大户型

35. 与确定存量房最低首付款无关的数据是（   ）。
    A. 成交价格 B. 评估价格
    C. 贷款成数 D. 计税价格

36. 公积金贷款一般采用的还款方式是（   ）。
    A. 固定利率还款 B. 等额本息还款
    C. 等额本金还款 D. 自由还款

37. 房地产经纪人调查和利用公共设施信息时，做法错误的是（   ）。
    A. 在面对带来负面影响的公共设施时，应关注可能的克服方式
    B. 对已建设的公共设施，应搜集现状资料
    C. 在产品设计时无需考虑未来的即将建设的公共设施所产生的超前性
    D. 对计划建设的公共设施，应深入调查其使用性质

38. 购房者通过销售人员的介绍，对所购房地产全面了解后，选定自己购买的单元，这时需要以交纳定金并签订（   ）的形式，来确定购房者对该房地产的认购权等事项。
    A.《房地产认购协议书》 B.《商品房买卖合同》
    C.《购房须知》 D.《业主临时公约》

39. 就某一个客户而言，既可成为客源，同时他也可能成为房源的提供者，在同一时间或不同时间角色互换或重叠，体现了客源与房源（   ）的关系。
    A. 互为条件 B. 相得益彰
    C. 互为目标 D. 互相利用

40. 在存量房买卖经纪业务中，配对过程的关键环节是（   ）。
    A. 明确客户的住房需求 B. 约定看房时间和地点
    C. 为客户推荐合适房源 D. 客户的交易价格

41. 对当前价值和未来潜在价值都低的客户，房地产经纪人应（　　）。
    A. 减少管理该类客户的服务成本　　B. 增加房屋带看次数
    C. 积极推送房地产交易信息　　　　D. 引导客户尽快明确购房需求
42. 房地产企业采用目标客户需求定位法，首先要（　　）。
    A. 设计产品进行营销案例和组织设施　B. 目标客户特征分析
    C. 确定目标客户　　　　　　　　　　D. 选定目标市场
43. 房源是房地产经纪机构必不可少的重要资源，是其生存和发展的基础。这句话说明（　　）。
    A. 房地产经纪机构只能依靠房源生存
    B. 房源是设立房地产经纪机构的必备条件
    C. 房源是房地产经纪机构的核心竞争力
    D. 房源是区别房地产经纪机构规模大小的重要指标
44. 客户在表达购买或租赁需要时，均会有时间要求，期望在一段时间内实现客户的需求意向，这体现了客源的（　　）。
    A. 时效性　　　　　　　　　　　B. 潜在性
    C. 指向性　　　　　　　　　　　D. 及时性
45. 下列关于房地产经纪服务合同的说法，错误的是（　　）。
    A. 房地产经纪服务合同应以书面形式签订
    B. 房地产经纪服务合同必须加盖公司的公章，不能加盖合同章
    C. 房地产经纪服务合同应由从事该业务的一名房地产经纪人或两名房地产经纪人协理签名
    D. 房地产经纪服务合同应由委托人签名或盖章
46. 确定存量房抵押贷款额度，通常参考存量房的（　　）。
    A. 评估价格　　　　　　　　　　B. 指导价格
    C. 投资价格　　　　　　　　　　D. 理论价格
47. 对于有一定经济实力、购买需求强烈的客户，房地产经纪人应采取的策略是（　　）。
    A. 提供周到而专业的服务
    B. 建议制定投资性的购房计划
    C. 为了尽快成交积极提供非银行的金融服务
    D. 与客户保持每天沟通五到六次
48. 针对本区域主流客户，写字楼项目销售中最有效的客户策略是（　　）。
    A. 推出老带新优惠政策　　　　　B. 注重外围包装展示
    C. 寄送产品手册及小礼品　　　　D. 突出区域规划前景及写字楼的稀缺性
49. 当房地产经纪机构具备一定实力时，获得房源信息的直接渠道是（　　）。
    A. 派发宣传单　　　　　　　　　B. 请老客户推荐
    C. 刊登报纸广告　　　　　　　　D. 建立机构网站
50. 房地产经纪人需要反复多次与消费者沟通才能使营销活动成功。这表明房地产市场营销具有（　　）的特征。

A. 动态性 B. 交易周期长
C. 受法律法规影响较大 D. 受区域影响大

二、多项选择题（共 30 题，每题 2 分，每题备选答案中有 2 个或 2 个以上符合题意。错选不得分，少选且正确，每个选项得 0.5 分）

51. 在房地产市场竞争情况调查中，属于对竞争产品调查的有（　　）。
   A. 竞争产品的市场定位及反应情况
   B. 竞争企业的生产能力及技术装备水平
   C. 竞争产品的市场占有率
   D. 竞争企业所采用的市场营销策略
   E. 消费者对竞争产品的态度和接受情况

52. 能体现房地产经纪人所属团队竞争优势的因素有（　　）。
   A. 合作精神 B. 品牌形象
   C. 消费能力 D. 专业实力
   E. 社会关系

53. 关于房地产市场分销的说法，正确的有（　　）。
   A. 建立专门的分销渠道减少了潜在消费者搜寻产品的次数
   B. 房地产开发商的直销途径一般只针对本地客户或者进入本地市场的外地消费者
   C. 分销商标准化的销售行为有助于提高房地产产品的标准化程度
   D. 房地产分销方式方便控制销售价格
   E. 便于房地产销售方找到购买主体

54. 房源信息的"真实性"体现在（　　）。
   A. 真实存在 B. 真实广告
   C. 真实承诺 D. 真实委托
   E. 真实价格

55. 提炼项目推广主题具体可从（　　）来寻找。
   A. 企业定位 B. 产品定位
   C. 客户定位 D. 市场定位
   E. 形象定位

56. 房地产产品生命周期包括（　　）。
   A. 引入期 B. 发展期
   C. 成长期 D. 成熟期
   E. 衰退期

57. 利用网络开发房源的优点有（　　）。
   A. 没有地域限制 B. 真实感强
   C. 传播速度快 D. 信息量大
   E. 传播范围广

58. 房地产经纪人在付费房源信息发布平台上进行操作，需要注意的有（　　）。
   A. 时间点把握 B. 虚构房源信息，便于获得客户
   C. 追求房源图片的质量 D. 房源描述详尽

E. 房源要多方面描述

59. 房源营销的原则通常要遵循的标准有（　　）。
    A. 房源内容要真实，图片清晰　　B. 房源信息要完整
    C. 及时性　　D. 对待房源要一视同仁
    E. 广告形式多样

60. 房地产经纪人在绘制交通位置图和标准房型图时，正确的做法有（　　）。
    A. 交通位置图要画出环绕房屋的道路
    B. 标准房型图要详细标出房屋的门窗位置
    C. 标准房型图要按适当比例缩小实际尺寸绘制
    D. 标准房型图要按上北下南左西右东的方位绘制
    E. 标准房型图对阳台、储藏室只标示位置不标示面积

61. 房地产经纪人对客源信息完善和分析的内容有（　　）。
    A. 购买能力　　B. 目标房屋
    C. 需求程度　　D. 购买决策
    E. 教育程度

62. 下列做法，符合房地产经纪人对客户信息合理使用要求的有（　　）。
    A. 保守客户秘密　　B. 合理保存客户信息
    C. 对客户信息恰当分类　　D. 剔除陈旧的客户信息
    E. 与其他商业机构共享客户信息

63. 属于房地产经纪服务合同签订要求的有（　　）。
    A. 以书面形式签订
    B. 加盖房地产经纪机构印章
    C. 从事该业务的一名房地产经纪人或两名房地产经纪人协理签名
    D. 委托人签名或者盖章
    E. 房管局备案

64. 房地产促销策略中，人员促销的优点有（　　）。
    A. 花费的时间成本低　　B. 对促销人员的素质要求较低
    C. 可直接传递房地产信息　　D. 可更好地了解消费者的需求
    E. 可与消费者建立良好关系

65. 在签订房地产经纪服务合同时，房地产经纪人应避免出现的常见错误有（　　）。
    A. 合同有效期限未标明　　B. 合同服务内容未明确界定
    C. 合同书写未用正楷字　　D. 合同信息与证件信息不一致
    E. 格式合同空白处未作必要处理

66. 关于商圈调查的说法，正确的有（　　）。
    A. 商圈调查是新入行的员工才需要做的工作
    B. 调查结果可以作为制定商业计划的依据
    C. 调查结果可以作为制定工作重点的依据
    D. 调查结果为客户提供各项数据
    E. 调查结果可以降低交易价格

67. 对业主来说，房屋租赁托管业务的优势有（　　）。
   A. 保障稳定的房屋出租收益　　　B. 降低出租的时间成本
   C. 增加出租房的租金收入　　　　D. 免除与实际承租人之间的经济纠纷
   E. 享受增值服务带来的收益

68. 属于客户特殊需求信息的有（　　）。
   A. 住房在三甲医院附近　　　　　B. 有重点小学
   C. 联系方式　　　　　　　　　　D. 住房不要临街
   E. 职业

69. 房地产经纪人在对业主出租房屋进行勘查，编制《房屋状况说明书》时，应调查的特殊事项有（　　）。
   A. 租金是否包含物业管理费　　　B. 是否同意转租
   C. 租金金额　　　　　　　　　　D. 房屋是否已设立抵押
   E. 能接受的最大居住人数

70. 房地产开发企业在选择广告媒体时，应考虑的主要因素有（　　）。
   A. 广告计划　　　　　　　　　　B. 项目特点
   C. 企业资金实力　　　　　　　　D. 销售进度
   E. 广告策划流程

71. 在新建商品住宅项目的销售代理中，与集中销售相比，自然销售的特点有（　　）。
   A. 区别新老客户购房待遇　　　　B. 客户按照到场顺序选房
   C. 客户流失度较高　　　　　　　D. 对楼盘性质要求较高
   E. 市场关注度较低

72. 对商业地产项目的经营者进行定位时，应考虑的主要内容有（　　）。
   A. 项目的销售模式　　　　　　　B. 项目的经营特色
   C. 项目的建筑特点　　　　　　　D. 消费市场的未来趋势
   E. 项目的目标消费群

73. 与存量房买卖经纪业务相比，存量房租赁经纪的业务流程中不涉及的交易环节有（　　）。
   A. 代办抵押贷款　　　　　　　　B. 代办不动产转移登记
   C. 房屋交验　　　　　　　　　　D. 代办合同备案
   E. 房屋带看

74. 写字楼自销售团队进场至销售完成一般需要经历五个阶段，其中重中之重的阶段有（　　）。
   A. 蓄客期　　　　　　　　　　　B. 持销期
   C. 稳定消化期　　　　　　　　　D. 开盘期
   E. 进场期

75. 投资客户购买商业地产项目时，通常考虑的因素有（　　）。
   A. 建筑结构及形态
   B. 周边幼儿园、学校、医院等设施的配置
   C. 地段、人流车流、商业氛围与片区发展规划

D. 未来的升值空间
E. 投资回报率以及项目可持续发展

76. 个人住房抵押消费贷款的主要优点有（　　）。
   A. 贷款金额足　　　　　　　B. 循环授信
   C. 贷款年限较长　　　　　　D. 提前还款较灵活
   E. 对贷款主体资格审查宽松

77. 甲房地产开发企业邀请客户参加知名财经专家举行的公益讲座，并在讲座中安排了"现场认购享优惠"环节，销售其新开发的商品住房项目。本次甲企业在新建商品房营销活动中采取的促销策略有（　　）。
   A. 直复营销　　　　　　　　B. 公共关系促销
   C. 销售促进　　　　　　　　D. 广告促销
   E. 人员销售

78. 下列资料中，属于新建商品房销售文件的有（　　）。
   A. 价目表　　　　　　　　　B. 购房须知
   C. 项目楼书　　　　　　　　D. 户型手册
   E. 置业计划

79. 下列房地产经纪人询问客户需求所提出的问题中，属于开放式的有（　　）。
   A. "您需要的户型是三居室吗？"　B. "您认为这套住房的装修风格怎么样？"
   C. "您喜欢哪种风格的家具？"　　D. "您喜欢什么样的邻居？"
   E. "您喜欢带屋顶花园的别墅吗？"

80. 房源获取的原则有（　　）。
   A. 可靠性　　　　　　　　　B. 真实性
   C. 及时性　　　　　　　　　D. 持续性
   E. 集中性

三、综合分析题（共20题，每小题2分。每小题的备选答案中有1个或1个以上符合题意。错选不得分，少选且选择正确的，每个选项得0.5分。）

(一)

刘某与甲房地产经纪公司（以下简称甲公司）签订了房地产经纪服务合同，委托甲公司出售一套商品住宅。刘某开始希望该住宅出售价格为110万元，但为了尽快给儿子筹集出国留学资金，一周后刘某将出售价格调低到105万元。客户王某在本市从事个体经营业务，一直承租住房。王某看了甲公司发布的房源销售广告后，希望购买该住宅。甲公司委派房地产经纪人李某多次与刘某、王某协调后，刘某与王某签订了房屋买卖合同，最终住宅成交价格为100万元。

81. 刘某调低住宅出售价格体现了房源的（　　）。
   A. 物理属性　　　　　　　　B. 法律属性
   C. 经济属性　　　　　　　　D. 心理属性

82. 经纪人李某多次与刘某、王某协调后，刘某与王某签订了房屋买卖合同，最终住宅成交价格为100万元，这说明房地产交易撮合中最难的阶段是（　　）。

A. 房源、客源匹配 B. 交易价格的磋商
C. 实地带看 D. 明确客户的需求

83. 李某发布房源信息应经过（　　）的书面同意。
A. 刘某 B. 李某的业务主管
C. 甲公司法定代表人 D. 房屋行政主管部门

84. 甲公司成功完成该笔房地产经纪业务的原因可能为（　　）。
A. 王某购买意向明确 B. 李某具有较强的沟通能力
C. 当地房地产市场成交稳定 D. 刘某因急需资金而降低房价

85. 刘某与甲公司签订的经纪服务合同类型为（　　）。
A. 房屋出租经纪服务合同 B. 房屋承租经纪服务合同
C. 房屋出售经纪服务合同 D. 房屋承购经纪服务合同

（二）

2020年3月，张某委托甲房地产经纪公司（以下简称甲公司）出租一套房屋，甲公司指派经纪人李某为张某服务，李某通过互联网开发法，很快找到了承租人钱某，在李某的撮合下，双方签订了为期2年的租赁合同，合同签订后李某协助租赁双方办理了租赁合同备案。同年12月，张某因为工作调动到A城市，要将此处房屋出售，到A城市购买房屋，此时，张某和钱某协商租赁合同解除事宜。

86. 甲公司经纪人李某通过互联网开发客源的优点有（　　）。
A. 更新速度快 B. 时效性强
C. 客户信息准确度高 D. 成交可能性大、揽客成本小

87. 张某与钱某签订的房屋租赁合同最长期限为（　　）。
A. 3年 B. 5年
C. 10年 D. 20年

88. 甲公司经纪人李某协助张某和钱某办理租赁合同登记备案所需的资料包括（　　）。
A. 公司法人身份证 B. 房屋租赁合同
C. 租赁双方身份证明 D. 房屋产权证明文件

89. 在租赁期间，若钱某私自利用住房提供美容美发服务。在经营过程中，因钱某在楼道堆放垃圾与邻居王某产生纠纷，该纠纷的责任人是（　　）。
A. 王某 B. 张某
C. 钱某 D. 房地产经纪机构

90. 张某与钱某签订合同前，李某应核实的文件有（　　）。
A. 房屋所有权证 B. 张某和钱某身份证明
C. 契税完税证明 D. 房屋购买合同

（三）

甲房地产开发企业（以下简称甲企业）在风景秀丽的海边城市开发了一个住宅小区，总建筑面积300000m²，甲企业制作了功能楼书和形象楼书确定项目的均价为14500元/m²，并租用路边广告牌进行宣传，李某在售楼处看了甲企业公示的相关证件和资料后，与甲企

业签订了《房地产认购协议书》，拟购买一套建筑面积 90 m²，单价为 15000 元/m²，朝向东南的海景房，据了解李某的家庭是第一次购买住宅，李某与其家属均为中学教师，拟采用最高贷款额组合贷购房，该城市住房商业贷款最低首付比例为三成，住房公积金首套贷款额度最高为 50 万元。

91. 李某购房的住房价格高于项目均价，原因可能为（　　）。
    A. 建筑结构　　　　　　　　B. 朝向
    C. 首次购房　　　　　　　　D. 海景

92. 甲企业在销售住宅前，应在售楼处公示的法律文件为（　　）。
    A. 形象楼书　　　　　　　　B. 功能楼书
    C. 商品房销售（预售）许可证　D. 建筑工程施工许可证

93. 房地产经纪人协助李某签署认购协议时，应提示其确认的事项有（　　）。
    A. 违约责任　　　　　　　　B. 房屋单价
    C. 面积误差的处理方式　　　D. 购房款付款方式

94. 李某至少需要申办的商业贷款额度为（　　）万元。
    A. 85　　　　　　　　　　　B. 40.5
    C. 44.5　　　　　　　　　　D. 59.5

95. 李某购房适合采用的还款方式为（　　）。
    A. 等额本金　　　　　　　　B. 等额本息
    C. 双周供　　　　　　　　　D. 固定利率

（四）

2019 年 2 月甲房地产开发公司（以下简称甲公司）在 M 城市开发了一个新建商品房住宅项目，2020 年 3 月，该项目办理了预售许可证，甲公司将该项目委托给乙房地产经纪公司（以下简称乙公司）销售。乙公司获取销售代理项目后，针对项目的具体特点制定了营销方案，并组建了自己的销售团队。乙公司的经纪人范某为销售团队的置业顾问，在售楼处接待了购房客户吴某，范某向吴某展示了售楼处的功能楼书和形象楼书等宣传资料，并带领吴某参观了项目的园林和样板间，参观完成后，吴某决定购买该项目一套房屋，随后签订了认购书，并交纳了 20 万元定金。

96. 乙公司在制定营销方案时，应注意的问题主要包括（　　）。
    A. 做好市场定位　　　　　　B. 制定推广策略
    C. 制定销售计划　　　　　　D. 培训销售人员

97. 范某在售楼处向吴某展示的形象楼书的内容主要包括（　　）。
    A. 楼盘效果图　　　　　　　B. 楼盘位置图
    C. 规划说明　　　　　　　　D. 小区交通组织

98. 范某带领吴某参观园林和样板间所使用的销售工具为（　　）。
    A. 项目手册　　　　　　　　B. 竞争项目分析
    C. 竞品分析　　　　　　　　D. 算价单

99. 决定乙公司组建销售团队的因素主要包括（　　）。
    A. 宣传推广　　　　　　　　B. 销售价格

C. 销售阶段　　　　　　　　　D. 销售量
100. 吴某在签订商品房认购书时的风险有（　　）。
　　A. 房号销售与算价风险　　　B. 购买、贷款资格风险
　　C. 变更风险　　　　　　　　D. 购房资金风险

房地产经纪业务操作模拟卷（一）答案解析

一、单项选择题

1.【答案】A

【解析】客源严格意义上是潜在客户，是具有成交意向的买房或租房群体。他们的需求只是一种意向，不像订单客户那样肯定，可能因为种种变故而放弃购买或租赁需求。而能否成为真正的买受方或承租方，这不仅取决于房地产经纪人提供的房源服务，还取决于客户本身。

【出处】《房地产经纪业务操作》（第四版）P111

2.【答案】C

【解析】高效准确地提供房地产市场及海景房信息属于客户总价值中的人员价值。

【出处】《房地产经纪业务操作》（第四版）P4

3.【答案】C

【解析】新建商品房市场中，房地产开发周期较长，供给增加往往需要相当长的时间，由于房地产使用的耐久性，当市场上供过于求时，多余的供给也需要很长时间才能消化。因此相当于需求的变动，房地产供给的变动存在滞后性。

【出处】《房地产经纪业务操作》（第四版）P8

4.【答案】B

【解析】在产品设计与规划阶段，房地产经纪人员开始全程介入，主要工作是确定项目的市场定位。

【出处】《房地产经纪业务操作》（第四版）P13

5.【答案】A

【解析】根据调查内容的深入程度，可将商圈调查分为初步调查、深入调查和个案调查。

【出处】《房地产经纪业务操作》（第四版）P32

6.【答案】B

【解析】产品定位就是指企业针对一个或几个目标市场的需求并结合企业所具有资源优势，为目标客户群体提供满足其欲望和需求产品的过程。

【出处】《房地产经纪业务操作》（第四版）P35

7.【答案】B

【解析】房地产经纪机构进行内部资源分析，主要找出组织的核心竞争力。核心竞争力是能够给企业创造价值、给企业带来竞争优势的与众不同的资源和能力。

【出处】《房地产经纪业务操作》（第四版）P37

8.【答案】A

【解析】房地产经纪业务中的商圈是指房地产经纪人或房地产经纪公司从事房地产经

纪业务和服务对象的地域范围。

【出处】《房地产经纪业务操作》（第四版）P31

9.【答案】C

【解析】多重分销是指通过多个营销渠道将房地产产品和服务销售到同一个目标市场的。

【出处】《房地产经纪业务操作》（第四版）P54

10.【答案】A

【解析】虽然每一套房屋都是唯一的，具有明显的个别性，但是在现实生活中，人们对房屋的需求却并非某一套不可。具有相似地段、相似建筑类型、相似户型的房屋，在效用上就具有相似性，对于特定的需求者而言，它们是可以相互替代的。这就令房源具有可替代性这一特征。

【出处】《房地产经纪业务操作》（第四版）P65

11.【答案】C

【解析】经济适用住房的产权人在购买住房5年以后可以上市交易。

【出处】《房地产经纪业务操作》（第四版）P89

12.【答案】B

【解析】锁定目标市场的区域范围，一般以房地产经纪人员所在工作地点为中心，半径500m范围内为核心商圈。

【出处】《房地产经纪业务操作》（第四版）P73

13.【答案】B

【解析】门店接待法开拓客源的优势是方法简单易行，开发客户的成本低，客户信息准确度高，较易展示企业能力和企业形象，增加客户信任感，为今后进一步交往打好基础。

【出处】《房地产经纪业务操作》（第四版）P113

14.【答案】C

【解析】从房源的物理特征来看，每一套物业的价格都是由房地产产品的个别性决定的，世界上不存在两套完全相同的房屋，每一套房屋都有自己独特的使用价值。

【出处】《房地产经纪业务操作》（第四版）P69

15.【答案】D

【解析】客源的构成要素包括两个方面。一是需求者，包括自然人、法人和非法人组织主体。自然人需明确姓名、性别、年龄、职业和联系方式等；法人和非法人组织主体包括企业或其他单位、组织等，需明确公司名称、性质、法定代表人、授权委托人及联系方式等。二是需求者的需求意向，包括需求类型（购买或租赁）、物业地段、户型、面积、朝向、价格、产权和购买方式等信息。D选项属于房源信息。

【出处】《房地产经纪业务操作》（第四版）P109

16.【答案】C

【解析】客户俱乐部VIP会员挖掘的方式属于会员揽客法。

【出处】《房地产经纪业务操作》（第四版）P114

17.【答案】B

【解析】客户需求信息可能也是变化的，如地址、联系方式和需求变化，因而需要对客户信息及时调整更新。经纪人对客户信息进行持续性处理，才能确保客户信息内容的准确和有效。

【出处】《房地产经纪业务操作》（第四版）P127

18.【答案】B

【解析】房屋出售条件主要有：① 出售价格；② 付款方式；③ 出售原因；④ 交房时间；⑤ 当前居住状况（空置/居住/出租）；⑥ 家具、家电；⑦ 随房产一并转移的室内配套设施；⑧ 价格协商余地；⑨ 影响交易的其他因素（如唯一住房、购入时间、购入成本）等。ACD选项属于房屋权属状况调查内容。

【出处】《房地产经纪业务操作》（第四版）P137

19.【答案】D

【解析】题中王某夫妇女儿属于房屋产权人，实际年龄为4周岁，属于无民事行为能力人，应该由其父母作为法定代理人代其签署房屋买卖合同。

【出处】《房地产经纪业务操作》（第四版）P137

20.【答案】C

【解析】业主委托出售房屋时，房地产经纪人将通过询问、上门实勘等方式，对待售房屋进行信息调查和了解。房地产经纪人要告知客户根据《房地产经纪管理办法》的相关规定，房地产经纪人在查验房屋现状后要编制《房屋状况说明书》。

【出处】《房地产经纪业务操作》（第四版）P139

21.【答案】A

【解析】对于有明确意向，对市场行情非常了解的客户，应采用的引导方式为重点跟踪；向客户提供周到而专业的服务；提供最符合客户要求的房源。

【出处】《房地产经纪业务操作》（第四版）P112

22.【答案】A

【解析】房地产经纪服务完成的标准是促成交易合同的签订，也就是说房地产经纪人只要协助交易当事人订立完成房地产买卖合同或者房地产租赁合同，就标志着房地产经纪服务完成。

【出处】《房地产经纪业务操作》（第四版）P162

23.【答案】A

【解析】房地产经纪基本服务的内容包括提供房地产信息、实地看房、代拟房地产交易合同等。其他服务的内容包括房地产抵押贷款代办、不动产登记手续代办等。

【出处】《房地产经纪业务操作》（第四版）P157

24.【答案】D

【解析】如果客户实地看房后的反映是"对房源满意，但觉得价格高"时，房地产经纪人应采取的对策是及时了解客户在价格上的心理底线。

【出处】《房地产经纪业务操作》（第四版）P188

25.【答案】B

【解析】债务人履行债务的，定金应当抵作价款或者收回。给付定金的一方不履行债务或者履行债务不符合约定，致使不能实现合同目的的，无权请求返还定金；收受定金的一方不履行债务或者履行债务不符合约定，致使不能实现合同目的的，应当双倍返还定金。

【出处】《房地产经纪业务操作》(第四版) P201

26.【答案】B

【解析】引入期是指新型的房地产,初次进入房地产市场。企业的任务就是迅速提高房地产产品的知晓程度,推动销售量进入成长阶段。推销手段上可以采取广告、新闻发布会等来扩大影响。

【出处】《房地产经纪业务操作》(第四版) P42

27.【答案】A

【解析】在看房前,应请客户在《看房确认书》上签字确认。

【出处】《房地产经纪业务操作》(第四版) P191

28.【答案】A

【解析】购买价格的撮合是交易撮合阶段最难的一个过程。在撮合过程中最主要的问题就是价格的磋商。

【出处】《房地产经纪业务操作》(第四版) P194

29.【答案】C

【解析】存量房市场营销有以下特点:

(1)房地产营销中介(经纪人)需要花费大量时间成本和精力成本核查待售不动产,原因一是从实体角度,待售存量房屋实体差异大,增加交易难度;原因二是从产权关系看,清晰房屋产权关系是营销的前提之一;

(2)销售对象坐落分散且为现房销售,营销成本增加;

(3)市场交易价格浮动空间大,需要协助双方进行价格谈判;

(4)存量房销售更加侧重体验式服务,房地产经纪人的专业水平和服务能力就显得十分重要。

【出处】《房地产经纪业务操作》(第四版) P12

30.【答案】C

【解析】房地产消费行为的调查就是对房地产消费者购买模式和习惯的调查,主要调查:① 消费者购买房地产商品的数量及种类;② 消费者对房屋设计、价格、质量及位置的要求;③ 消费者对本企业房地产商品的信赖程度和印象;④ 房地产商品购买行为的主要决策者和影响者情况等。

【出处】《房地产经纪业务操作》(第四版) P27

31.【答案】C

【解析】对于业主出租房屋,房地产经纪人员要进行实地调查,内容包括:① 出租房屋配置的家具、家电。② 房屋使用相关费用。③ 需要说明的其他事项。在进行房屋现状调查时,房地产经纪人要与房屋出租业主核实是否为独立电表、独立水表,以及是否同意承租人转租房屋,房屋可以居住的最大人数,是否同意合租,房屋有无漏水等情况。

【出处】《房地产经纪业务操作》(第四版) P216

32.【答案】D

【解析】押金在法律上称为"租赁保证金",主要用于冲抵承租人应当承担但未缴付的费用或者由于房屋出现毁损而用于维修房屋预付的费用。

【出处】《房地产经纪业务操作》（第四版）P220

33.【答案】A

【解析】功能楼书专业性较强，可以理解为一本简单的"产品说明书"。

【出处】《房地产经纪业务操作》（第四版）P236

34.【答案】B

【解析】客户置业计划是根据购房者的需求，向其明确展示付款方式与支付金额的销售工具。

【出处】《房地产经纪业务操作》（第四版）P241

35.【答案】D

【解析】商品房买卖合同签订过程中，可能遇到一些风险。最常见的风险有购房资金风险、变更风险和政策风险。

【出处】《房地产经纪业务操作》（第四版）P253

36.【答案】B

【解析】等额本金还款法的特点为：每月以相等的金额偿还本金，利息按剩余本金逐月结清。这种还款方式下，还款初期月还款额较等额本息还款法略高，但可节省整体利息支出。

【出处】《房地产经纪业务操作》（第四版）P307

37.【答案】B

【解析】B选项表述错误，集中销售中，客户诚意度高，易于把握。

【出处】《房地产经纪业务操作》（第四版）P262

38.【答案】A

【解析】商务公寓以办公为主要用途的小面积办公空间，也可作为城市中心区家庭居住，多设置独立卫生间，适合于小型企业办公需求，运营成本相对于纯正写字楼较低，物业硬件水平及形象档次亦较低。

【出处】《房地产经纪业务操作》（第四版）P267

39.【答案】B

【解析】以目标客户需求为主导的销售策略制定适用于写字楼初始进入非成熟商务区域，或同期市场不存在明显竞争对手的情况。

【出处】《房地产经纪业务操作》（第四版）P271

40.【答案】D

【解析】自行经营的盈利模式是指同时赚取投资开发利润和商业经营利润。

【出处】《房地产经纪业务操作》（第四版）P282

41.【答案】B

【解析】商品房公共服务及其他配套设施是否需要建设以《建设工程规划许可证》标注的为准。

【出处】《房地产经纪业务操作》（第四版）P298

42.【答案】A

【解析】房源获取渠道中，直接开发的方式包括：门店接待、社区活动、派发宣传单、老客户推荐、人际关系开发。间接开发方式包括：网络开发、电话拜访、报纸广告，以及户外广告或者横幅。

【出处】《房地产经纪业务操作》（第四版）P74～78

43.【答案】B

【解析】商业房地产抵押贷款借款人必须是具有中华人民共和国国籍和完全民事行为能力的自然人，年满18周岁，男女不超过65周岁，并且能够提供稳定的收入证明，个人征信纪录良好等。外籍人申请商业房地产贷款可以在外资银行办理相关手续。

【出处】《房地产经纪业务操作》（第四版）P306

44.【答案】C

【解析】等额本金还款法适合那些前期能够承担较大还款压力的借款人群。

【出处】《房地产经纪业务操作》（第四版）P307

45.【答案】C

【解析】银行在为借款人评估还款年限时以其年龄作为基础，年龄越小，其贷款期限越长，反之年龄越大，贷款期限则较短。

【出处】《房地产经纪业务操作》（第四版）P308

46.【答案】C

【解析】个人住房抵押消费贷款是指以个人或者他人名下的房产做抵押，向银行申请用于各种消费用途，如装修、买车、出国、旅游、留学等。个人抵押消费贷款额度可用于一切合法个人消费支出，不得用于国家法律和金融法规明确禁止经营的项目，如股票、证券投资等，不得用于无指定用途的个人支出。

【出处】《房地产经纪业务操作》（第四版）P323

47.【答案】C

【解析】书面沟通的优点是信息准确，永久被记录和保持，接收者有充分时间进行信息分析。

【出处】《房地产经纪业务操作》（第四版）P344

48.【答案】B

【解析】通话完毕要等客户挂断电话后再挂电话；先将男士介绍给女士，先介绍年轻者给年长者认识；忌先于上司向客户递名片。

【出处】《房地产经纪业务操作》（第四版）P359

49.【答案】C

【解析】鼓励式倾听通过启发、提问、复述与反馈和必要的沉默达到获得信息的目标。通过互动式的沟通，使经纪人员与委托人对某些问题能够进行深入的探讨，获得更多的信息。

【出处】《房地产经纪业务操作》（第四版）P348

50.【答案】D

【解析】初次见面时主要进行自我展示，可以：①适度寒暄，不要过于热情，也不要过于生硬，神态表情自然而丰富；②尊重和体谅客户，让客户感觉受到重视；③要有礼貌，切忌粗俗，体现一个房地产专业人士的品位。

【出处】《房地产经纪业务操作》（第四版）P356

二、多项选择题

51.【答案】ABCE

【解析】客户总价值包括产品价值、服务价值、人员价值和形象价值。

【出处】《房地产经纪业务操作》（第四版）P4

52.【答案】ABCD

【解析】交通流量调查时段的选择应注意假日、非假日、上班前、下班后及一日中的特定时段的区分，分别调查取样，才能代表所有时段的交通流量状况。

【出处】《房地产经纪业务操作》（第四版）P25

53.【答案】BCDE

【解析】房地产经纪机构选择一个特定的目标市场后，应从产品、价格、渠道和促销四个方面开展营销活动，以满足消费者需求。这也通常被称为市场营销组合的4P策略。

【出处】《房地产经纪业务操作》（第四版）P35

54.【答案】ABE

【解析】网络广告的优点包括传播面广、速度快、可查询、诉求力强、表现力丰富、更新便捷、定位精准、信息存储方便。

【出处】《房地产经纪业务操作》（第四版）P59

55.【答案】BCDE

【解析】在新建商品房市场上，房地产市场营销活动主要分为项目筹划与地块研究、产品设计与规划（确定项目的市场定位）、项目策划与销售（确定价格策略、制定价目表）三大阶段。房地产经纪机构一般不参与工程施工与监理的工作，但可以就施工现场和销售现场的协调提出建议，以保证销售效果。

【出处】《房地产经纪业务操作》（第四版）P13

56.【答案】ABD

【解析】房源信息具有真实性、集中性和及时性原则。

【出处】《房地产经纪业务操作》（第四版）P71

57.【答案】ABE

【解析】做好门店接待应做好以下五个要点：① 保持店面形象的整洁干净和值班经纪人良好专业形象；② 提前准备好相关的专业接待工具，比如用于登记上门客户咨询信息的《出租或出售信息登记表》《求租或求购信息登记表》；③ 见到上门客户，经纪人应第一时间起立，热情接待，微笑服务；④ 引领客户至接待区入座，并及时递送茶水和个人名片，使用专业工具进行咨询登记和解答；⑤ 服务全程做到微笑服务、热情接待，同时使用文明礼貌用语，细心提问和耐心倾听了解客户需求，认真做好咨询登记。C选项属于社区活动开发的注意事项，D选项属于电话拜访注意事项。

【出处】《房地产经纪业务操作》（第四版）P74

58.【答案】ACD

【解析】私盘制的优点表现在有利于保障收集房源信息的经纪人利益，有利于调动经纪人收集房源信息的积极性，有利于专人服务业主，避免多人联系给业主带来不必要的骚扰。

【出处】《房地产经纪业务操作》（第四版）P97

59.【答案】BC

【解析】对于有购房计划，但需求不急迫，有一定购买能力，对物业品质要求较高的客户，我们将其归纳为加强型客户。针对此类客户，应该采用的策略是：重点培养；在跟进过程中，应不断了解客户特征和需求；帮助客户分析购房能力、市场行情、制订购房方案（目标、贷款安排等）。

【出处】《房地产经纪业务操作》（第四版）P112

60.【答案】ABDE

【解析】建立与客户的长期联系主要倾向于对老客户的潜在客户的维系。培养长期客户的策略包括：与老客户保持联系；把眼光放在长期的潜在客户身上；建立广泛的社会联系；与服务供应商建立广泛联系。

【出处】《房地产经纪业务操作》（第四版）P119

61.【答案】ABCE

【解析】房屋承购经纪业务的相关信息调查项目包括客户身份信息、客户需求范围、客户支付能力、客户特殊需求、客户购房资格。

【出处】《房地产经纪业务操作》（第四版）P143

62.【答案】ABCE

【解析】对房屋的信息了解，应从所处商圈环境、房屋物理属性、房屋权属状况、房屋出售条件、业主身份信息和物业管理水平六个方面进行。

【出处】《房地产经纪业务操作》（第四版）P136

63.【答案】BD

【解析】信息不透明和必要事项告知不清是导致房地产经纪纠纷产生的主要原因。根据《房地产经纪管理办法》，必要事项告知是房地产经纪机构在签订房地产经纪服务合同前应当履行的义务。

【出处】《房地产经纪业务操作》（第四版）P161

64.【答案】ABC

【解析】客户支付能力信息调查的内容包括：① 能接受的价格范围区间；② 付款方式；③ 为此次置业所准备的购房资金数额；④ 目前的收入水平，以及该收入水平是否能支付贷款月供；⑤ 客户的贷款方式；⑥ 客户的年龄（分析年龄对贷款年限的影响）。

【出处】《房地产经纪业务操作》（第四版）P144

65.【答案】ABC

【解析】房地产经纪人员在进行配对时应注意三个核心问题：① 房源信息（Listings）；② 客户信息（Leads）；③ 工作效率（Leverage），通常称为三个"L"。

【出处】《房地产经纪业务操作》（第四版）P178

66.【答案】CE

【解析】公盘制，是指在一个房地产经纪机构内部，或者几个联盟房地产经纪机构之间，或者一定区域范围内加入联盟的全部房地产经纪机构，将所有房源信息完全共享。

公盘制的优点表现在信息完全共享，有利于新入职的经纪人进入工作状态，经纪人可以快速联系匹配到的房源业主并及时带看，从而大大提高工作效率。

公盘制的缺点表现在主要是不利于激发房地产经纪人收集房源信息的积极性，部分经纪人为了个人的利益，会出现"留盘"行为。而且，房源信息较容易外泄。

【出处】《房地产经纪业务操作》（第四版）P98

67.【答案】ABDE

【解析】当房地产交易双方对售房和购房全部细节达成一致后，就可以签署房屋买卖交易合同了。但在正式签署合同前，房地产经纪人应做好以下准备：明确双方异议所在，争取事先沟通好，房地产经纪人要积极帮助双方寻找解决办法。房地产经纪人在完成此环节工作时，注意避免双方私下交易；业主临时涨价或买方二度议价时，经纪人需注意在谈判中一定要掌握主动，控制谈判的节奏，要保持客观冷静的态度，公正，不偏不倚，在出现僵局时要将买卖双方分开说服。

【出处】《房地产经纪业务操作》（第四版）P207

68.【答案】BCE

【解析】A选项错误，不能向客户收取信息费。D选项错误，介绍房源时应客观介绍房源的优缺点。

【出处】《房地产经纪业务操作》（第四版）P179

69.【答案】ABDE

【解析】争议解决方式一般分为四类：争议发生后当事人双方自行协商解决、调解、提交仲裁机构仲裁或向人民法院提起诉讼。

【出处】《房地产经纪业务操作》（第四版）P224

70.【答案】ABCD

【解析】重点掌握房屋租赁合同的内容，E选项不属于房屋租赁合同中的内容。

【出处】《房地产经纪业务操作》（第四版）P220

71.【答案】CE

【解析】形象楼书的内容主要包括楼盘的整体效果图、位置图、整体规划平面图、核心卖点、建筑风格、楼体形象、主力户型图、会所、物业管理服务等。

【出处】《房地产经纪业务操作》（第四版）P236

72.【答案】BCDE

【解析】银行抵押贷款的风险包括：无力继续偿还贷款本息风险；房屋贬值风险；利率变化风险；购房者房屋处置风险。

【出处】《房地产经纪业务操作》（第四版）P314

73.【答案】ABC

【解析】依据购房面积划分客户可将客户划分为小户型客户、中大户型客户、大户型及别墅客户。

【出处】《房地产经纪业务操作》（第四版）P255

74.【答案】ABC

【解析】写字楼项目形象定位的注意要点有三个：清晰的商务感、核心卖点体现、语句简练具有张力。

【出处】《房地产经纪业务操作》（第四版）P270

75.【答案】ABCD

【解析】购买写字楼客户的心理特征与购买住宅的客户有较大的差异，主要体现：客户更关注写字楼形象；客户对周边交通的便捷程度有较高要求；具有自用兼顾投资的心理；购买决策更加理性；后续使用成本的核算。

【出处】《房地产经纪业务操作》（第四版）P280

76.【答案】CDE

【解析】商品房设施设备包括两大类：一是基础设施设备，包括供排水、供电、供暖、燃气、电话通信、有线电视、宽带网络。这些设施设备中，前三项由开发企业负责办理开通手续并承担相关费用，其他则由买受人自行办理开通手续。二是公共服务及其他配套设施。

【出处】《房地产经纪业务操作》（第四版）P298

77.【答案】ABE

【解析】对承租人的好处：① 提高了承租人的安全性；② 提高了房屋维修的及时性；③ 租赁行为灵活性强；④ 保障了承租人的私密性；⑤ 为承租人提供增值服务。

【出处】《房地产经纪业务操作》（第四版）P231

78.【答案】AC

【解析】银行对个人住房抵押消费贷款与企业经营贷款考核项大不相同，消费类贷款更侧重于考核借款人个人资质及征信，如果借款人1年内的不良记录超过银行要求的上限时，即使有良好的还款能力，那么也有可能面临银行拒贷或是提高贷款利率等窘境。

【出处】《房地产经纪业务操作》（第四版）P325

79.【答案】AB

【解析】《商品房买卖合同示范为本》GF-2014-0172第11条约定了查验房屋的项目，包括：① 屋面、墙面、地面渗漏或开裂等；② 管道堵塞；③ 门窗翘裂、五金件损坏；④ 灯具、电器等电气设备不能正常使用；⑤ 其他需要查验的项目。对于房屋地基基础和主体结构质量问题，则不在买受人查验范围内。

【出处】《房地产经纪业务操作》（第四版）P299

80.【答案】ABC

【解析】面谈时，初次见面展示自我，要注意适度寒暄，不要过于热情，神态表情自然而丰富等；认真倾听适时提问，观察客户的神态、语调语言等，根据谈话进展，使用提问技巧，引导谈话进程，获取更多信息；诚实回答客户提问以及总结谈话要点。

【出处】《房地产经纪业务操作》（第四版）P356

三、综合分析题

81.【答案】B

【解析】客户的需求是有时间要求的，客户在表达购买或租赁需求时，均会有时间要求期望在一段时间内实现客户的需求意向，可能是半个月，也可能是几个月。

【出处】《房地产经纪业务操作》（第四版）P111

82.【答案】BCD

【解析】房地产经纪服务合同签订前的书面告知工作包括：① 是否与委托房屋有利害关系；② 应当由委托人协助的事宜、提供的资料；③ 委托房屋的市场参考价格；④ 房屋交易的一般程序及可能存在的风险；⑤ 房屋交易涉及的税费；⑥ 房地产经纪服务的内容及完成标准；⑦ 房地产经纪服务收费标准和支付时间；⑧ 书面告知房地产经纪服务以外的其他服务相关事项。

【出处】《房地产经纪业务操作》(第四版)P161

83.【答案】C

【解析】老客户推荐是房地产经纪人通过自己服务过的客户介绍新客户的开发方式。曾经服务过的客户是对房地产经纪人服务质量的最佳证人,客户信任是经纪人的宝贵资源。经纪人基于客户信任建立了稳固的客户关系网,客户常常会免费为经纪人介绍新客户。

【出处】《房地产经纪业务操作》(第四版)P115

84.【答案】B

【解析】等额本金适合那些前期能够承担较大还款压力的借款人群,这种还款方式相对于等额本息来说更能节省利息。

【出处】《房地产经纪业务操作》(第四版)P307

85.【答案】D

【解析】构建客户数据库时应考虑的因素包括:要尽可能地将客户的原始资料完整保存下来;要将企业自身经营过程中获得的内部客户资料和其他渠道获得的外部资料区分开来;要特别重视数据库的安全性;要及时对客户关系管理的数据库进行分类、筛选、整理和更新。

【出处】《房地产经纪业务操作》(第四版)P130

86.【答案】C

【解析】建商品房市场中,房地产开发周期较长,增加供给往往需要相当长的时间;由于房地产使用的耐久性,当市场上供过于求时,存量供给也需要很长时间才能被市场消化。因此相对于需求的变动,房地产供给的变动存在着滞后性。

【出处】《房地产经纪业务操作》(第四版)P8

87.【答案】ABC

【解析】在项目策划与销售阶段,房地产经纪人的工作内容主要包括项目定价、项目市场推广和项目销售,D选项属于在产品设计与规划阶段经纪人的主要工作。

【出处】《房地产经纪业务操作》(第四版)P13

88.【答案】C

【解析】ST对策即最大与最小对策,即着重考虑优势因素和威胁因素,目的是努力使优势因素影响趋于最大,充分利用企业内部资源和能力,组合企业核心竞争力,应对企业面临的外部威胁因素并使其影响趋于最小。

【出处】《房地产经纪业务操作》(第四版)P38

89.【答案】B

【解析】引入期的策略为在价格上要适当低一些,以薄利为宗旨,在推销手段上,可采用广告、新闻发布会来扩大影响,同时,还应加强对市场的调查和预测,对在调查中得到的关于产品设计方面的缺陷,及时进行反馈和修改,以满足顾客的需求。

【出处】《房地产经纪业务操作》(第四版)P42

90.【答案】AD

【解析】小户型客户,一种是首次置业客户,以满足刚性需求为购房目的,家庭结构相对简单，多为单身客、新婚小夫妻、异地养老客户。另一种客户是投资型客户，以满足获取出租收益或转售增值收益为目的。由于小户型总价低、容易出租和转售，很多客户青睐于此而购买小户型。

【出处】《房地产经纪业务操作》（第四版）P255

91.【答案】C

【解析】委托人求购房屋的，应当与经纪机构签订房屋承购经纪服务合同。

【出处】《房地产经纪业务操作》（第四版）P155

92.【答案】ABD

【解析】房地产经纪服务合同应由从事该业务的一名房地产经纪人或两名房地产经纪人协理签名。

【出处】《房地产经纪业务操作》（第四版）P170

93.【答案】A

【解析】房地产经纪人接待到店客户主要包括以下几个流程：站立迎接，微笑待人，使用标准问候语→引领客户入店→确定接待主体→了解客户需求→接受服务委托或帮助客户解决问题→客户离开时，经纪人为客户开门，并将客户送至公司门外，致意道别→客户信息录入。

【出处】《房地产经纪业务操作》（第四版）P134

94.【答案】D

【解析】客户看房后，表示满意，房地产经纪人此时的对策为客户一般仍然会继续讨论价格。

【出处】《房地产经纪业务操作》（第四版）P188

95.【答案】A

【解析】假设法适用前期准备十分充足、客户看中房子、已经下决心购房、购房时机成熟的情况。

【出处】《房地产经纪业务操作》（第四版）P189

96.【答案】D

【解析】房地产广告是当前房地产产品促销中最主要、也是最重要的一个手段。广告推广渠道分为传统媒体（报纸广告）和网络（网络广告）两种形式，不同媒体对消费者的吸引有不同的特征。

【出处】《房地产经纪业务操作》（第四版）P58~59

97.【答案】D

【解析】合同签约时，如果房屋是多位共有，需签约时全部到场并均同意签约，如有特殊情况不能到场，需出具经过公证的委托书及代理人身份证件，由委托代理人替其签字。

【出处】《房地产经纪业务操作》（第四版）P208

98.【答案】B

【解析】房屋租赁期间内，因赠与、析产、继承或者买卖转让房屋的，原房屋租赁合同继续有效。"买卖不破租赁"原则是对房屋受让人的限制，同时也是对承租人利益的保护。

【出处】《房地产经纪业务操作》(第四版)P224

99.【答案】D

【解析】房屋租赁期间出租人出售租赁房屋的,应当在出售前合理期限内通知承租人,承租人在同等条件下有优先购买权。

【出处】《房地产经纪业务操作》(第四版)P224

100.【答案】AC

【解析】房屋买卖合同是诺成、双务、有偿合同。

【出处】《房地产经纪业务操作》(第四版)P203

房地产经纪业务操作模拟卷（二）答案解析

一、单项选择题

1. 【答案】D
【解析】佣金（中介费）是房地产经纪服务成果的回报，但必须以合法的方式收取。佣金的数额、支付方式、支付时间必须事先告知客户并在书面合同中明确；不可索取佣金之外其他形式的报酬、利益、茶钱等。收取佣金后应该向佣金支付方提供足额发票或收据。
【出处】《房地产经纪业务操作》（第四版）P212

2. 【答案】A
【解析】深入调查的内容包括：① 房地产开发企业的地址、公司名称和联系方式；② 物业的类型、物业服务公司名称、物业服务费的收费标准；③ 具体的开盘时间和价格、交房时间；④ 主要户型和建筑面积、车位情况及管理费用；⑤ 该楼盘的建筑规划平面图；⑥ 该楼盘的优、劣势分析，核心卖点分析；⑦ 附近楼盘的价格对比、成交活跃性调查；⑧ 商圈内主要竞争对手的成交情况分析。A选项中，有效商圈周边的生活配套设施是初步调查的内容。
【出处】《房地产经纪业务操作》（第四版）P33

3. 【答案】C
【解析】房地产市场在衰退期时的策略为，销售价格应灵活机动，该降则降；销售方式应采取多种竞争手段，并加强售后服务；同时，应尽快开发出更新的房地产产品来占领市场。
【出处】《房地产经纪业务操作》（第四版）P43

4. 【答案】D
【解析】从政策角度看，国家当期发布的财政政策、货币政策、房地产产业政策对房地产的发展都会产生一定的影响，房地产营销策略也随着市场政策环境的变化而变化。
【出处】《房地产经纪业务操作》（第四版）P10

5. 【答案】D
【解析】具有相似地段、相似建筑类型、相似户型的房屋，在效用上就具有相似性，对于特定的需求者而言，它们是可以相互替代的。这就令房源具有可替代性这一特征。
【出处】《房地产经纪业务操作》（第四版）P65

6. 【答案】D
【解析】私盘制是指房源信息由接受业主（委托人）委托的房地产经纪人录入信息管理系统，其他经纪人只能查看房源的基本信息（物业名称、户型、面积、出售价格、配套设施等），房源信息中的栋座号、楼层、房间号、业主联系方式等关键信息只有该受托经纪人及其上级主管才能看到。

【出处】《房地产经纪业务操作》(第四版)P97

7.【答案】A

【解析】市场营销过程的简单和扩展模型环节包括：理解市场和顾客的需求与欲望→设计顾客导向的营销战略→构建传递卓越价值的整合营销计划→建立营销性的关系和创造顾客愉悦→从顾客处获得价值以创造利润和顾客权益。

【出处】《房地产经纪业务操作》(第四版)P2

8.【答案】B

【解析】门店接待法的优势是：方法简单易行、开发客户的成本低、客户信息准确度高、较易展示企业能力和企业形象，增加客户的信任感，为今后进一步交往打好基础。

【出处】《房地产经纪业务操作》(第四版)P113

9.【答案】B

【解析】在小区驻守或挂横幅揽客法的优势是成本较低，客户的准确性较高。

【出处】《房地产经纪业务操作》(第四版)P116

10.【答案】C

【解析】房地产经纪机构与委托人签订房地产经纪服务合同时，应由房地产经纪人员根据委托人的委托目的，签订对应类型房地产经纪服务合同。

【出处】《房地产经纪业务操作》(第四版)P155

11.【答案】B

【解析】带客看房过程中，最好不要在房屋里面谈价格，看房时间不宜长，一般看房时间控制在10～15分钟为宜，同时提醒客户不宜在房屋内评价房屋，尤其是房屋的缺点。看完房后向业主致谢告辞。

【出处】《房地产经纪业务操作》(第四版)P190

12.【答案】C

【解析】为预防跳单行为的出现，房地产经纪人员需要通过以下四方面来入手：看房前，事先告知跳单的危害；看房时，如果出现跳单征兆，房地产经纪人员一定要果断制止；看房前，应请客户在《看房确认书》上签字确认；在看房全过程中，房地产经纪人员应寻求业主配合。

【出处】《房地产经纪业务操作》(第四版)P191

13.【答案】B

【解析】接待出租客户后，与其约定看房时间，需要实地查看房屋，主要是了解出租房屋的实物状况、权属状况、周边环境状况、交通状况以及配套设施等。

【出处】《房地产经纪业务操作》(第四版)P226

14.【答案】C

【解析】房屋租赁托管业务对出租人的好处有以下四点：① 保障出租人收益；② 免除不必要的电话骚扰；③ 降低经济和时间成本；④ 免除出租人与承租人之间的经济纠纷。C项是对承租人的好处。

【出处】《房地产经纪业务操作》(第四版)P230

15.【答案】D

【解析】功能楼书相当于一本"产品说明书",主要介绍规划说明、小区交通组织、建筑要点、会所功能分区、完整户型资料、社区配套等方面。
【出处】《房地产经纪业务操作》(第四版)P236

16.【答案】C
【解析】为了让购房者明晰购买程序,事前需制定书面的购楼须知和认购流程。购楼须知的内容应明确购房者所购物业的具体信息、付款方式,并提醒购房者对所购物业应清晰详细地了解这些内容。
【出处】《房地产经纪业务操作》(第四版)P242

17.【答案】D
【解析】商业房地产抵押贷款借款人必须是具有中华人民共和国国籍和完全民事行为能力的自然人,年满18周岁,男女不超过65周岁,并且能够提供稳定的收入证明,个人征信记录良好等。外籍人申请商业房地产贷款可以在外资银行办理相关手续。ABC项均为贷款要求符合要求指标。
【出处】《房地产经纪业务操作》(第四版)P306

18.【答案】B
【解析】以目标客户需求为主导的销售策略制定,适用于写字楼初始进入非成熟商务区域或同期市场不存在明显竞争对手的情况。
【出处】《房地产经纪业务操作》(第四版)P271

19.【答案】B
【解析】作为商铺的购买者,他们关注点为商铺的投资回报率和项目的可持续发展前景。
【出处】《房地产经纪业务操作》(第四版)P293

20.【答案】A
【解析】下调利率,房地产开发商资金成本和购房者成本降低,刺激开发商购买土地进行房地产投资,购房者产生不动产购买欲望,房地产市场呈现繁荣。
【出处】《房地产经纪业务操作》(第四版)P23

21.【答案】B
【解析】自然销售通过"先到先得"的形式引发客户了解欲、购买欲、市场关注高。
【出处】《房地产经纪业务操作》(第四版)P262

22.【答案】C
【解析】副城市中心型:通常指公交路线集结的地区,可以转换而形成交通辐射地区。
【出处】《房地产经纪业务操作》(第四版)P30

23.【答案】B
【解析】房地产卖点具备三个特点:①卖点是楼盘自身独有的优势,难以被竞争对手模仿的个性化特点;②卖点必须具有能够展示并表现出来的特点;③卖点必须是能够得到目标客户认同的特点。
【出处】《房地产经纪业务操作》(第四版)P56

24.【答案】A
【解析】网络广告与其他广告媒介比较优点为:传播面广、速度快、可查询、诉求力强、表现力丰富、更新便捷、定位精准、信息存储方便。

【出处】《房地产经纪业务操作》(第四版)P59

25.【答案】D

【解析】现场勘查房源应注意：勘查房源时，应仔细核对房地产证上所载的面积与业主登记面积以及实际面积是否相符，如有不符，应及时向业主指出。

【出处】《房地产经纪业务操作》(第四版)P84

26.【答案】B

【解析】采用门店接待法开发房源的缺点是面对面沟通对房地产经纪人专业度要求较高，容易产生好则好、不好则坏的第一印象。

【出处】《房地产经纪业务操作》(第四版)P74

27.【答案】B

【解析】总结法适用于已经遴选了多处房源的情况。

【出处】《房地产经纪业务操作》(第四版)P189

28.【答案】A

【解析】在征询客户需求时，不宜采用封闭式问题，宜采用开放式问题，给客户多些选择。

【出处】《房地产经纪业务操作》(第四版)P122

29.【答案】C

【解析】构建客户数据库时应注意的问题包括：要尽可能地将客户的原始资料完整保存下来；要将企业自身经营过程中获得的内部客户资料和其他渠道获得的外部资料区分开来；特别重视数据库管理的安全性；要及时对客户关系管理的数据库进行分类、筛选、整理和更新。

【出处】《房地产经纪业务操作》(第四版)P130

30.【答案】D

【解析】房地产经纪人采用网络方式接待客户针对求购和求租客户，房地产经纪人务必推荐真实房源信息。

【出处】《房地产经纪业务操作》(第四版)P136

31.【答案】D

【解析】看房之后，客户态度基本满意还要考虑时，可能是房子本身的问题或缺陷没能完全达到客户的要求，经纪人应及时找到问题的关键，逐一进行解决。

【出处】《房地产经纪业务操作》(第四版)P188

32.【答案】D

【解析】在进行当事人交易撮合时，要按照以下三个原则进行磋商：首先，分析交易双方的分歧点，区分是主要矛盾还是次要矛盾，经纪人要主导解决双方的分歧，不能让双方自行协调；其次，要依照公平、公正的原则和市场惯例解决分歧；最后，当分歧较大时尝试将双方分开进行协调。

【出处】《房地产经纪业务操作》(第四版)P197

33.【答案】A

【解析】不同商业地产项目因为业态定位组合的不同，决定了商业功能的差异。商业功能定位指导商业业态定位，商业业态定位决定了商业功能定位。

【出处】《房地产经纪业务操作》（第四版）P288

34.【答案】A

【解析】小户型客户，一种是首次置业客户，以满足刚性需求为购房目的，家庭结构相对简单，多为单身客、新婚小夫妻、异地养老客户。另一种客户是投资型客户，以满足获取出租收益或转售增值收益为目的。由于小户型总价低、容易出租和转售，很多客户青睐于此而购买小户型。

【出处】《房地产经纪业务操作》（第四版）P255

35.【答案】D

【解析】计税价格与确定存量房最低首付款无关。

【出处】《房地产经纪业务操作》（第四版）P306

36.【答案】D

【解析】公积金贷款一般采用自由还款的方式。这种还款方式弥补了商业贷款中固定还款月供的规定，提高了借款申请人自主选择的机会，合理支配月收入。

【出处】《房地产经纪业务操作》（第四版）P318

37.【答案】C

【解析】公共设施若已建设，则需搜集现状资料，但如果是属于尚未进行的计划，则应深入调查该项公共设施的性质，并尽可能在进行产品定位时，设法结合已建设及未来即将建设的公共设施，使产品更具超前性。

【出处】《房地产经纪业务操作》（第四版）P26

38.【答案】A

【解析】购房者通过销售人员的介绍，对所购房地产全面了解后，选定自己购买的单元，这时需要以交纳定金并签订《房地产认购协议书》的形式，来确定购房者对该房地产的认购权、该房地产的成交价格及签订正式《商品房买卖合同》的时间等事项。通过签订《房地产认购协议书》，可以保证购房者与开发企业的合法权利。

【出处】《房地产经纪业务操作》（第四版）P244

39.【答案】B

【解析】就某一个客户而言，既可成为客源，同时他也可能成为房源的提供者，在同一时间或不同时间角色互换或重叠，因而房源与客源都是客户信息的不同方向，市场营销往往可达到一石二鸟、相得益彰的效果。

【出处】《房地产经纪业务操作》（第四版）P110

40.【答案】C

【解析】配对过程中，房地产经纪人员推荐房源是关键环节，特别是对客户而言，向委托人推荐房源关系到委托人能够购买到既满足住房要求又符合其经济承受能力的住房。

【出处】《房地产经纪业务操作》（第四版）P179

41.【答案】A

【解析】对当前价值和未来潜在价值都低的客户，房地产经纪人员应采取的策略为：① 不需要投入资源来维持这类客户；② 应减少管理该类客户的服务成本；③ 通过寻求降低成本的途径来提高客户的价值或者提高对该类客户所销售产品的价格，来增加企业收入。

【出处】《房地产经纪业务操作》(第四版) P7

42.【答案】C

【解析】目标客户需求定位法分为三个步骤：①确定目标客户；②目标客户特征分析；③设计产品进行营销案例和组织实施。

【出处】《房地产经纪业务操作》(第四版) P40

43.【答案】C

【解析】房源是房地产经纪机构必不可少的重要资源，是其生存和发展的基础。房源信息作为重要的信息资源是房地产经纪机构核心竞争力的重要组成部分。

【出处】《房地产经纪业务操作》(第四版) P64

44.【答案】A

【解析】客户的需求是有时间要求的，客户在表达购买或租赁需要时，均会有时间要求，期望在一段时间内实现客户的需求意向，可能是半个月，也可能是几个月。这是客源特征的时效性。

【出处】《房地产经纪业务操作》(第四版) P111

45.【答案】B

【解析】结合实际业务情况，加盖房地产经纪机构的印章，可以是机构的公章，也可以是机构的合同专用章。

【出处】《房地产经纪业务操作》(第四版) P170

46.【答案】A

【解析】商业贷款额是房产评估价和房产成交价取低原则来决定的，评估价一般低于成交价。

【出处】《房地产经纪业务操作》(第四版) P306

47.【答案】A

【解析】考点属于客户分类范畴，购买需求强烈，希望尽快买到物业；有一定的经济实力，购买力较强；预算合理，对市场价格有客观认识；对物业条件不是特别苛刻，我们判定为成熟型客户。该类客户的应对策略是重点跟踪，提供周到而专业的服务，提供最符合客户要求的房源。

【出处】《房地产经纪业务操作》(第四版) P112

48.【答案】B

【解析】对于本区域主流客户，写字楼项目销售的客户策略有：突出资源优势，强化高端产品；注重外围包装展示；强化商业资源及整体规模优势；高端产品档次及区域标杆形象。

【出处】《房地产经纪业务操作》(第四版) P273

49.【答案】D

【解析】在网络技术高速发展的时代下，房地产经纪机构购买或开发出了可基于ＰＣ端和移动终端的门户网站、管理软件、营销工具，使得房客源信息资源上传、分类、共享、匹配、更新等效率大大提高，从而大大提升了房地产经纪机构和房地产经纪人作业效率和效益。

【出处】《房地产经纪业务操作》(第四版)P76

50.【答案】B

【解析】房地产营销者往往需要和潜在消费者经过多次接触沟通,才能成交。这对房地产营销者的能力及综合素质都有较高要求。这说明房地产市场营销具有交易周期长的特征。

【出处】《房地产经纪业务操作》(第四版)P9

二、多项选择题

51.【答案】ACE

【解析】对竞争产品的调查主要包括:① 竞争产品的设计、结构、质量、服务状况;② 竞争产品的市场定价及反应状况;③ 竞争产品的市场占有率;④ 消费者对竞争产品的态度和接受情况等。B、D 选项是对竞争企业的调查内容。

【出处】《房地产经纪业务操作》(第四版)P28

52.【答案】ABD

【解析】房地产经纪人所属团队的合作精神、专业实力、品牌形象、公司规模、知名度、市场占有率、广告宣传力度、店面形象、公司的推荐业务量等竞争优势,不仅提升经纪人的形象,而且也是促成经纪服务交易达成的重要保证。

【出处】《房地产经纪业务操作》(第四版)P190

53.【答案】ACE

【解析】建立专门的分销渠道进行房地产产品分销的好处包括:一是减少了潜在消费者搜寻产品的次数,提高了完成交易的效率;二是通过分销商的标准化销售行为,提升了房地产交易的标准化程度;三是便于房地产销售方找到购买主体。

【出处】《房地产经纪业务操作》(第四版)P52

54.【答案】ADE

【解析】房源的真实性包含三个内涵,房源的真实存在、真实价格和真实委托。

【出处】《房地产经纪业务操作》(第四版)P71

55.【答案】BCE

【解析】提炼推广主题具体可以从产品定位、客户定位和形象定位三个方面来寻找。

【出处】《房地产经纪业务操作》(第四版)P57

56.【答案】ACDE

【解析】根据产品销售情况将房地产产品生命周期一般分为四个阶段:引入期、成长期、成熟期、衰退期。

【出处】《房地产经纪业务操作》(第四版)P41

57.【答案】ACE

【解析】互联网开发房源的优点是没有地域限制、传播速度快、传播范围广、成本低效率高,缺点是容易被海量信息覆盖、虚拟化真实感不强、使用对象群体有一定局限性等。

【出处】《房地产经纪业务操作》(第四版)P76

58.【答案】ACDE

【解析】B 选项中对于虚假的房源信息,虽然在短时间内能够招徕客户,但长此以往,会使客户丧失对信息发布者的信任度，实际效果大打折扣，甚至还会招致投诉。

【出处】《房地产经纪业务操作》（第四版）P106

59.【答案】ABCE

【解析】在有效开展房源营销时，一般要遵循的原则有：① 房源内容要真实，图片清晰；② 房源信息要完整；③ 及时性；④ 区别对待；⑤ 卖点突出；⑥ 广泛推广；⑦ 广告形式多样。

【出处】《房地产经纪业务操作》（第四版）P100

60.【答案】ABCD

【解析】在绘制标准房型图时，要详细标出房屋的面积，如果是住宅，还要标出厨房、卫生间、过道、阳台、储藏室等辅助功能空间的面积。

【出处】《房地产经纪业务操作》（第四版）P92

61.【答案】ABCD

【解析】客源信息完善和分析的内容有：目标物业与偏好分析、购买力与消费信用分析、客户购买动机分析、客户需求程度分析和客户购买决策分析。

【出处】《房地产经纪业务操作》（第四版）P120

62.【答案】ABC

【解析】合理使用包括：恰当保存和分类；信息共享和客户跟进；保守客户秘密，不滥用。

【出处】《房地产经纪业务操作》（第四版）P127

63.【答案】ABCD

【解析】依据《房地产经纪管理办法》的有关规定，房地产经纪人与委托人签订房地产经纪服务合同时应注意以下五个方面的要求：第一，房地产经纪服务合同应以书面形式签订。第二，房地产经纪服务合同应加盖房地产经纪机构印章。第三，房地产经纪服务合同应由从事该业务的一名房地产经纪人或者两名房地产经纪人协理签名。第四，房地产经纪服务合同应由委托人签名或者盖章。第五，在签订房地产经纪服务合同时，还应该避免一些常见的错误。

【出处】《房地产经纪业务操作》（第四版）P170

64.【答案】CDE

【解析】人员促销的优点是：① 通过房地产销售人员与消费者直接接触，可以向消费者传递企业和房地产的有关信息；② 通过与消费者的沟通，可以了解消费者的需求，便于企业能够进一步满足消费者的需求；③ 通过与消费者的接触，可以与消费者建立良好的关系，使消费者也能发挥介绍和推荐房地产的作用。人员促销也存在一些局限性：① 人员促销与其他促销方式比较，时间成本较高，大致是广告费用的2~5倍。在市场范围受到限制的情况下，采用人员促销将受到很大限制。② 这种促销方式对人员的素质要求非常高，促销人员需具备一定的房地产专业知识和沟通能力。

【出处】《房地产经纪业务操作》（第四版）P59

65.【答案】ABDE

【解析】一些常见错误有：合同信息与证件信息不一致；合同服务内容未明确界定；合同有限期限未标明，格式合同空白处未作必要处理。

【出处】《房地产经纪业务操作》(第四版) P170

66.【答案】BCD

【解析】存量房经纪业务商圈调查很重要，表现在以下五个方面：① 商圈调查结果可以作为房地产经纪人制定商业计划的依据。② 商圈调查结果可以作为房地产经纪人制定工作重点的依据。③ 商圈调查结果可以为客户提供各项数据。④ 商圈调查可以了解竞争对手，做到知己知彼。⑤ 商圈调查可以增强房地产经纪人对市场变化的敏锐度和自信。

【出处】《房地产经纪业务操作》(第四版) P32

67.【答案】ABD

【解析】房屋租赁托管业务对出租人的好处包括：① 保障出租人收益；② 免除不必要的电话骚扰；③ 降低经济和时间成本；④ 免除了出租人与承租人之间的经济纠纷。

【出处】《房地产经纪业务操作》(第四版) P230

68.【答案】ABD

【解析】客户的需求信息包括需求类型（购买或租赁）、物业地段、户型、面积、朝向、价格、产权和购买方式等信息。

【出处】《房地产经纪业务操作》(第四版) P109

69.【答案】ABE

【解析】对于业主出租房屋，房地产经纪人除了按照《房屋现场勘察表》对房屋进行勘查外，还要根据房屋出租业务特点和《房屋状况说明书》（房屋租赁）中要求的特殊事项进行实地调查，内容主要包括：① 出租房屋配置的家具、家电；② 房屋使用相关费用，房屋使用过程中会发生很多费用，如最基本的水电费、燃气费、供暖费、上网费、有线电视费、物业管理费等。这些费用是全部由承租人缴纳，还是包含在房屋租金中，还是部分由承租人缴纳，部分包含在房屋租金中，需要双方协商；③ 需要说明的其他事项。在进行房屋现状调查时，房地产经纪人要与房屋出租业主核实是否为独立电表、独立水表，以及是否同意承租人转租房屋，房屋可以居住的最大人数，是否同意合租，房屋有无漏水等情况。

【出处】《房地产经纪业务操作》(第四版) P215

70.【答案】ABCD

【解析】广告宣传中，广告媒介的选择是十分重要的决策。需要对广告计划、项目特点、资金实力、销售进度等综合协调的基础上，确定广告媒介。

【出处】《房地产经纪业务操作》(第四版) P58

71.【答案】BCD

【解析】自然销售选房当天客户按照到场排队顺序进行选房，先到先得；热销盘客户会提前排队，维持秩序、解释规则所需的成本过高，容易引起客户情绪激化，风险较大；对客户没有约束力，客户诚意度难以把握，客户流失度高；通过"先到先得"的形式引发客户了解欲、购买欲，市场关注度高；新老客户同等待遇，前期积累客户容易流失，对楼盘性质要求较高；适用产品类型、客户均少的楼盘。

【出处】《房地产经纪业务操作》(第四版) P262

72.【答案】BCDE

【解析】经营者定位包括以下几个方面：① 项目的目标消费群、商圈的范围；② 项目的经营特色；③ 项目的建筑特点及各类指标限制；④ 项目所在地的消费文化、消费倾向；⑤ 市场消费的未来趋势。

【出处】《房地产经纪业务操作》（第四版）P287

73.【答案】AB

【解析】存量房租赁经纪业务流程一般包括客户接待、出租（承租）委托、房源配对、房屋带看、达成交易意向、签订租赁合同、支付租金和佣金、房屋交付使用八个环节，除此之外房地产经纪人可以为租赁双方代办合同登记备案事项。

【出处】《房地产经纪业务操作》（第四版）P214

74.【答案】ADE

【解析】写字楼项目自销售团队进场至销售完成一般需要经历进场期、蓄客期、开盘期、持销期以及稳定消化期五大阶段，其中前三个阶段内由于涉及形象导入与推广以及集中开盘销售等重要环节，因此成为一个写字楼项目销售执行的重中之重。

【出处】《房地产经纪业务操作》（第四版）P273

75.【答案】ACDE

【解析】投资客户一般要考虑以下四类因素：① 投资回报和项目的可持续发展前景。② 周边环境：地段位置、人流车流状况、商业氛围、片区政府规划。③ 升值潜力。④ 商业地产项目建筑结构及形态：开间进深、形状面积，以街铺为首选。

【出处】《房地产经纪业务操作》（第四版）P293

76.【答案】ABCD

【解析】个人住房抵押消费贷款的优点：① 贷款金额足：依据抵押物的评估价值，可贷 10 万元至上千万元。② 贷款年限较长：1~10 年；③ 提前还款灵活：抵押消费贷款提前还款方便，借款人手中有余钱即能还贷款，无需提前预约；④ 循环授信：借款人获得银行一定的贷款额度后，在期限内可分次提款、循环使用，支取不超过可用额度的单笔用款时，无需申请即可再次提款。

【出处】《房地产经纪业务操作》（第四版）P321

77.【答案】BC

【解析】聘请专家举行公益讲座，属于公共关系促销的一种常见类型；安排现场认购优惠的环节属于销售促进的手段，刺激消费者购买和提升销售效率的活动。

【出处】《房地产经纪业务操作》（第四版）P60~61

78.【答案】ABE

【解析】C、D 选项属于宣传资料。

【出处】《房地产经纪业务操作》（第四版）P240

79.【答案】BCD

【解析】开放式问题是包括范围广阔、不要求有固定结构回答的问题。问题的回答人不能简单用"是"或"不是"来回答，答案一般无法预料。

封闭式问题要求在限定性答案中做出选择的问题。封闭性问题可以分为两类：一类是答案为"是 / 否"的问题；另一类是从多个备选答案中做出选择的问题，备选答案是提问者制定并指导被提问者能够并愿意回答的问题。

【出处】《房地产经纪业务操作》（第四版）P350

80.【答案】BCE

【解析】房源获取的原则为真实性、及时性和集中性。

【出处】《房地产经纪业务操作》（第四版）P71

三、综合分析题

81.【答案】D

【解析】房源信息的"心理特征"中的"心理"指的是业主（委托方）在委托过程中的心理状态。随着时间的推移，这种心理状态往往会发生变化，从而对房地产交易过程和交易结果产生影响。其中，交易价格最容易受到影响。

【出处】《房地产经纪业务操作》（第四版）P70

82.【答案】B

【解析】购买价格的撮合是交易撮合阶段最难的一个过程。在撮合过程中最主要的问题就是价格的磋商。

【出处】《房地产经纪业务操作》（第四版）P193

83.【答案】A

【解析】房地产经纪人传播房源信息需要经过委托人的书面同意后才能进行。

【出处】《房地产经纪业务操作》（第四版）P216

84.【答案】ABD

【解析】从题干的案例中我们可以分析，甲公司完整本单经纪业务的原因可能为购买人有明确的购买意向、经纪人沟通能力较强、房主急需资金。C选项为本题的干扰项。

【出处】《房地产经纪业务操作》（第四版）P140

85.【答案】C

【解析】房屋出售人与房地产经纪公司签订的经纪服务合同类型为房屋出售经纪服务合同。

【出处】《房地产经纪业务操作》（第四版）P155

86.【答案】AB

【解析】互联网开发客户的优势在于，更新速度快，时效性强；劣势在于当前网上信息量大，信息难于突出，客户筛选难度大，需要对信息进行有效的分析才能找出适合自己的房源。

【出处】《房地产经纪业务操作》（第四版）P114

87.【答案】D

【解析】房屋租赁合同约定的租赁最长期限不得超过20年。

【出处】《房地产经纪业务操作》（第四版）P222

88.【答案】BCD

【解析】在租赁合同签订后30日内，房屋租赁双方当事人持《房屋租赁合同》、房屋租赁双方身份证明、房屋产权证明文件和政府主管部门要求的其他材料到市、县人民政府房产管理部门办理登记备案手续。

【出处】《房地产经纪业务操作》（第四版）P217

89.【答案】C

【解析】出租人以居住用途将住房出租给承租人，但承租人私自改变房屋用途，用于公司办公。若因此在房屋使用中出现的各种纠纷，应由承租人自行承担，出租人有权进行追责并解约。

【出处】《房地产经纪业务操作》（第四版）P221

90．【答案】AB

【解析】在正式签约前，房地产经纪人员提醒租赁双方签约注意事项，并查验身份证件、房屋产权证明文件。

【出处】《房地产经纪业务操作》（第四版）P217

91．【答案】BD

【解析】在制定均价的过程中，对在某一方向有特别景观的产品要进行特殊定价，形成竞争优势也是重要的竞争手段（例如海景、远山、高尔夫球场等带景观产品可以适当定高价）；另外，朝向差根据景观、朝向也会有适当变化。

【出处】《房地产经纪业务操作》（第四版）P49

92．【答案】CD

【解析】形象楼书和功能楼书属于宣传资料的准备；房地产开发企业进行商品房预售时，应当在销售现场向商品房买受人公示《商品房预售许可证》，售楼广告和说明书应当载明《商品房预售许可证》的批准文号，房地产开发企业在商品房销售现场应公示房地产开发企业取得的《企业法人营业执照》《房地产开发企业资质证书》《不动产权证》《建设用地规划许可证》《建设工程规划许可证》《建筑工程施工许可证》《房屋建筑工程竣工验收报告书》等文件。房地产开发企业销售商品住宅时，还应向买受人提供《住房质量保证书》和《住房使用说明书》。

【出处】《房地产经纪业务操作》（第四版）P239

93．【答案】B

【解析】签订《房地产认购协议书》应向购房者提示：签订后是否可以更名或换房，所指单价是套内面积还是建筑面积定价；提示认真阅读《房地产认购协议书》的所有内容；提示购房者在购买前了解后续将要签署的相关文件及所展示的各项法律文书。

【出处】《房地产经纪业务操作》（第四版）P244

94．【答案】C

【解析】李某购房总房款为 15000 元 $/m^2 \times 90m^2 = 1350000$ 元

首付款为 15000 元 $/m^2 \times 90m^2 \times 30\% = 405000$ 元

住房公积金首套贷款额度为 500000 元

则至少需要贷款 $= 1350000 - 405000 - 500000 = 445000$ 元（44.5 万元）

【出处】《房地产经纪业务操作》（第四版）P306

95．【答案】B

【解析】教师、公务员等收入稳定的工薪阶层适合等额本息还款法。

【出处】《房地产经纪业务操作》（第四版）P307

96．【答案】ABC

【解析】制定营销方案时应考虑的因素主要包括做好市场定位、制定推广策略、制定销售计划。

【出处】《房地产经纪业务操作》(第四版) P234

97. 【答案】AB

【解析】形象楼书的内容主要包括楼盘的整体效果图、位置图、整体规划平面图、核心卖点、建筑风格、楼体形象、主力户型图、会所、物业管理服务等。

【出处】《房地产经纪业务操作》(第四版) P236

98. 【答案】A

【解析】在参观园林和样板房时使用的销售工具为项目手册。

【出处】《房地产经纪业务操作》(第四版) P251

99. 【答案】ACD

【解析】房地产销售中,一般根据项目的销售阶段、项目销售量、销售目标、宣传推广等因素决定销售人员数量,然后根据销售情况进行动态调整。

【出处】《房地产经纪业务操作》(第四版) P246

100. 【答案】ABC

【解析】在签订商品房认购协议书时有三类风险:房号销售与算价风险;购买、贷款资格更显;变更风险。

【出处】《房地产经纪业务操作》(第四版) P251

编 者 简 介

杜岩
58安居客资深房产分析专家,深耕房地产行业15年。

刘惠鑫
58安居客培训赋能中心资深分析师。

张莹
北京正房科技联合创始人,全国房地产经纪专业人员职业资格考试人气讲师,北京房地产中介行业协会特聘讲师,全国房地产经纪人。从事房地产经纪相关工作十余年,针对考点直击核心,让学员茅塞顿开,受益无穷。

孙亚欣
北京正房科技联合创始人,全国房地产经纪专业人员职业资格考试人气讲师,北京房地产中介行业协会特聘讲师,全国房地产经纪人。从事房地产经纪相关工作十余年,组织线下讲座数百场,深受广大学员喜爱。

赵汝霏
58安居客培训赋能中心职业资格考试内容教研负责人,从事房地产经纪相关工作近6年,其中3年考试钻研经验,主讲资格考试《房地产经纪职业导论》《房地产交易制度政策》《房地产经纪综合能力》课程,覆盖考试重点90%以上。

金梦蕾
58安居客培训赋能中心考试教研组高级教研员。2年习题册编写经验。擅长科目:《房地产经纪专业基础》《房地产经纪综合能力》。连续3年组织职业考试线上辅导工作,带班辅导学员过考率达80%以上。

侯蕴藝
58安居客培训赋能中心职业考试教研组新锐讲师,1年资格考试钻研经验,主讲协理课程内容,负责协理VIP班的答疑工作,并严格把控协理题库质量。

任芳芳
58安居客培训赋能中心高级讲师,7年房地产从业经验,其中5年房地产知识编写及相关命题经验,编写《房地产交易法律法规文件精选》《房地产交易知识库》《房地产经纪专业知识手册》等内容。